GOLDMANN

Buch

Die Entdeckung Amerikas durch Christoph Kolumbus, der den Osten im Westen zu finden glaubte, war eines der einschneidendsten Ereignisse der Weltgeschichte, um das sich erstaunliche Legenden, Mythen und Verdrängungen ranken. Den Zweifeln und der Kritik an den Leistungen und Taten Kolumbus' und der ihm folgenden Konquistadoren geht dieses Buch auf den Grund. Und es fragt nach der Berechtigung für die Überheblichkeit Europas gegenüber der Neuen Welt – eines Europas, dessen Abgesandte ganze Völker und hochentwickelte Kulturen im Namen des Christentums auf der Suche nach Gold auslöschten.

Aus dem Inhalt:
- Die Renaissance in Europa: Geistiger Umbruch und Aufbruch in neue Welten.
- Wer war Christoph Kolumbus? Legenden und Leistungen.
- Spanien – die Wiege der Eroberer.
- Die frühen Entdecker Amerikas: Transatlantikfahrten vor 1492.
- Irrfahrten vor Galapagos: Thor Heyerdahl und die seefahrenden Inkas.
- Protokoll einer Katastrophe: Der Untergang der Azteken.

Der Herausgeber

Dr. Ingo Hermann, geboren 1932, Rundfunkautor, Redakteur und Moderator, hat von 1969 bis 1989 verschiedene Programmabteilungen des ZDF geleitet, betreut zur Zeit u.a. die Sendereihe »Zeugen des Jahrhunderts«.

Aus der Reihe TERRA-X sind folgende Taschenbücher lieferbar:

Von den Inseln des Drachenbaums zur Festung der Sturmgötter (12389)
Von den Steppen der Mongolen zu den Inseln über dem Regenwald (12425)

TERRA-X
Und dann kam Kolumbus
Als die Welt sich veränderte

Herausgegeben von Ingo Hermann

Goldmann Verlag

Umwelthinweis:
Alle bedruckten Materialien dieses Taschenbuches sind chlorfrei und umweltschonend

Der Goldmann Verlag
ist ein Unternehmen der Verlagsgruppe Bertelsmann

Made in Germany · 1. Auflage · 6/93
Genehmigte Taschenbuchausgabe

Umschlaggestaltung: Design Team München
Umschlagmotiv: Artothek, Peissenberg
Farblithographie: Lorenz & Zeller, Inning a. A.
Druck: Presse-Druck Augsburg
Verlagsnummer: 12466
SD · Herstellung und Layout: Sebastian Strohmaier
Printed in Germany
ISBN 3-442-12466-2

Inhalt

INGO HERMANN

FEIERN ODER ERINNERN?

Die Landung der spanischen Karavellen »Santa Maria«, »Pinta« und »Niña« auf Guanahani am 12. Oktober 1492 hat Geschichte gemacht. Die Atlantiküberquerung des Kapitäns Kolumbus begründete ein neues Weltbild und ein neues Herrschaftsgefüge auf dem Planeten Erde.

Fünfhundert Jahre danach nehmen wir Nachgeborene die Ereignisse von damals zum Anlaß weit ausgreifender Überlegungen: Wenn es eine »Vorgeschichte« gibt, warum wurden die zumindest wahrscheinlichen Atlantiküberquerungen vor Kolumbus nicht geschichtsmächtig? Was hat Kolumbus in Wahrheit gewollt, und was hat er bewirkt? Warum fallen die historischen Urteile über die spanische Eroberung so unterschiedlich aus, je nachdem, ob man die Ereignisse und ihre Folgen aus der Sicht der Europäer oder der Sicht der Einwohner jenes Doppelkontinents, den wir »Amerika« nennen, betrachtet?

1992 – wie können da die einen, die Entdecker, feiern und die anderen, die Entdeckten, trauern?

Wie ist es möglich, daß »fünfhundert Jahre Evangelisation« glorifizierend begangen, fünfhundert Jahre höchst unchristlicher Brutalität aber verdrängt werden?

Gewiß wird auch hier die Geschichte von den Siegern geschrieben. Was aber ist hier »die Geschichte«? Der Nobelpreisträger Camilo José Cela soll gesagt haben: »Die Eroberer haben den Eroberten immer einen Tritt in den Hintern gegeben ... An all dieser Reue wegen der spanischen Eroberung ist der Mönch Bartolomé de Las

Casas schuld, das war ein Hysteriker.« Wird diese zynische Geschichtsbetrachtung dadurch erträglicher, daß es ein Nobelpreisträger für Literatur ist, der sie ausspricht? Wenn es nur »ein Tritt in den Hintern« gewesen wäre! Und nicht Mord und Raub, Unterdrückung und Ausbeutung.

Die Stimme der Gedemütigten und Beleidigten, der Geschädigten und Übervorteilten war im Jubeljahr 1992 lauter zu hören als je zuvor:

»Eine Frechheit, so etwas zu feiern«, oder: »Verbrechen werden nicht gefeiert, sondern bestraft.«

Kann man die Entdeckung und Eroberung Amerikas durch Europa als Begegnung zweier Welten feiern, ohne auch hier die Stimme der Geschundenen zu hören, die darauf beharrt, das sei so, als ob man »eine Frau vergewaltige und danach von einem Zusammentreffen zweier Welten rede«. Das Dilemma eines 500-Jahre-Gedenkens ist beträchtlich. Zwischen ungeschichtlichem, moralischem Anspruch und zynischer Geschichtsverdrängung muß sich ein Nachdenken über Geschichte bewegen, das wissen, aber auch verstehen, verstehen, aber auch beurteilen, beurteilen, aber nicht verurteilen will – und das verhindern will, daß jemals wieder Verbrechen dieser Größenordnung begangen, beschönigt und verdrängt werden.

Wenn es jemals eine geschichtliche Sicht der Entdeckung und Eroberung Amerikas geben kann, die niemanden beleidigt und erniedrigt, dann wird sie nicht zustande kommen durch Vergessen und Verjähren, Verdrängen und Beschönigen, sondern durch Vergegenwärtigung des Geschehenen, durch Erinnerung im Sinn einer Verinnerlichung von Heil und Unheil der Vergangenheit. Unsere historische Vergangenheit ist ja keine wirkliche Vergangenheit, weil sie nicht abtrennbar ist von unserer Gegenwart und nicht einmal von unserer Zukunft.

Bei dieser Erinnerungsarbeit ist heute den Medien eine vorher nicht gekannte Rolle zugewachsen. Bücher, Hörfunk und Fernsehen können jeweils für sich, vor allem aber in Kombination das Bild vergangener Epochen erstehen lassen und dem Verstand und den Gefühlen der Leser, Hörer und Zuschauer aufschließen.

Die Beiträge dieses Buches wurden von Autoren des ZDF-Programmschwerpunktes »Und dann kam Kolumbus« geschrieben. Buch und Fernsehreihe stellen die Landung des Kolumbus in der Neuen Welt in den Zusammenhang ihrer Vorgeschichte: die Geschichte der amerikanischen Kontinente vor 1492, die Geschichte der geheimen Entdeckungen, der Atlantiküberquerungen vor Kolumbus und die Geschichte Europas gegen Ende des 15. Jahrhunderts. Darüber hinaus wird in Beispielen die Wirkungsgeschichte der »Entdeckung« und Kolonisierung beider Amerika in den Blick genommen: Protokoll einer Katastrophe. Dabei wird nicht eine umfassende Geschichtsdarstellung versucht. Buch und Fernsehreihe wollen vielmehr in ausgewählten Perspektiven die Abgründe unseres Nichtwissens, unserer Ahnungs- und Gefühllosigkeit sichtbar machen, damit Erinnerung geschehen kann.

In der Fülle der Publikationen, die zum 500. Jahresgedenken der Entdeckung Amerikas durch Kolumbus erschienen, kommt dieser Betrachtungsweise durch die sinnliche Vergegenwärtigung von Personen und Situationen eine eigene Bedeutung zu.

Als Kolumbus nach Amerika kam, war er nicht der erste Europäer, der seinen Fuß auf die Erde jenseits des Atlantiks setzte. Und Kolumbus kam nicht allein. Er hatte ein Weltbild und damit die Welt verändert, aber schon bald entfaltete die Wirkungsgeschichte seiner Tat eine eigene Dynamik, die ihn selbst sogar zum Verlierer machte. Kolumbus war »nur« der Exponent einer historischen Entwicklung im alten Europa, die über kurz oder lang ohnehin zur Erkundung des Erdballs geführt hätte. Um so mehr aber verdient und bedarf seine historische Leistung der Würdigung und kritischen Vergegenwärtigung. Dabei wird deutlich, daß es nicht viel zu feiern, wohl aber viel zu erinnern gibt.

HERMANN GLASER

EUROPA – UMBRUCH UND AUFBRUCH

Widersprüche um die Jahrtausendmitte

Ein neues Weltbild: die Renaissance

Als Kolumbus nach seiner erfolgreichen Entdeckungsfahrt 1493 in Spanien seinen Triumph genoß, soll er bei einer adeligen Tischgesellschaft darauf angesprochen worden sein, daß, wenn nicht er, eben ein anderer die Leistung, über das weite Meer den Osten im Westen zu finden, vollbracht hätte. Kolumbus nahm ein Ei und forderte die Granden nacheinander auf, es auf die Spitze zu stellen. Als es niemandem gelang, nahm er das Ei selbst in die Hand und schlug es so auf den Tisch, daß es mit leicht eingedrückter Schale aufrecht stehenblieb. Die Legende, denn um eine solche handelt es sich, macht deutlich: Da war ein Mann am Werk, der nicht lange grübelte, sondern handelte; der sich mit Mut in die weite Welt hinauswagte, dabei aber nicht nur als Draufgänger in Erscheinung trat, sondern seine Entdekkungsreisen rational, und auf seinen Vorteil bedacht, vorbereitete. Er verkörpert so den frühneuzeitlichen Helden, den Renaissancemenschen, der individualistisch, sich seiner eigenen Bedeutung bewußt, mit Eigen-Sinn Neuland betritt. Zugleich war Kolumbus jedoch nicht nur ein tatkräftiger Goldsucher, sondern auch ein Gottsucher, begierig auf geheimnisvolle Kunde und mystische Offenbarungen. Er war ein Mann des Mittelalters, das man in der Renaissance gern als dunkel und finster bezeichnete – fühlte man sich doch in einer neuen Epoche des Aufbruchs und des Lichts.

Renaissance heißt wörtlich »Wiedergeburt«. Es handelt sich um

»Die Versuchung des Heiligen Antonius« (ca. 1500 – 1505) – Mittelteil eines Triptychons von Hieronymus Bosch – zeigt den knienden Eremiten inmitten einer zerfallenden Welt, umgeben von Ausgeburten der Hölle.

eine kulturelle Bewegung in Europa, die im 14. Jahrhundert von Italien ausging. Gekennzeichnet ist sie durch Rückbesinnung auf die Werte und Formen der griechisch-römischen Antike. Sie erreichte im 15. und 16. Jahrhundert ihren Höhepunkt. Dabei ereignete sich etwas sehr Merkwürdiges, stellt Egon Friedell in seiner geistreichen *Kulturgeschichte der Neuzeit* fest: Der Mensch, bisher in dumpfer, andächtiger Gebundenheit den Geheimnissen Gottes, der Ewigkeit und seiner eigenen Seele hingegeben, schlage die Augen auf und sehe um sich. Er blicke nicht mehr über sich, verloren in die heiligen Mysterien des Himmels; nicht mehr unter sich, erschauernd vor den feurigen Schrecknissen der Hölle, nicht mehr in sich, vergrübelt in die Schicksalsfragen seiner dunklen Herkunft und noch dunkleren Bestimmung, sondern geradeaus, die Erde umspannend und erkennend, daß sie sein Eigentum sei. »Die Erde gehört ihm, die Erde gefällt ihm, zum ersten Mal seit den seligen Tagen der Griechen.«

Dieser neue Blick, nicht mehr vertikal nach oben und unten gerichtet, sondern horizontal hinausschweifend, war freilich nur die eine Perspektive jener Zeit. Wie in der Person des Kolumbus wirkten sich in der Renaissance auch noch die mittelalterlichen Strömungen aus; vielfach verstärkten sie sich und schlugen ins Negative um. Dem Verlust des einheitlichen religiösen Weltbildes folgte die Angst vor dem Neuen; Unsicherheit und Zerrissenheit bewirkten oder förderten die Flucht in Wahnideen; dem Drang zur Überheblichkeit entsprach der Sturz ins Abgründige. Wie der doppelköpfige römische Gott Janus war die Renaissance rückwärts- und vorwärtsgewandt, geprägt durch den Zwiespalt von Höllenfahrt und Sehnsucht nach dem Paradies, korrupter Kirche und Aufstand des Gewissens, Hinwendung zum Stadtkosmos und dem Streben nach offenen Horizonten.

In diesem Spannungsfeld entwickelte sich der neue Menschentyp. Der Humanist Giovanni Pico della Mirandola verfaßte 1486 eine Abhandlung, der er den Titel *De dignitate hominis* (*Über die Würde des Menschen*) gab. Er wurde deshalb als Häretiker, als ein von der offiziellen Lehre der Kirche abweichender Ketzer, von Papst Innozenz VIII. verfolgt und starb im Alter von einunddreißig Jahren. In dieser Schrift läßt der Verfasser Gott zu Adam sagen: »In die Mitte

Das Paradies, dargestellt als Kopie nach Bosch von Lucas Cranach d. Ä. (Ausschnitt, 1516/18 ?), leitet den Gang der Menschheitsgeschichte ein, die mit dem Jüngsten Gericht endet.

der Welt habe ich dich gestellt, damit du von da aus leichter betrachten kannst, was in der Welt geschaffen ist. Weder himmlisch noch irdisch, weder sterblich noch unsterblich haben wir dich gemacht, damit du gleichsam mit eigenem Verständnis und zu eigener Ehre dein Schöpfer und Bildner seiest, in welcher Form immer du dich ausgestaltest. Du kannst zu den niedersten Geschöpfen der Tierwelt entarten. Du kannst dich aus eigenem Willensentschluß in die höheren, das heißt die göttlichen Regionen wiedergebären.«

Höllenfahrt

Das Leben war für viele Menschen der Renaissance eine Hölle. Zudem verstärkten die Untaten der Mächtigen bei vielen das Gefühl, hilflos ausgeliefert zu sein. In der Apokalypse Albrecht Dürers – einer Folge von fünfzehn Holzschnitten zur Offenbarung des Johannes, einem schwerverständlichen und dunklen Buch des Neuen Testaments – findet sich eine Darstellung der Apokalyptischen Reiter: »Und ich sah, und siehe, ein weißes Pferd. Und der darauf saß, hatte einen Bogen; und ihm ward gegeben eine Krone und er zog aus zu überwinden, und daß er siegte ... Und es ging heraus ein anderes Pferd, das ward rot. Und dem, der darauf saß, ward gegeben, den Frieden zu nehmen von der Erde und daß sie sich untereinander erwürgen; und ihm ward ein großes Schwert gegeben ... Und ich sah, und siehe, ein schwarzes Pferd. Und der darauf saß, hatte eine Waage in seiner Hand ... Und ich sah, und siehe, ein fahles Pferd. Und der darauf saß, der Name hieß Tod, und die Hölle folgte ihm nach.« Was bei Dürer unter den Fittichen eines segnenden Engels über die Erde rast, sind die Personifikationen von Krieg, Hunger, Teuerung und Not, begleitet vom Tod. »Ihr gnadenloses ›Vorwärts‹, der entseelte Blick, der sich in der Leere verliert, läßt sie als willenloses Werkzeug des göttlichen Strafgerichtes erscheinen« (Eugen Blume).

Die Menschen fühlten sich den Schicksalsmächten hoffnungslos ausgeliefert. Die Angst vor dem Weltende, wie sie weite Bevölkerungskreise vor allem beim Herannahen der Halbjahrtausendwende bestimmte, artikulierten viele Künstler als dunkle Vision. Aus der Erde, so Leonardo da Vinci, würden Tiere, von der Finsternis bedeckt, hervorkommen und mit wunderlichen Sprüngen das Menschengeschlecht anfallen. »Man wird über die Menschen eine derart grausame Krankheit kommen sehen, daß sie sich mit den eigenen Nägeln ihr Fleisch zerkratzen werden ... Man wird sehen, wie die Pflanzen ohne Blätter bleiben und die Flüsse in ihrem Lauf innehalten. Das Wasser des Meeres wird über die hohen Gipfel der Berge zum Himmel aufsteigen und wieder auf die Behausungen der Menschen herabfallen. – Nämlich in Wolken.«

Apokalyptischen Ängsten hat Albrecht Dürer (1471 – 1528) mehrfach Ausdruck gegeben: Das »Traumgesicht« nimmt die Explosion einer Atombombe vorweg; Sodom und Gomorrha in Brand (Ausschnitt aus »Loth und seine Töchter«) erinnert an die Stadtzerstörungen des Zweiten Weltkrieges.

Im Jahre 1525, nach dem Pfingsttag, hatte Albrecht Dürer einen Traum von vielen großen Wassern, die vom Himmel fielen. »Und das erste traf das Erdreich ungefähr 4 Meilen von mir entfernt mit einer solchen Grausamkeit, mit einem übergroßen Rauschen und Zersprühen und ertränkte das ganze Land. Darüber erschrak ich so schwer, daß ich davon erwachte, eh dann die anderen Wasser fielen. Und die Wasser, die da fielen, die waren ziemlich groß. Und es fielen etliche weiter entfernt, etliche näher, und sie kamen so hoch herab, daß sie scheinbar langsam fielen. Aber als das erste Wasser, das das Erdreich traf, schnell näher kam, da fiel es mit einer solchen Geschwindigkeit, Wind und Brausen, daß ich so erschrak, als ich erwachte, daß mir all mein Körper zitterte und ich lange nicht recht zu mir selbst kam. Aber als ich am Morgen aufstand, malte ich hier oben, wie ich's gesehen hatte. Gott wende alle Dinge zum Besten.«

Kein Maler dieser Epoche hat so intensiv Fegefeuer und Hölle durchmessen wie der Niederländer Hieronymus Bosch (um 1450 bis 1516). In seinen Gemälden tappt der Mensch in die Falle der Todsünden, gewaltige Brände erhellen die jagenden Heere der Seelen und Dämonen; Ungeheuer dringen ins himmlische wie irdische Paradies ein; Torheit, Geilheit, die Gier nach Gold und Besitz verderben die Seelen, bis beim Jüngsten Gericht die Stunde der Wahrheit schlägt. Das flämische Sprichwort »Die Welt ist ein Heuhaufen, und jeder nimmt davon, soviel er fassen kann«, könnte den Künstler zu seinem Triptychon *Der Heuwagen* inspiriert haben. »Durch eine weite, sonnige und in einen leichten blauen Dunst gehüllte Landschaft fährt im Triumphzug der riesige Heuwagen, Symbol der Eitelkeit. Auf seinem Rücken trägt er junge Liebesleute, lockendes Bild der irdischen Freuden. In ihrem Wahn stürzt sich die ganze Menschheit, Mönche, Bürger, Bauern, Gesunde und Kranke, auf den Wagen: einige geraten unter seine Räder, andere versuchen vergeblich, eine Leiter anzulegen, und manche fallen sogar, um eine Handvoll Heu zu ergattern, in mörderischem Handgemenge übereinander her. Die Großen der Welt, der Papst, der Kaiser und die Fürsten folgen dem Wagen in feierlichem Reiterzug. Der Wagen wird von Menschen gezogen, die sich durch die Einwirkung der nahen Hölle in tierhafte Dämonen verwandeln. In der von Wolken umgebenen Sonnenscheibe erscheint Christus. Mit bedauernd erhobenen Händen wird er zum schmerzerfüllten Zeugen der unausweichlichen Folge der Eitelkeit, des Ganges der Menschheit zur Hölle« (Charles de Tolnay).

Überall lauern Hexen und Teufel mit ihren Fratzen; sie bedrängen und verführen die Unschuld, versuchen den Gottesfürchtigen vom rechten Weg abzubringen. Das zeigt auch die Historie vom Dr. Faust, einem weitverbreiteten Volksbuch mit realem Kern: Ein um 1480 bei Maulbronn geborener Faustus zog als Wanderarzt, Wahrsager, Astrologe und Geisterbeschwörer unstet im Lande umher. Erzählt wird, wie sich einer, der mehr wissen wollte, als die Heilige Schrift beinhaltet, dem Bösen verschrieb und seltsame Abenteuer erlebte, bis er endlich den wohlverdienten Lohn empfing. »Es ist ein war sprichwort: Was zum Teuffel will, last sich nit aufhalten.« Den dunklen Visionen von der Höllenfahrt des Menschen lagen »höllische« Lebensverhältnisse zugrunde. Die zerlumpten und ausgehungerten Massen stürzten sich in überspannte Träume, zu denen das Grundnahrungsmittel Brot mit verhalf – war es doch oft mit Mohn, Mutterkorn und anderen Rauschmitteln versetzt. Aber auch der schiere Hunger und der Zustand chronischer Unterernährung führten zu Bewußtseinsveränderungen und Trance wie auch Traumzuständen, die sich in Delirien und massenhaften Ausbrüchen von Tanzwut manifestierten. Aus heutiger Sicht entsteht der Eindruck einer vampirischen Gesellschaft von Besessenen, die sich auf der Flucht vor der Todesangst befindet und die Kürze des Lebens – durchschnittlich wurde man nur dreißig Jahre alt – beklagt. Indem man Inkuben, Kobolde, Vampire, Hexen, Werwölfe beschwor und bekämpfte, versuchte man, sich von seinen Obsessionen zu reinigen. Auch die physische Plage der überall auftretenden Würmer und anderen Ungeziefers, die den Körper und die Nahrungsmittel zerstörten, sowie unerklärliche leibliche Vorgänge wurden metaphysisch angegangen. Denn »der finstere und schwarze, mit Blut vermischte Körpersaft erzeugt schreckliche Geister und bringt, falls man sein Blut nicht reinigt, das Werwolfswesen, Ängste und scheußliche Gedanken hervor; dadurch sieht man die Menschen toben und sich an stinkenden und schmutzigen Orten,

Der Reiter mit der Waage (als Symbol der Gerechtigkeit) in Dürers Holzschnitt »Die Apokalyptischen Reiter« wird auch als Glorifikation von Maximilian I., der Todesreiter mit der Mistgabel als Symbol der aufständischen Bauern gedeutet.

an Grabstätten und Kadavern ergötzen, dieweil ihm der vergiftete Geist derlei Dinge wünscht« (Thomas Campanella).

Der Tod war angesichts der hohen Sterblichkeitsrate ständig präsent und mit ihm die Verwesung. Keine Epoche hätte mit solcher Eindringlichkeit jedem den Todesgedanken eingeprägt wie das 15. Jahrhundert, meint der niederländische Historiker Johan Huizinga. In den Mysterienspielen ging es immer wieder ums Sterben. Die Kunst des Sterbens, die *ars moriendi*, war das Thema vieler Abhandlungen. Die neuen Druck-Erzeugnisse, so Kirkpatrick Sale, verbreiteten Darstellungen verwesender Leichen, gekrümmter Skelette und von Würmern zerfressener Körper; hinter allem sah man das hämische, lustvolle, triumphierende Grinsen des Todes. »Der Totentanz, in dem Körper in verschiedenen Stadien der Verwesung ihre letzten Kapriolen schlugen, war auf Fresken und Holzschnitten, Glasfenstern und Grabsteinen zwischen London und Neapel allgegenwärtig.« Er war deshalb so präsent, weil die Krankheiten epidemisch auftraten und meist Massensterben hervorriefen.

Am schlimmsten wütete der »schwarze Tod«, die Pest. Von Asien kommend, hatte sie im 14. Jahrhundert im östlichen Mittelmeerraum Fuß gefaßt und dann in immer neuen Wellen ganz Europa überzogen. Das Fleckfieber war seit der zweiten Hälfte des 15. Jahrhunderts in Europa nachzuweisen; neu traten auch Masern und Pocken auf, Luther nennt sie in seiner Bibelübersetzung »die bösen schwartzen blattern«. Selbst die Grippe war gefährlich. Die großen Entdeckungsreisen brachten weitere Infektionskrankheiten nach Europa, so den Englischen Schweiß (sudor anglicus), hinter dem sich wohl gleich mehrere Krankheiten verbargen. Vor allem beschäftigte die Syphilis die Menschen, da durch sie die im Mittelalter verhältnismäßig naiv praktizierte Promiskuität mit der Strafe Gottes belastet schien. In einem *Gesprächbüchlin* des Humanisten Ulrich von Hutten hält der von der Krankheit selbst infizierte Autor ein Zwiegespräch mit sei-

»König Tod zu Pferde« zeichnete Albrecht Dürer 1505 unter dem Eindruck einer Pestepidemie in Nürnberg. Memento mei – Gedenke meiner – beschrieb der Künstler das Blatt (Memento mori – Gedenke des Todes! – nachgebildet).

nem »Fieber«: »Hutten: Du verbrennst das Geblut. Feber: Ich lesche aus die Brunst der Unkeuschheit. Hutten: Du bringst Schmerzen. Feber: Ich treib aus Unreinigkeit.«

Die moralische Beurteilung von Krankheit, ihre Rückführung auf persönliche Schuld, wie bei der Syphilis, oder auf das brunnenvergiftende dämonische Wirken von Minderheiten wie der Juden und bestimmter Frauen (Hexen), war vorherrschend; doch zeigten sich auch die ersten Ansätze medizinischer Wissenschaft.

In der Renaissance führte man jedoch nicht nur ein »höllisches Leben«; die Hölle wurde einem auch »angetan«. Grausamkeit und Gewalt waren dominante Grundtöne im 15. und 16. Jahrhundert. Da war zum Beispiel die alltägliche Brutalität. Was der zeitgenössische Historiker Lucio Marineo Siculo über Spanien berichtet, kann als exemplarische Schilderung verstanden werden. »Viele Städte und Ortschaften in Spanien waren zermürbt von zahlreichen grausamen Dieben, Mördern, Ehebrechern, durch ständige Angriffe und Frevel und alle möglichen Verbrechen . . . Manche rissen unter Mißachtung der menschlichen und göttlichen Gesetze das Recht an sich. Andere gaben sich der Völlerei und Nichtstuerei hin und taten verheirateten Frauen ebenso wie Jungfrauen und Nonnen schamlos Gewalt an . . . Wieder andere überfielen Händler, Reisende und Jahrmarktbesucher und beraubten sie auf grausame Weise ihrer Habe. Andere wiederum, die mächtiger und dreister waren, bemächtigten sich einiger Ländereien und Burgen der Krone, um von dort aus die Felder ihrer Nachbarn zu plündern.«

Auf der nächsten Stufe standen die Grausamkeiten der Justiz. Mit Hilfe der Folter wurden Geständnisse erpreßt; die Strafen wurden bestialisch exekutiert – und zwar öffentlich, was den verrohten, in physischer Verelendung und geistiger Unmündigkeit gehaltenen Massen zum Jahrmarktsvergnügen geriet. Das Strafregister sah bei den Todesstrafen neben dem Enthaupten, der wohl noch schmerzlosesten Form der Hinrichtung, Verbrennen, Ertränken, Sieden, Pfählen, Einmauern, Vierteilen, Eingraben und das Hängen vor – bei Strafverschärfung das Aufhängen an den Füßen, was einen oft tagelangen Todeskampf bedeutete. Beim Rädern zerschlug der Scharfrichter dem Delinquenten mit einem Rad sämtliche Glieder und die Wirbelsäule. Der Sterbende oder Tote wurde dann durch die Speichen des Rades geflochten und schließlich auf einem Pfosten oder Galgen zur Schau gestellt. Bei den Verstümmelungsstrafen handelte es sich vor allem um das Blenden, Handabschlagen, Fingerabschneiden, Ohrenabschneiden und Zungenabschneiden.

Den Höhepunkt von Gewalt und Grausamkeit stellten die kirchlichen und staatlichen Massenmorde dar. Menschlichkeit und Gerechtigkeit waren durch Wahn ersetzt. Bis heute ist dieses furchtbare Kapitel europäischer Geschichte nicht aufgearbeitet worden; das Abendland hinterließ eine breite Blutspur. Die Inquisition, deren erste Ansätze bereits auf das 11. Jahrhundert zurückgehen und die dann im 15. Jahrhundert immer mehr um sich griff, nahm Joh. 15,6 wörtlich: »Wer nicht in mir bleibt, der wird weggeworfen wie eine Rebe und verdorret, und man sammelt sie und wirft sie ins Feuer, und sie müssen brennen.«

Der Haß der sadistisch motivierten Inquisitoren richtete sich in Spanien vorwiegend gegen Juden, Mauren und Hexen sowie gegen »Conversos«, da man bei diesen zum Christentum übergetretenen Juden und Mauren immer wieder vermutete, daß sie den Glaubenswechsel nur vorgetäuscht hätten. Das Handbuch für die Tribunale entwarf der Prior des Dominikanerkonvents in Santa Cruz, Thomás de Torquemada, dem 1483 von Papst Sixtus IV. alle mit dem Amt eines Generalinquisitors verbundenen geistlichen Würden verliehen worden waren. Schon die Tatsache, daß das Ketzergericht und die Ketzerverbrennung »Autodafé« genannt wurden (actus fidei; spanisch: Autos da fé; portugiesisch: Auto-da-fé = Glaubensakt), zeigt die ganze Erbärmlichkeit pervertierter Religiosität. Das Bündnis zwischen Altar und Thron, das der spanischen Inquisition zugrunde lag, »funktionierte« nicht zuletzt deshalb so erfolgreich, weil die zu Tausenden verbrannten oder vertriebenen Opfer auch einen wirtschaftlichen Faktor darstellten; der Staat konnte sich so (wie später im Dritten Reich) leicht bereichern.

Das Jahr 1492, in dem Kolumbus zur ersten Entdeckungsreise ausfuhr, brachte mit der Besetzung der Stadt Granada nicht nur den

Vorbereitung der Tortur. Holzschnitt aus der Bambergischen Halsgerichtsordnung (Mainz 1508).

erfolgreichen Abschluß der Reconquista, der Vertreibung der »Mauren« genannten Araber. Diese hatten seit rund achthundert Jahren in Spanien eine wirtschaftlich blühende und durch das Zusammenleben von Mauren, Spaniern und Juden geprägte tolerante Kultur geschaffen. In diesem für die europäische und amerikanische Geschichte entscheidenden Schwellenjahr erließ das spanische Königspaar Isabella I. von Kastilien und Ferdinand II. von Aragón auch ein Judenedikt: »Wir sind von den Inquisitoren und von anderen Personen davon unterrichtet worden, daß der Verkehr der Juden mit den Christen allerschlimmstes Unheil nach sich zieht. Die Juden bemühen sich nach bestem Vermögen, die neuen Christen zu verführen; dies geschieht dadurch, daß sie ihnen jüdische Gebetbücher zukommen lassen, daß sie sie auf jüdische Festtage aufmerksam machen, daß sie ihnen an Pesach ungesäuertes Brot beschaffen, daß sie sie über die verbotenen Speisen unterrichten und daß sie sie überreden, dem Gesetze Moses zu folgen. Daraus geht hervor, daß unser heiliger katholischer Glaube dadurch herabgesetzt und gedemütigt wird. Wir sind darum zu dem Schluß gelangt, daß das einzig wirksame Mittel zur Abstellung dieses Unheils in dem endgültigen Abbruch jeder Beziehung zwischen Juden und Christen besteht. Dies kann nur durch ihre Austreibung aus unserem Königreich erreicht werden.« Einhundertzwanzig- bis einhundertfünfzigtausend Menschen mußten ihren Familienbesitz aufgeben; nur persönliche Habe durfte mitgenommen werden. Gold, Silber, Juwelen und Bargeld waren der Krone zu überlassen.

Einige Jahre zuvor (1487) war in Deutschland der *Hexenhammer (Malleus maleficarum)* erschienen, verfaßt von den beiden dominikanischen Inquisitoren Heinrich Institoris und Jakob Sprenger; in diesem Handbuch wird als Empfehlung beschrieben, was allenthalben schon praktiziert wurde. Leugnung des Hexenglaubens sei selbst bereits verwerfliche Ketzerei; vor allem Frauen seien bei Hexereien beteiligt, immer sei dabei der Teufel im Spiel. Nach einer Spezifikation des Hexenunwesens, basierend auf der inquisitorischen Praxis der Autoren, die bereits 48 Frauen an den Hexenpfahl gebracht hatten, wird schließlich eine Handlungsanleitung für die weltlichen und geistlichen Hexenjäger vorgelegt. Auf fast jeder Seite dieses Buches, das zu den schändlichsten Werken der Weltgeschichte gehört, tritt die sexualpathologische Besessenheit der Verfasser, geprägt von der frauenfeindlichen katholischen Theologie, unverblümt zutage. Da heißt es etwa: »Es ist wahr, daß die Zeugung des Menschen die Handlung eines lebenden Körpers ist. Aber wenn behauptet wird, daß die Dämonen kein Leben geben können, weil dieses förmlich aus der Seele fließt, so ist es auch wieder wahr, aber nur deshalb, weil es stofflich abfließt vom Samen und der Dämon als Incubus mit Zulassung Gottes ihn durch den Coitus hineintun kann, und zwar nicht als

»Etliche Indianer werden erschlagen, etliche sind durch Feuerbrunst verdorben« (Abbildung aus der America-Buchreihe des vor den Spaniern aus Lüttich nach Frankfurt geflohenen Verlegers und Kupferstechers Theodor de Bry, 1528 – 1598).

von ihm selbst abgesonderten, sondern durch den dazu genommenen Samen irgend eines Menschen.«

Beim Massenmord an den Indianern, wie er kurz nach der Entdekkung der Westindischen Inseln durch Kolumbus einsetzte, verbinden sich inquisitorische Verachtung und Verfolgung der Andersgläubigen mit hemmungsloser Goldgier, zügelloser Sadismus mit heuchlerischem christlichen Sendungsbewußtsein. Während die Konquistadoren vergewaltigten und mordeten und damit ihren Machismo (Männlichkeitswahn) auf brutalste Weise verwirklichten, lieferten Schreibtischtäter, wie der Hofkaplan und Prinzenerzieher Juan Ginés de Sépulveda, die theoretische Begründung für den Genozid, dem Millionen zum Opfer fielen. »Es steht nämlich im Buch der Sprüche geschrieben: ›Wer dumm ist, soll dem Weisen dienen.‹ So sind die barbarischen und unmenschlichen Völker, die von einem zivilisierten Leben und friedlichen Sitten nichts wissen wollen. Für diese Völker wäre es ein Vorteil, der von Natur aus gerecht ist, daß sie sich der Herrschaft solcher Fürsten oder Völker unterwerfen, die menschlicher und tugendhafter sind, damit sie durch deren Tugend, Gesetzgebung und Klugheit ihre Wildheit ablegen und zu einem menschlicheren Leben, zu friedlicheren Sitten und zur Pflege der Tugenden angeleitet werden.«

Für uns ist es tröstlich zu wissen, daß es innerhalb der Conquista nicht nur wütende Verbrecher und schreckliche Juristen gab, sondern auch Menschen, die das Unrecht erkannten und dagegen ihre Stimme erhoben. Einer von ihnen war Bartolomé de Las Casas, 1474 als Sohn eines Adeligen geboren (1566 gestorben). Auf den Spuren seines Vaters, der an der ersten oder zweiten Ausfahrt des Kolumbus teilgenommen hatte, war er nach dem Studium der Theologie und der Rechte in Salamanca Ende des 15. Jahrhunderts nach Hispaniola gekommen; 1511 wurde er in Santo Domingo zum Priester geweiht. Bald erkannte er, welches furchtbare Verbrechen an den Indianern begangen wurde: »Ich stieß auf eine Stelle im Buch Sirach, Kapitel 34. Dort heißt es: Der Arme hat nichts denn ein wenig Brot; wer ihn darum bringt, der ist ein Mörder. Wer dem Arbeiter seinen Lohn nicht gibt, der ist ein Bluthund . . . Ich bedachte die Not und die Sklaverei, in der das einheimische Volk hier lebt . . . Je mehr ich aber darüber nachdachte, desto mehr wurde ich davon überzeugt, daß alles, was wir den Indianern bisher widerfahren ließen, nichts ist als Tyrannei und Ungerechtigkeit.«

Vierzehn Seereisen unternahm Las Casas, der Kolumbus sehr positiv gegenüberstand, um die Bewohner Westindiens vor der Ausrottung zu bewahren. Er konnte dabei sogar Karl V. überzeugen; doch blieben dessen indianerfreundlichen, aber vorsichtig formulierten Anweisungen praktisch wirkungslos. Taktische Überlegungen führten Las Casas freilich auch auf einen Irrweg; unter Hinweis auf die zarte Konstitution der Indianer äußerte er, daß die Einwohner Afrikas den physischen Strapazen der Gruben- und Plantagenarbeit wohl besser gewachsen seien. Angesichts des Sklavenhandels nach Amerika revidierte er dann seinen Standpunkt: »Das Recht der Schwarzen ist dem Recht der Indianer gleich.«

In dem kurzgefaßten *Bericht von der Verwüstung der Westindischen Länder* und in anderen Werken hat er immer wieder die Bluttaten der Spanier und damit die Hölle, die Menschen anderen Menschen bereiteten, beschrieben. Was er sah und festhielt, macht deutlich, daß in der Zeit der Renaissance die Welt vielfach viel finsterer war als im tiefsten Mittelalter. »Die Spanier hingegen, welche zu Pferde und mit Schwertern und Lanzen bewaffnet waren, richteten ein greuliches Gemetzel und Blutbad unter ihnen an. Sie drangen unter das Volk, schonten weder Kind noch Greis, weder Schwangere noch Entbundene, rissen ihnen die Leiber auf, und hieben alles in Stücke, nicht anders, als überfielen sie eine Herde Schafe, die in den Hürden eingesperrt wäre. Sie wetteten miteinander, wer unter ihnen einen Menschen auf einen Schwertstreich mitten von einander hauen, ihm mit einer Pike den Kopf spalten, oder das Eingeweide aus dem Leibe reißen könne. Neugeborene Geschöpfchen rissen sie bei den Füßen von den Brüsten ihrer Mütter, und schleuderten sie mit den Köpfen wider die Felsen. Andere schleppten sie bei den Schultern durch die Straßen, lachten und scherzten dazu, warfen sie endlich ins Wasser und sagten: da zapple nun, du kleiner schurkischer Körper! Andere ließen Mutter und Kind zugleich über die Klinge springen, und stießen sie mit den Füßen vor sich hin. Sie machten auch breite Galgen, so, daß die Füße beinahe die Erde berührten, hingen zu Ehren und zur Verherrlichung des Erlösers und der zwölf Apostel je dreizehn und dreizehn Indianer an jeden derselben, legten dann Holz und Feuer darunter, und verbrannten sie alle lebendig.«

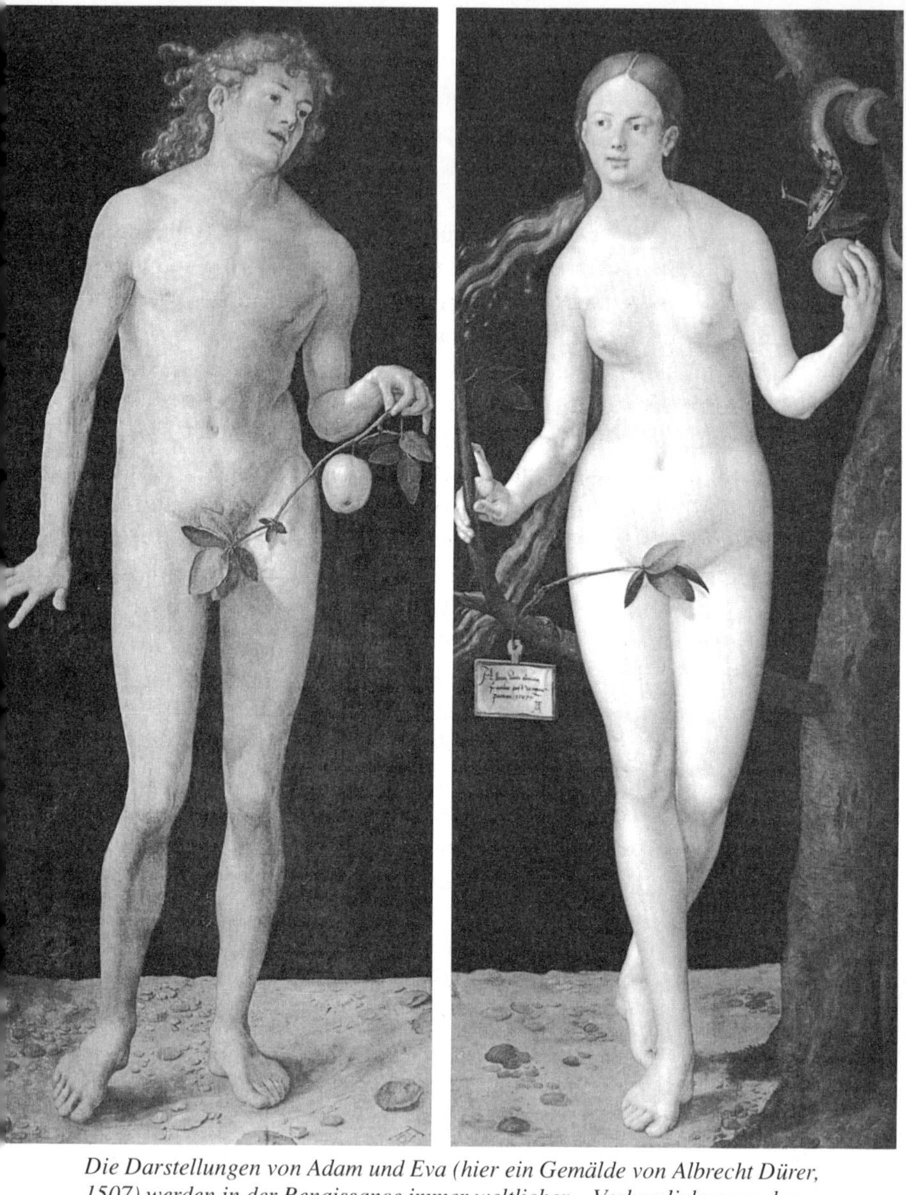

Die Darstellungen von Adam und Eva (hier ein Gemälde von Albrecht Dürer, 1507) werden in der Renaissance immer weltlicher – Verherrlichungen der Sinneslust; die Sünde wird schön.

Der neue Adam

Die Übergangszeit vom Mittelalter zur Neuzeit ist durch die Entartung des Menschen zu den »niedersten Geschöpfen« gekennzeichnet – so beschwor Pico della Mirandola die drohende Gefahr. Der Umbruch war aber zugleich geprägt durch künstlerische und kulturelle Ereignisse von hohem Rang. Als Schöpfer und Bildner war der Mensch in der Lage, sich in die »höheren, das heißt die göttlichen Regionen wiederzugebären«. Hier erst kann man im eigentlichen Sinne von Renaissance sprechen, einer Epochenbezeichnung, die sich übrigens nicht vor der Mitte des 19. Jahrhunderts durchsetzte.

Die Renaissance stellte sich als ein »neues Werden« dar: als sei die Menschheit nach einem langen Schlaf, oder geradezu vom Tod, »auferstanden«, wiedererwachend zu einem neuen Dasein und die Schönheit des Lebens wiederentdeckend. Im neuen Zeitgefühl ließ sich der Mensch nicht mehr mit der Hoffnung auf das Jenseits, auf das verheißene Paradies, abspeisen, nicht durch die Drohung mit Fegefeuer und Hölle einschüchtern. Das Diesseits wollte man nun genießen.

Das neue Raumgefühl ermutigte dazu, die Welt als Mikrokosmos wie Makrokosmos in ihrer ganzen faszinierenden Fülle zu entdecken, zu erschließen und zu erforschen. »Sie ist ein Bauplatz: ein Bauplatz für alles erdenkliche Nützliche, Wohltätige und Lebensfördernde, für Werkstätten der Heilkunst, der Meßkunst, der Scheidekunst, für Institute und Apparate zur Verfeinerung, Erleichterung und Erhöhung des Daseins, für babylonische Türme, die sich zum Himmel recken, um ihm sein Geheimnis zu entreißen, ein unermeßlich weites, unerschöpflich reiches Operationsfeld für die Betätigung und Steigerung der Kräfte des reinen Verstandes, des Verstandes, der sich ganz auf sich selbst stellt, sich alles zutraut, vor nichts zurückschreckt, durch nichts zu enttäuschen ist: dies ist die heroische Seite des neuen Blicks neben seiner animalischen« (Egon Friedell).

Der erwachende Verstand, der alles durchdringt – Himmel und Erde, Wasser und Licht, das unendlich Große und das unendlich Kleine, die Beziehungen der Menschen untereinander, das Walten der

Natur und die Gesetze der Kunst –, dieses wagemutige, vor allem gegen die kirchliche Unterdrückung aufbegehrende, um Aufklärung ringende Streben vermittelte ein Glücksgefühl. Der Mensch lachte wieder; daß man sie nicht mehr ernst nehmen werde, mußten die theokratischen Dunkelmänner besonders fürchten. Die Angst vor den Höllenstrafen, die den Menschen ständig suggeriert und oktroyiert wurde und sie zu sündigen Kreaturen machen sollte, wurde durch das *experimentum medietatis* (Latein war die Sprache der gebildeten Schicht!) überwunden: durch den Versuch, sich selbst als Individuum in den Mittelpunkt der Welt, an die Stelle Gottes, zu rücken.

Hiob war das biblische Vorbild im Mittelalter gewesen. Selbst er, obwohl weniger sündhaft als andere Menschen, ist der Willkür Gottes ausgeliefert. Er findet keine Rechtfertigung und keine Rettung. Ihm bleibt nur die Hinnahme der Heimsuchung. Seine Tage verbringt er ohne Hoffnung, sein Leben ist »ein Wind«. »Wie kann ein Mensch gerecht vor Gott sein, und wie kann rein sein eines Weibes Kind? Siehe, auch der Mond scheint nicht helle, und die Sterne sind nicht rein vor seinen Augen: wieviel weniger ein Mensch, die Made, und ein Menschenkind, der Wurm?«

In der Renaissance wurde dem Bild des schwachen, sündhaften, von Gott gestraften Wesens ein anderes Bild vom Menschen entgegengestellt: der Mensch als Ebenbild Gottes, als Krone der Schöpfung. Adam und Eva erfahren hier eine Umwertung; die Vertreibung aus dem Paradies, dem Garten Gottes, ermöglicht den Einzug ins irdische Paradies, den Garten auf Erden, der durch die Menschen zu gestalten ist. Auch wenn dies nicht immer offen ausgedrückt wurde – es ist als Tendenz in Literatur und Kunst zu finden, etwa in Michelangelos farbenprächtigem Deckengemälde in der Sixtinischen Kapelle. Der Künstler brauchte vier Jahre, um es zu vollenden. Die Arbeit war recht qualvoll. In einem Gedicht für einen Freund berichtet er, wie ihm beim Malen im Liegen vom Pinsel die Farbe ins Gesicht tropfte, ihm fast ein Kropf gewachsen sei, die Nieren in den Bauch traten und er sich wie ein Syrerbogen krümmen mußte.

Das Kunstwerk jedoch zeigt nichts mehr von der Last des künstlerischen Schöpfungsprozesses. Die religiöse Motivik (von der Er-

Aus Eva wird Venus: Die »Frühlingsnymphe« (um 1525) von Bernardino Luini gehört zu der Gruppe der vielen zeitgenössischen Gemälde, die »Renaissance« als Wiedergeburt weiblicher Schönheit begreifen.

schaffung der Welt über Ursünde, Vertreibung und Sintflut bis zum Jüngsten Gericht) wird durchbrochen; zwar erscheint beim Jüngsten Gericht Christus in seiner unbarmherzigen Strenge, aber immer wieder wird die christliche »Rahmenhandlung« durch Apotheosen gesprengt: durch Vergöttlichungen und Verherrlichungen des Menschen. Michelangelo malt Noah, wie er nach der Arbeit, trunken von Wein, entblößt in der Hütte liegt; das Körperlich-Erotische, die Leidenschaft und Begehrlichkeit des Liebesspiels bestimmen Adam und Eva, die nicht als sündige Figuren, sondern als »schöne Menschen« in Erscheinung treten – wie überhaupt in dieser Zeit die Darstellung des ersten Menschenpaares von der Gottes- zur Menschenverehrung sich wandelt. Der Cherub, der himmlische Bewacher des Paradieses, trifft zwar Adam, mit Eva aus dem Paradies vertrieben, mit der Spitze seines Schwertes in den Nacken; die Wunde aber wird ihm Stachel im Fleisch sein, ihn zu großen irdischen Taten an- und aufregen. Als Kolumbus in Westindien ankam, war er, dessen Seelenbild viele mittelalterliche Züge zeigt, zwar noch durch die Suche nach dem überirdischen Paradies bewegt; er hatte aber bereits einen sicheren Blick für das irdische Paradies. Der »edle Wilde« sollte in den nachfolgenden Zeiten zum Idol abendländischer Sehnsucht nach Unverfälschtheit werden.

Der Wilde war in seiner Einfachheit und Naivität gewissermaßen die Kontrastfigur zum Renaissancetyp. Dieser wollte mit Energie und kreativer Leidenschaft die Welt in ihren inneren wie äußeren Zusammenhängen, in ihrer strengen Gesetzmäßigkeit wie in der chaotischen Fülle ihrer Erscheinungen erforschen. Er wollte sie aber auch in ihrer Offenheit nach seinem Willen gestalten. Die Lustangst Leonardo da Vincis vor dem Eindringen in eine Höhle kann den faustischen Entdeckerdrang in seiner Widersprüchlichkeit versinnbildlichen: »Ich wölbte mein Kreuz und legte die linke Hand aufs Knie, und mit der rechten beschattete ich meine gesenkten und gerunzelten Brauen; und häufig beugte ich mich dahin und dorthin, um zu sehen, ob ich drinnen etwas unterscheiden könnte; aber das blieb mir wegen der großen Dunkelheit, die dort drinnen herrschte, versagt. Und nachdem ich eine Weile so verblieben war, stieg in mir plötzlich zweierlei auf: Furcht und Verlangen, Furcht vor der bedrohlichen Höhle und das Verlangen, zu sehen, ob nicht etwas Wunderbares darin verborgen wäre.«

Entdecken bedeutet auch Aufdecken, und dies schließt ein, daß man Verdeckendes wegräumen muß. Dem medizinischen Bemühen zum Beispiel, durch das Sezieren Einblick in das Innere des menschlichen Körpers zu gewinnen, standen kirchliche Tabus entgegen. Durch deren Überwindung erhielt das Studium der Medizin, das auf den neugegründeten Universitäten langsam in den Vordergrund trat,

»Der Heuwagen« (1485 – 1490) von Hieronymus Bosch bildet den Mittelteil eines Flügelaltars, der auf dem linken Flügel die von Cranach kopierte Darstellung des Paradieses und auf dem rechten die Hölle zeigt.

Jan van Eyck (um 1390 – 1441) gehörte zu den Begründern des Realismus in der nachmittelalterlichen Malerei, was bei der »Madonna des Kanzlers Nicholas Rolin« vor allem auch im Detail des Landschaftsausblicks deutlich wird.

Rechte Seite: In dem Gemälde »Pythagoras entdeckt das Gesetz vom Gewicht« (Jörg Breu d. Ä., um 1475 – 1537) erscheinen Stadt und Landschaft nur am Rande. Das »Draußen« wird jedoch bald selbständiges Thema und Motiv.

Leonardo da Vincis »Portrait eines Musikers« (um 1490?), das Vincenzo Foppa zugeschriebene »Profilbildnis eines Mädchens«, das Portrait des Franz von Taxis (1459 – 1517) und das posthume Portrait des Bankiers Cosimo il Vecchio Medici von Jacopo Carrussi (der nach seinem Heimat' ort Pontormo genannt wird, 1494 – 1557) können verdeutlichen, welchen Wert die Renaissance-Kunst der Individualität zumaß. Es war eine Zeit, »in der Maler und Bildhauer das Wesen ›Mensch‹ auf unvergeßliche Weise abbildeten und Philosophen immer wieder ausriefen: ›Ein großes Wunder ist der Mensch.‹« (Eugenio Garin).

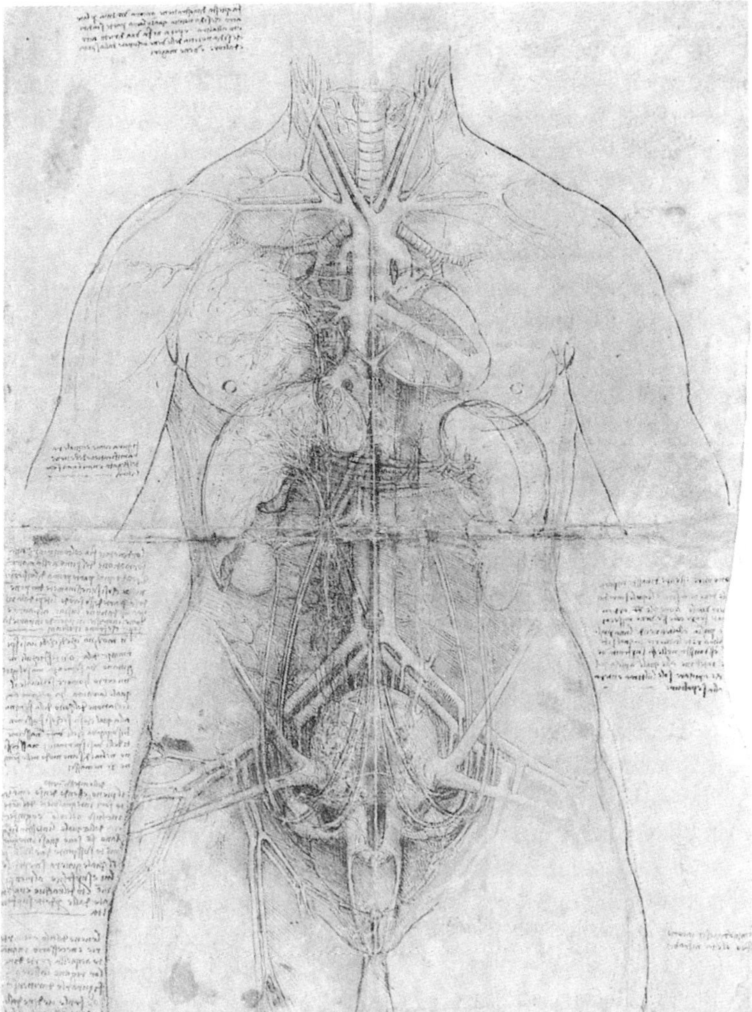

Die um 1507 entstandene Zeichnung von Leonardo da Vinci zeigt die inneren Organe einer Frau – Ergebnis der intensiven anatomischen Studien des Künstlers und Naturwissenschaftlers.

eine neue Dimension. »Stelle dar, woher das Sperma kommt, woher der Urin, woher die Milch. – Wie sich die Nahrung in den Adern umwandelt – woher die Trunkenheit kommt – woher das Erbrechen – woher die Nierensteine und andere Steine ...« (Leonardo da Vinci).

Die mit der Renaissance beginnende moderne Naturwissenschaft mußte alte Denkgewohnheiten und Wahrnehmungsweisen zerschlagen, und das bedeutete, angesichts der das Mittelalter prägenden Vorherrschaft der Theologie, die Natur zu »entgöttlichen«. Der Rationalismus zeigte und bewies, so K. Sale, »daß die Erscheinungsformen der Natur nichts Heiliges an sich haben und weder eine Seele noch einen Willen besitzen, sondern bloß meßbare Kombinationen von chemischen und mechanischen Eigenschaften darstellen, die wissenschaftlich analysiert, bestimmt und manipuliert werden können«.

Auf der Basis dieser neuen Denkweise gab es neue Entdeckungen und Erfindungen in allen Bereichen, wobei diese sich zunehmend als wissenschaftliche Disziplinen formierten. Auch wurde an vergessene oder verdrängte Entwicklungen wieder angeknüpft, zum Beispiel aus China, wo man schon den Kompaß und das Schießpulver gekannt hatte. Der wichtigste Bezugspunkt für Erneuerung und Wiedergeburt war die Antike, vor allem, was das Weltbild betraf. So bedeutete der erste Druck der Weltkarte des Claudius Ptolemäus (Florenz 1474) eine Bekräftigung der Auffassung, daß die Kugelgestalt der Erde eine mathematisch beweisbare Tatsache sei. Ptolemäus, Astronom, Mathematiker und Geograph, um 150 n. Chr. in Alexandria geboren, hatte das Wissen der griechischen Geographen und Kartographen verarbeitet. Übrigens hielten auch im Mittelalter nur noch wenige Denker die Erde für eine Scheibe; selbst Leute ohne besondere Erziehung wußten, daß sie einer Kugel gleiche. Die Behauptung, daß Kolumbus wegen seiner Überzeugung von der Kugelgestalt der Erde ein eventuell gar durch die Inquisition gefährdeter wissenschaftlicher Revolutionär gewesen sei, ist unhaltbar. Freilich kümmerten sich die meisten christlichen Autoren nicht um diese Erkenntnis, da für sie eben nicht die außerweltliche, sondern die innerweltliche Dimension wichtig war.

Ptolemäus war allerdings nicht nur ein Vorläufer des neuzeitlichen Weltbildes, wie es dann im »Erdapfel« des um 1459 in Nürnberg geborenen, später in Lissabon lebenden Geographen und Seefahrers Martin Behaim zum sinnlich leicht erfaßbaren Modell wurde. Sein astronomisches Denken war geozentrisch orientiert und damit »rückständig«: Sonne, Mond und Sterne kreisten in verwickelten Harmonien um die Erde, die als Mittelpunkt des Weltalls begriffen wurde. Die heliozentrische Revolution – mit der Sonne als Mittelpunkt des Planetensystems – war dem 1473 in Thorn an der Weichsel als Sohn einer vermutlich deutschen Kaufmannsfamilie geborenen Nikolaus Kopernikus zu danken. Er hatte an den Universitäten von Krakau, Bologna und Padua studiert und 1516 mit der Abfassung seines Hauptwerkes *De revolutionibus orbium coelestium (Über die Kreisbewegungen der Himmelskörper)* begonnen. Es erschien erst 1543. Das erste gedruckte Exemplar erreichte den schon bewußtlosen Kopernikus wenige Stunden vor seinem Tod.

Die Vorrede hatte der protestantische Theologe Andreas Ossiander verfaßt und darin eigenmächtig das Ganze für eine Hypothese erklärt – beeinflußt von Luther und Melanchthon, die sich skeptisch geäußert hatten. Der Narr, meinte Luther, wolle die ganze Kunst der Astronomie umkehren; aber die Heilige Schrift sage, daß Josua die Sonne stehen ließ und nicht die Erde. Toleranter erwies sich zu diesem Zeitpunkt die katholische Kirche, zumal die Erkenntnisse des Kopernikus für die Kalenderreform verwendet werden konnten. Wohl mehr aus Überzeugung denn aus Opportunismus hatte Kopernikus sein Werk Papst Paul III. gewidmet, der jedoch 1542, im Jahr der Abfassung der Vorrede, die Inquisition nach spanischem Vorbild erneuerte und in Rom zentralisierte. 1564 entstand dann der erst 1965 aufgehobene *Index librorum prohibitorum*, das *Verzeichnis der verbotenen Bücher*, in das das Hauptwerk des Kopernikus 1616 aufgenommen wurde.

Ganz als Renaissancemensch erweist sich Kopernikus, wenn er mit Leidenschaft, unter Nennung antiker Autoren, nicht nur die Richtigkeit, sondern auch die Schönheit seines astronomischen Modells sinnlich beschwört. »In der Mitte aber von allen steht die Sonne.

Denn wer wollte diese Leuchte in diesem wunderschönen Tempel an einen anderen oder besseren Ort setzen als dorthin, von wo sie das Ganze zugleich beleuchten kann? Zumal einige sie nicht unpassend das Licht, andere die Seele, noch andere den Lenker der Welt nennen. Trismegistos bezeichnet sie als den sichtbaren Gott, die Elektra des Sophokles als den Allessehenden. So lenkt in der Tat die Sonne, auf dem königlichen Thron sitzend, die sie umkreisende Familie der Gestirne. Auch wird die Erde in keiner Weise um den Dienst des Mondes gebracht, sondern der Mond steht, wie Aristoteles in seinem Werk *De animalibus* sagt, mit der Erde im engsten Verwandtschaftsverhältnis. Indessen empfängt die Erde von der Sonne und wird schwanger mit jährlicher Geburt.«

Tiefste Kenntnis der Natur und ihrer Geheimnisse sei für jeden Arzt erforderlich, meinte Theophrastus Bombastus von Hohenheim, der sich später Paracelsus nannte (zu Einsiedeln im Kanton Schwyz 1493 geboren, 1541 gestorben). Der unstete, vielfach als Feldarzt tätige, auch mit aufständischen Bauern sympathisierende Paracelsus unternahm rastlose Wanderungen durch die verschiedenen Länder. Er war Alchimist und Rationalist; Volksmedizin und Schulmedizin verband er miteinander. »Aufgabe des Arztes ist es, die verschiedenen Krankheitsformen zu kennen, ihre Ursachen und Symptome zu durchschauen und obendrein mit Scharfsinn und Beharrlichkeit ihnen Arzneimittel zu verordnen und nach Umständen und Besonderheiten tunlichst allen Heilhilfe zu bringen.«

Was heute »Vernetzung« genannt wird, nämlich der Versuch, mit Hilfe dichter Kommunikationswege Informationen in ihren Zusammenhängen, also nicht isoliert, wahrzunehmen, bestimmte das Bildungsziel der Renaissancezeit. Ob Fürst oder Höfling, Philosoph oder Kaufmann, Künstler oder Bankier – um einige wichtige Varianten des Renaissancetypus zu erwähnen –, das gemeinsame Ideal war der »l'uomo universale«, also der Universalist, dessen Talent sich nicht auf Spezialistentum begrenzt, sondern durch Vielseitigkeit auszeichnet. Die enzyklopädische Seele galt mehr als das gefächerte Gehirn. Vor allem die hervorragenden Humanisten waren Philologen und Historiker, Theologen und Rechtslehrer, Astronomen und Ärzte in einer Person. Sie waren wohl die angesehensten Menschen des Zeitalters. Sie standen untereinander in enger Verbindung, wobei das 1490 vom späteren deutschen Kaiser Maximilian I. begründete Postwesen nach der anfänglichen Beschränkung auf Staatsbelange bald auch der privaten Kommunikation diente.

Die von Johannes Gutenberg mit Hilfe der beweglichen Letter revolutionierte Druckkunst, unterstützt von der intensivierten Papierherstellung (erste deutsche Papiermühle 1389 in Nürnberg), beschleunigte die Produktion und Zirkulation humanistischer Schriften, die oft auch auf journalistische Weise zu Alltagsereignissen Stellung bezogen. Der geistigen Beweglichkeit der Humanisten entsprach ihre physische Mobilität. Erasmus zum Beispiel, wahrscheinlich 1469 in Rotterdam als illegitimer Sohn eines Priesters geboren, studierte vier Jahre in Paris, reiste mehrmals zu jahrelangen Aufenthalten nach England, wo er zusammen mit Thomas Morus die Bildung als Grundlage des gesellschaftlichen Fortschritts erkannte. Zwischendurch lernte er Italien kennen; in der letzten Phase seines Lebens (gestorben 1536) lebte er in Freiburg und Basel.

Im Mittelpunkt des Humanismus, wie ihn Erasmus verkörperte, stand eine neue Betrachtung des Menschen, seiner Stellung im Kosmos und seiner Beziehung zu Gott und Ewigkeit. Der Mensch fühlte sich nun nicht mehr den jenseitigen Mächten unterlegen und ausgeliefert; er erhob Anspruch auf Eigenwertigkeit, auf Unbeschränktsein und auf Anerkennung als Mittelpunkt der Schöpfung. Christus und Sokrates, als Vertreter eines gemeinsamen Menschenbildes der Güte und des tugendhaften Lebens, wurden nebeneinandergestellt. War dieser Versuch der Synthese gleichsam auf eine Versöhnung von christlich-mittelalterlicher und antiker Welt bedacht, so hat eine durchaus radikale Strömung des Humanismus einen Bruch mit der mittelalterlich-päpstlichen Kirche, der Scholastik und der Mystik, mit all den Institutionen, die jahrhundertelang das religiöse und künstlerische Leben bestimmten, angestrebt. Der Kampf Ulrich von Huttens gegen die Barbarei war gekennzeichnet durch den Willen zur schonungslosen Abrechnung. An die Stelle der mittelalterlichen Dunkelheit trat die Erhellung durch die neuen Wissenschaften, die die feudalistischen und kirchlichen Machtstrukturen aufbrechen sollten. Die Torheit der Menschen galt es zu bekämpfen, bald dadurch, daß man ihnen einfühlsam den Spiegel vorhielt, bald durch scharfe Attacken mit spitzer Feder.

In einem Brief an Willibald Pirkheimer bemerkt Ulrich von Hutten, unter Anspielung auf die Arbeit zweier Kollegen (des Wilhelm Budaeus in Frankreich und des Erasmus von Rotterdam): »So hat unsere Zeit also zwei Herkulesse, die gegen die Pest der Unwissenheit zu Felde ziehen. Der eine hat in Frankreich das (verknöcherte) Geschlecht der Juristen niedergekämpft und ausgerottet, der andere die, welche die Theologie in Rauch einhüllen wollen, angegriffen und niedergeworfen. Durch ihn ist Licht und Tag in die Heiligen Schriften gekommen. Nimm Faber dazu, den Meister, der so trefflich die Philosophie bewältigt und den Aristoteles neu ins Licht gesetzt hat. O Jahrhundert, o Wissenschaften! Es ist eine Lust zu leben, Willibald. Die Hände in den Schoß zu legen, habe ich allerdings noch keine Lust. Nimm den Strick, Barbarei, und suche dir einen Ort der Verbannung!«

Abweichend von der Deutung, die der tatkräftige, rhetorisch hart dreinschlagende Hutten dem Erasmus von Rotterdam angedeihen läßt, vertritt dieser mehr die verhalten-skeptische, zurückhaltend-kritische Komponente des Humanismus. Anton J. Gail, Verfasser einer Erasmus-Biographie, sieht die Humanität des Niederländers vor allem darin, daß er den Menschen zu einem Ja zu sich selbst ermutigt. »Er weiß aus bitterer Selbsterfahrung nur zu gut, daß die Natur eben auch eine Stiefmutter ist, daß sie den Menschen schwermütig macht, würde er nicht in sich selbst diese zweischneidige Eigenliebe aufbauen, würde er nicht zu sich selbst mutig Ja sagen auf die Gefahr hin, sich damit lächerlich zu machen. Auch darin ist Erasmus nichts weniger als ›Humanist‹, daß er das gesunde und lebensnotwendige Selbstgefühl pragmatisch begründet und philosophisch in Zweifel zieht. So ungeheuer viel er von der Bildung hält, er traut ihr noch lange nicht alles zu. Hier durchbricht er den gotischen Blickfang der Narrheit, zählt er im Gewande der Torheit gute Gründe auf für ihre Lebensnotwendigkeit, für ihren gesunden Anteil am Selbstwert des

Menschen. Auch dies ist erasmischer ›Humanismus‹, daß er von der totalen Erniedrigung des Menschen ebensowenig hält wie von der entweder scholastisch oder klassizistisch kostümierten Hybris.«

Von humanistischer Skepsis scheint am Ende sogar der mächtigste Herrscher der damaligen Zeit – Herrscher eines Reiches, in dem die Sonne nicht unterging – erfaßt worden zu sein. Karl V. war seit 1516 König von Spanien und seit 1519 deutscher Kaiser. In vielen Kriegen hatte er seine Herrschaft ausgeweitet und stabilisiert – in seinem Denken und Handeln dem Bild entsprechend, wie es Niccolò Machiavelli in seiner Staatsräsonlehre *Il Principe* vom Fürsten gezeichnet hatte. Karl V., dieser nach dem Prinzip »Staat ist Macht« verfahrende Potentat, dankte 1556 ab: Er habe oft geirrt, aus Jugend, aus Schwäche, aus Eigensinn, aber niemals habe er willentlich einem Menschen unrecht getan; sollte es dennoch geschehen sein, bitte er um Verzeihung. Besonders tiefgreifend war wohl der innere Wandel nicht, denn wenn ihn Botschaften über Ketzer erreichten, reagierte er mit eifernder Unbarmherzigkeit. So äußerte er in einem Gespräch, dessen Authentizität freilich umstritten ist, daß es ein Irrtum wäre, die Ketzer nicht zu verbrennen; so habe er auch geirrt, als er Luther nicht umbrachte; dieser Irrtum sei dadurch ins Ungeheuerliche gewachsen. Sechzehn Jahre nach dem Tod Karls V. ließ Philipp II. den Sarg des Vaters in den Escorial, dieses »grandioseste aller Königsgräber«, überführen. Das beeindruckende Gebäude symbolisiert die Todesstarre eines Staates, einer Gesellschaft, einer Kirche, denen der Übergang zum neuen Menschentum der Renaissance nicht gelang.

Ein Revolutionär des Geistes und des Glaubens, eben Luther, hatte das mittelalterliche Herrschaftsgebäude bis auf die Grundfesten erschüttert. Die Vision von der Freiheit des Christenmenschen fiel als erleuchtender Funke in die seit langem währende Glaubensnacht. Viele Häretiker waren hingerichtet oder verbrannt worden. Einer der bekanntesten und erfolgreichsten Ketzer war Jan Hus gewesen, Bauernsohn, Prediger und Theologieprofessor, Rektor der Prager Universität. Als rücksichtsloser Kritiker kirchlicher Mißstände fiel er in Bann und wurde 1415 auf dem Konzil von Konstanz, trotz erteilter Sicherheitsgarantie des Kaisers, durch Verbrennen hingerichtet.

Manche Häretiker hatten in ihrem Denken und Handeln allerdings auch neue Unterdrückungsformen entwickelt – so der Bußprediger und Dominikaner Girolamo Savonarola, der in Florenz nach dem Zusammenbruch der regierenden Mediceer 1494 eine theokratische Republik geschaffen hatte – und auf Betreiben der aristokratischen Partei 1498 als Ketzer verbrannt wurde.

Nun war es einem aufbegehrenden Priester aus Wittenberg gelungen, mit seiner Papst- und Kirchenkritik nicht nur den Häschern zu entgehen, sondern weitreichende Zustimmung beim Volk und bei einer Reihe von Fürsten zu erhalten. Hans Sachs sprach von der »wittembergisch nachtigall«, die nun das Lied der Freiheit anstimme und die man überall vernehme.

»Wach auff! es nahent gen dem tag.
Ich hör singen im grünen hag
Ein wunigkliche nachtigall.
Ir stim durchklinget berg und thal.
Die nacht neigt sich gen occident,
Der tag geht auff von orient.
Die rotprünstige morgenröt
Her durch die trüben wolcken göt,
Darauß die liechte sonn thut blicken.
Des mondes schein thut sie verdrücken.«

Die Reformation in Deutschland begann 1517 behutsam. Martin Luther, dreiunddreißigjähriger Professor für Bibelexegese an der Universität Wittenberg, äußerte seine Bedenken angesichts des zunehmenden Ablaßhandels, wie ihn vor allem der Dominikanermönch Johannes Tetzel im Auftrag des Papstes Leo X., unterstützt vom Augsburger Kauf- und Bankhaus Fugger, betrieb: »Wenn das Geld im Kasten klingt, die Seele in den Himmel springt«. Die 28. These von 95 Thesen, die Luther dem Schreiben an seinen Erzbischof beifügte, lautet: »Das ist gewiß, sobald der Groschen im Kasten klingt, Gewinn und Geiz zunehmen können, die Hilfe aber oder die Fürbitte der Kirche steht allein in Gottes Wohlgefallen.« Ob Luther die Thesen auch an die Tür der Schloßkirche von Wittenberg angeschlagen hat, ist ungeklärt. Jedenfalls machte seine Kritik, vor allem mit Hilfe von Flugschriften und Flugblättern, rasch die Runde. Sie fiel auf einen Boden, der bereits von den Humanisten aufgelockert worden war. Die kirchliche Korruption, besonders das Lotterleben im Vatikan, hatte gerade bei Gläubigen viel Unmut, Kritik, ja Pfaffenhaß hervorgerufen.

Während Hans Sachs auf deftige Weise das »tag unde nacht in

Das Gemälde eines anonymen Meisters zeigt die Verbrennung Savonarolas auf der Piazza della Signoria in Florenz. Der Stadtregierungspalast, Palazzo Vecchio, war »steinernes Symbol wie Heiligtum der Kommune und ihrer Werte«.

kirchen pleren«, das »knien, neygen, bucken, biegen«, das »opfern und liechtlein brennen« anprangerte, attackierte Erasmus von Rotterdam auf subtile Weise den Papst, dem selbst *ein* Körnchen Weisheit abgehe. Würde er anstelle von Schätzen, Ehrungen, Herrschergewalt, Siegen, Dienstbarkeiten, Dispenserteilungen, Abgaben, Ablässen, Pferden, Maultieren, Würdenträgern und Lustbarkeiten wieder Nachtwachen, Fasten, Tränen, Gebete, Predigten, Studien, Seufzer und tausend ähnliche jämmerliche Mühen einführen, so würden die Schreiberseelen, Kopisten, Notare, Advokaten, Promotoren, Sekretäre, Maultiertreiber, Reitknechte, Wechsler, Kuppler – »kurz das ganze unübersehbare Gewimmel, das den römischen Stuhl beschwert, Verzeihung, ich wollte sagen, beehrt« – verhungern müssen. In seinen Büchern und Schriften, allein vierundzwanzig im Jahre 1520, versetzte nun Luther der Kirche und dem Papst, den er den größten Dieb auf Erden nannte, Schlag um Schlag. Er forderte die Abschaffung des Ablasses und der Wallfahrt nach Rom. Den Priestern sollte die Ehe gestattet werden; religiöse Feiertage und Heiligenfeste, die mit großen Prozessionen, Lustbarkeiten und Ausschweifungen einhergingen, seien abzuschaffen. Die katholischen Glaubenssätze und Praktiken hätten das Christentum pervertiert, dem Wort Gottes entfremdet. Von den sieben Sakramenten seien nur Taufe und Abendmahl zulässig; beim letzteren werde das Brot nicht in den Leib Christi verwandelt, doch sei Christus anwesend; außerdem solle der Laie den geweihten Wein trinken dürfen. Der Gottesdienst müsse statt in lateinischer Sprache auf deutsch gehalten werden. Alles in allem: Die Kirche sei aus der babylonischen Gefangenschaft, ihrer Versklavung durch den Papst, zu befreien.

Der Einfluß Luthers und seiner rasch zunehmenden Anhängerschar war nicht nur eine Folge antiklerikaler Inhalte. Von großer Bedeutung war die Form der Vermittlung. Mit Hilfe des Buchdrucks gelang eine rasche und weitreichende Verbreitung der protestantischen Gedanken. Der Holzschnitt setzte auch Analphabeten – zu dieser Zeit konnten vermutlich nur fünf Prozent der Bevölkerung lesen und schreiben – ins Bild. Das wichtigste war jedoch, daß Luther anstelle der lateinischen die deutsche Sprache verwendete, und zwar auf volkstümliche Weise; er schaute den Leuten aufs Maul. Mit der deutschen Fassung des Neuen Testaments, 1522 veröffentlicht (die Übersetzung des Alten Testaments folgte 1534), wurde ein weiterer wesentlicher revolutionärer Akt vollzogen. Die einzige Fassung der Heiligen Schrift, die von der Kirche anerkannt wurde, war die lateinische *Vulgata*, die der heilige Hieronymus im 4. Jahrhundert übersetzt hatte. Viele mutige Geister, die unautorisierte Ausgaben hergestellt oder nur besessen hatten, waren zum Tode verurteilt worden.

Begeistert hatten die geknechteten Bauern die Botschaft von der Freiheit des Christenmenschen vernommen und sich aufrührerisch zusammengeschlossen. Das Lehenssystem und die damit verbundene Ausbeutung sollten beendet werden. Doch so, wie einer ihrer wichtigsten Führer, Thomas Müntzer, mit seinem Heerhaufen von den Adeligen und ihren Söldnern 1525 bei Frankenhausen vernichtend geschlagen wurde, fand der bäuerliche Traum vom egalitären Gottesstaat überall ein rasches Ende. Rund hunderttausend Aufständische dürften getötet worden sein. Thomas Müntzer wurde nach seiner Gefangennahme in der Nähe von Mühlhausen hingerichtet.

Luther hatte für sich persönlich und seine »Sach'« viel Unterstützung bei Landesfürsten und Stadtregimenten erhalten. Nach dem Reichstag von Worms 1521, auf dem er sich vor Kaiser Karl V. gerechtfertigt hatte, ließ ihn sein Landesherr, Friedrich von Sachsen, zum Schein überfallen und auf die Wartburg als Versteck bringen. Luthers Dankbarkeit, viel mehr jedoch seine ganz mittelalterlich anmutende Fixierung auf Fragen der Ewigkeit, bei der eine Beschäftigung mit irdischer Gerechtigkeit nur störte, gingen einher mit wütenden Ausfällen »wider die räuberischen und mörderischen Rotten der Bauern«; man solle sie erschlagen, erwürgen und erstechen, heimlich oder öffentlich. Und daran denken, daß »nichts Giftigeres, Schädlicheres, Teuflischeres sein kann als ein aufrührerischer Mensch«. Auf fatale Weise entstand so ein neues Bündnis zwischen Altar und Thron, das die Wiedergeburt der Menschlichkeit verhinderte. Einseitig kritisch, aber damit die reaktionäre Seite des Protestantismus genau treffend, hat Karl Marx davon gesprochen, daß Luther die Knechtschaft aus Devotion besiegt, aber dafür die Knecht-

Pisa. Die Weltchronik (1493) des Arztes und Gelehrten Hartmann Schedel ist durch etwa zweitausend Holzschnitte illustriert, die der Nürnberger Drucker Anton Koberger bei führenden deutschen Künstlern in Auftrag gegeben hatte.

schaft aus Überzeugung an ihre Stelle gesetzt habe. »Er hat den Glauben an die Autorität gebrochen, weil er die Autorität des Glaubens restauriert hat. Er hat die Pfaffen in Laien verwandelt, weil er die Laien in Pfaffen verwandelt hat. Er hat den Menschen von der äußern Religiosität befreit, weil er die Religiosität zum innern Menschen gemacht hat. Er hat den Leib von der Kette emanzipiert, weil er das Herz in Ketten gelegt hat.«

Stadt und Land

In seinem *Lobspruch der Hochlöblichen weitberümbten Khunigklichen Stat Wienn in Osterreich* entwirft der um 1500 in Kemnat/Oberpfalz geborene Wolfgang Schmeltzl ein glanzvolles urbanes Panorama. Er meint, in Wien lebe man wie im »Paradeiß«. Die Häuser seien außen und innen wie Fürstensäle bemalt, hätten tiefe Keller voller Wein, der nicht besser und kühler sein könne. Kaufleute aller Nationen seien anzutreffen; aber auch Vogelgesang ertöne wie im grünen Wald.

»Da wirt gehört manch sprach vnd zung,
Ich dacht ich wer gen Babl khumen,
Wo alle sprach ein anfang gnomen,
Vnd hört ein seltzams dräsch vnd gschray
Von schönen sprachen mancherlay.
Hebreisch, Griechisch vnd Lateinisch,
Teutsch, Frantzösisch, Türkisch, Spanisch,
Behaimisch, Windisch, Italianisch,
Hungarisch, guet Niderlendisch,
Naturlich Syrisch, Crabatisch,
Rätzisch, Polnisch vnd Chaldeisch.«

Die Geburt des modernen Menschen ging einher mit der Geburt der modernen Stadt. Die Intensivierung des Handels, bewirkt durch eine Steigerung der weltlichen Bedürfnisse, machte die Städte zum Umschlagplatz von Waren und Menschen. Man reiste und trieb Handel zu Lande und zu Wasser, bewegte sich zum Beispiel von Florenz nach Brügge, von Brügge nach Nowgorod, von Nürnberg nach Venedig, von Trondheim nach Rom, von Genua nach Istanbul, von Sevilla nach Antwerpen, von Wien nach Moskau. Die Größe der Städte zeigt bereits, wo die Handelszentren lagen. Ende des 15. Jahrhunderts, so wird geschätzt, hatten Venedig, Neapel und Florenz hunderttausend Einwohner, Paris achtzigtausend, Gent, Genua, London, Rom über fünfzigtausend; auf über vierzigtausend Einwohner brachten es

Augsburg, Córdoba, Granada, Köln, Sevilla. Nürnberg, Prag und Wien hatten lediglich eine Bevölkerung von zwanzigtausend Menschen. Während im nördlichen und östlichen Teil Europas die Städte noch ummauerten mittelalterlichen Dörfern glichen (was vermuten läßt, daß der Wien-Bericht des Oberpfälzers Schmeltzl recht übertrieben ist), zeigten die italienischen und flandrischen Städte nicht nur bei den öffentlichen Gebäuden, sondern auch bei Privatbauten (etwa mit dem Palazzo als Sitz wichtiger Geschlechter) viel Prunk und Komfort. 1495 berichtete der französische Gesandte Philippe de Commines aus Venedig: »Die Häuser sind sehr groß und hoch, und aus Stein gebaut; die alten sind alle bemalt, solche, die schon hundert Jahre bestehen, sind mit Marmor aus Istrien verkleidet und mit Porphyr und Serpentin eingelegt. Im Innern haben die meisten reich verzierte Kaminsimse von Marmor, Bettstellen von goldener Farbe, die Portale von derselben, und herrlichste Ausstattungen. Kurz, es ist die prächtigste Stadt, die ich je gesehen, die ehrerbietigste gegen alle Gesandten und Fremden, die, welche am weisesten regiert wird und Gott mit der größten Feierlichkeit huldigt.«

Der Stolz, mit dem man gerade in der Stadt die Werke von Menschenhand pries, spricht aus einem Bekenntnis des Gianozzo Manetti 1452, der zwar noch »zugestand«, daß Gott die Welt erschaffen habe, aber dann deren eigentliche Verbesserung und Verwandlung dem Menschen zuschreibt: »Von uns sind die Gemälde, die Skulpturen; von uns der Handel, die Wissenschaften und philosophischen Systeme. Von uns kommen alle Erfindungen und alle Arten von Sprachen und Literaturen, und wenn wir über ihre Anwendung nachsinnen, fühlen wir uns um so mehr zu Bewunderung und Erstaunen genötigt.« An städtischer Selbstsicherheit fehlte es nicht, was freilich darüber hinwegtäuscht, daß die Kunst des früheren römischen Städtebaus, vor allem den Unterbau der Kanäle und Wasserleitungen betreffend, verlorengegangen war. Wegen des Drecks und der schlechten hygienischen Verhältnisse, verbunden mit üblem Geruch, forderten Epidemien vor allem in den Städten viele Opfer.

Das Aufblühen der italienischen Städte, hier wiederum besonders Venedigs, war den Gewürz- und Seidenstraßen zu danken, auf denen

Das Architekturgemälde (Ausschnitt) von Piero di Cosimo (1461 – 1521) illustriert die für die Renaissance charakteristische Suche nach der Idealstadt – als Entfaltungsraum für eine bessere gesellschaftliche Ordnung.

aus dem fernen Osten Luxusgüter (zum Beispiel Pfeffer, Zimt, Muskatnuß, Gewürznelke, Ingwer, Seide) in den Mittelmeerraum transportiert wurden. Als die Türken 1453 Konstantinopel eroberten, wurden diese Handelswege teilweise unterbrochen; zumindest ging der Warenumsatz wesentlich zurück. Die Suche nach einer neuen Gewürzroute motivierte die Portugiesen zu ihrem »Kap- und Inselspringen« – mit dem Erfolg der Umschiffung des Kaps der Guten Hoffnung durch Bartolomeu Diaz und der Eröffnung eines neuen Seeweges nach Indien.

Kolumbus wiederum ermöglichte den Spaniern, den neuen Kontinent Amerika rücksichtslos und mit äußerster Brutalität auszubeuten. Das aus Mittel- und Südamerika abtransportierte Gold und Silber unterstützte wesentlich die Entwicklung des europäischen Kapitalismus und führte zu einer Preisrevolution. Man nimmt an, daß in der Zeit von 1506 bis 1660 in Spanien aus den unterworfenen Gebieten 185 000 Kilogramm Gold eingingen (nach heutigen Goldpreisen etwa 3,5 Milliarden Mark). Dies und die sonstigen »Importe« führten, wie Pierre Vilar in seinem Buch *Gold und Geld in der Geschichte* am Beispiel Sevillas ausführt, zu einer Reihe von Kettenreaktionen auf individueller, staatlicher und globaler Ebene:

– Jeder versuchte, während der steigenden Konjunktur zu verdienen. Es gab plötzlichen Reichtum und Bankrott sowie eine langsame Verarmung der Klassen mit festem Einkommen. Einige griffen an, andere verteidigten sich, einige blieben auf der Strecke.
– Im staatlichen Bereich waren dieselben Wirkungen zu beobachten. Man hielt sich für reich und verschuldete sich. Die alltäglichen Wünsche und Erwartungen erreichten ein Niveau, das man sich bald nicht mehr leisten konnte.
– Der allzu heftige Preisanstieg richtete schließlich die gleichen Einkommensempfänger zugrunde, die er vorher gefördert hatte, indem die Binnenkaufkraft und die Wettbewerbsfähigkeit der spanischen Unternehmen gegenüber dem Ausland zerstört wurden.

Die wirtschaftliche Bedeutung der Stadt war, vor allem in Norditalien und Flandern, mythisch überwölbt. Die Bewohner entwickelten einen fast sakralen Stadtpatriotismus. Ein solches Gefühl städtischer Ichstärke begünstigte die Planung von Idealstädten, orientiert am »himmlischen Jerusalem«. Die Stadt sollte noch perfekter, noch schöner, noch mächtiger werden. So versuchte Mitte des 15. Jahrhunderts Papst Pius II. seinen südtoskanischen Geburtsort Corsignano, das er in Pienza umbenannte, in eine Idealstadt zu verwandeln. Daß die Entwürfe für Idealstädte nicht nur ästhetischen, sondern auch machtpolitischen Gesichtspunkten verpflichtet waren, zeigt die *Utopia*, ein Buch über die »beste Staatsverfassung«, des englischen Gelehrten Thomas Morus. Während der erste Teil Kritik an sozialen und politischen Mißständen übt, geht es im zweiten Teil vor allem um die Schilderung idealer Zustände. Wenn der Mensch frei von Habgier, Hochmut, Ehrgeiz und Machtstreben sei, ergebe sich ein harmonisches Zusammenleben. Die Idealstadt steht bei Morus unter dem Gebot eines rigorosen Systemzwangs. Die Überzeugung, daß man im Besitz des Wissens über die beste Form des menschlichen Zusammenlebens sei, bewirkt, daß Vereinheitlichung zur besten Lösung deklariert wird. »Eine hohe und breite Mauer umgibt die Stadt, mit zahlreichen Türmen und Bollwerken. Ein trockener, aber tiefer und breiter Graben, mit Dorngebüsch bewehrt, umzieht die Mauern auf drei Seiten, auf der vierten dient der Strom als Wehrgraben. Die

Anlage der Straßen nimmt ebenso auf das Verkehrsbedürfnis wie auf den Windschutz Rücksicht. Die Gebäude sind keineswegs unansehnlich; man übersieht ihre lange und durch den ganzen Straßenzug zusammenhängende Reihe, wenn man der Vorderseite der Häuser gegenübersteht. Zwischen diesen Häuserfronten läuft ein zwanzig Fuß breiter Fahrdamm. An die hinteren Gebäudeteile schließt sich ein breiter, den ganzen Häuserblock entlang sich hinziehender Garten, eingezäunt von der Rückseite anderer Häuserreihen. Es gibt kein Haus, das nicht außer dem Eingang von der Straße her noch eine Hinterpforte zum Garten hätte. Die Türen sind zweiflügelig, durch einen leisen Druck der Hand zu öffnen, schließen sich dann von selber wieder und lassen so jeden hinein: so weit geht die Beseitigung des Privateigentums! Denn selbst die Häuser tauschen sie alle zehn Jahre um, und zwar nach dem Lose.« Die »sozialistische« Eintönigkeit eines solchen Städtebaus gibt ein Satz preis, der in der *Utopia* wohl positiv gemeint ist: »Wer eine Stadt kennt, kennt sie alle; so völlig ähnlich sind sie untereinander, soweit nicht die Örtlichkeit Abweichungen bedingt.«

In der Befestigungslehre Albrecht Dürers tritt die Absicht, durch formalisierten Städtebau die Übersichtlichkeit und damit Beherrschbarkeit der Stadt zu perfektionieren, noch deutlicher hervor. Die ein »fest schloß« genannte Stadt soll über einem quadratischen Grundriß an einem Fluß in die Ebene gebaut werden. Innerhalb eines mehrfachen Wall- und Grabensystems wird eine Rasteraufteilung, die die soziale Struktur wiedergeben soll, entwickelt. Im Zentrum liegt der »gevierte« Platz mit einem ebenfalls über quadratischem Grundriß errichteten Schloß. Dann folgt, ähnlich wie bei Morus, die Aufteilung des übrigen Stadtareals, das auf dem System einer Zeilenbebauung beruht.

Wer möchte ob solcher vereinheitlichenden Geometrieträume nicht in die Weite des offenen Landes entfliehen? Die Renaissancemenschen taten dies zögerlich; der Schrecken vor der Natur steckte ihnen in den Gliedern. Vom bäuerlichen Dasein wußte man, wie ungeschützt und ungeborgen es war, Krieg und Raub hilflos ausgesetzt. Räuber und Wegelagerer machten die wenigen Straßen unsicher. Allerdings nahm die Bedeutung der Straße zu. War sie vorher vor allem ein Ort für Ausgegrenzte (Bettler, Diebe, Aussätzige, Akrobaten, Ketzer, Huren) und für das bereits in Zünften organisierte »fahrende Volk«, so wurde sie mit zunehmendem Handel und bei anwachsendem Bedürfnis nach geistig-kulturellem Austausch nun auch bevölkert von Kaufleuten, Scholaren, Humanisten, Künstlern. Das Aufblühen der Städte bewirkte ein Aufblühen der Stadtverbindungen. Die Straßen milderten als verlängerte Arme der Stadt die Angst vor der nach wie vor als unwirtlich empfundenen Natur.

Es war ein kulturrevolutionäres Ereignis, als der italienische Dich-

»Der Landstreicher« vor einer Schänke (1510 ?) von Hieronymus Bosch – auch als »der verlorene Sohn« gedeutet –, voller versteckter allegorischer Anspielungen, gibt einen düsteren Einblick ins Landleben der Zeit.

ter Francesco Petrarca am 26. April 1336 den in der Provence gelegenen, 1912 Meter hohen Mont Ventoux bestieg und darüber berichtete. Die Erfahrung der Tiefe des Raumes und Weite des Horizonts eröffnete eine neue ästhetische Dimension. Als Künstler zwischen Mittelalter und Neuzeit empfindet Petrarca den Gipfelblick als Faszination und Versuchung. »Ich war wie betäubt, ich gestehe es.« Die gewaltige Aussicht von den Alpen bis nach Marseilles und zur Rhone, ja fast bis zu den Pyrenäen, zeigt die Schönheit des Irdischen; doch regt sich beim Dichter »schlechtes Gewissen«: Eigentlich sei nichts bewundernswert, außer der auf Gott ausgerichteten inneren Welt. Durch Meditation versucht Petrarca, sein Gleichgewicht wiederzufinden. Dazu schlägt er schuldbewußt den mitgenommenen Augustinus auf, in dem es heißt, daß der Mensch sich schämen müsse, wenn er die Gipfel der Berge, die ungeheuren Fluten des Meeres, die weit dahinfließenden Ströme, den Saum des Ozeans und die Kreisbahnen der Gestirne statt der menschlichen Seele bestaune.

Als Künstler bekannte sich Petrarca allerdings immer mehr zur sinnlichen Erfahrung, wie sie auch aus seinem Natur und Liebe preisenden *Rhonegedicht* spricht:

> »Du rascher Strom, aus rauher Alpenquelle
> Hervorgeronnen, drum du Rhone heißest,
> Der Tag und Nacht du sehnend mit mir reisest,
> Dich treibt Natur, mich Lieb' an gleiche Stelle.«

Petrarca war ein lyrischer Vorläufer des Renaissancemalers, für den die Natur immer vertrauter wurde und der sich dieser immer mehr anvertraute. Nach Leonardo da Vinci macht es das Vergnügen des Malers aus, daß er, frei schaltend und waltend, zur Erschaffung schreitet: von mannigfachen Arten verschiedener Tiere, von Pflanzen, Früchten, von Dörfern, Land, herabstürzenden Bergen, angst- und schreckenerregenden Orten, die dem Betrachter Grauen einjagen, und auch von angenehmen, lieblichen und reizenden Wiesen mit bunten Blumen, die, von sanften Lüften leicht gewellt, dem von ihnen scheidenden Wind nachblicken.

Nachgebildet wurde das vom Sturm aufgewühlte Meer, wie es streitet und rauft mit den Winden, die gegen seine stürmischen Wogen kämpfen; »es schnellt mit seinen wilden Wogen in die Höhe und fällt wieder herunter und stürzt sich mit diesen Wogen auf den Wind, der die niedrigen Wellen erschüttert, und indem es diese einschließt und unter sich begräbt, zerreißt und teilt es den Wind und mischt ihn mit seinen trüben Schaummassen, und so tobt es seine Wut aus.« Die Angst vor dem Meer, durch schöpferische »Nachahmung« gebannt und bewältigt, war sozusagen die letzte Grenze, die dem umherschweifenden Geist wie Auge Einhalt gebot.

Bei Moses werden nur die Geschöpfe der Lüfte und der Felder aufgezählt; die Lebewesen des Meeres, die im geheimnisvollen Dunkel der Tiefe verschwinden, können vom Menschen nicht benannt werden und entziehen sich folglich seiner Herrschaft. Das Meer bedeutet Sintflut und Chaos. Nun wurde es befahren und gebändigt. Kolumbus verkörpert den kühnen Seefahrer, der, klug sich des verbesserten kartographischen, navigatorischen und schiffsbautechnischen Fortschritts bedienend, den Mythos vom alles verschlingenden Meer überwindet.

Die Künstler haben mit ihrem perspektivischen Zeichnen und Malen die praktische Erschließung der Weite des Raumes vorbereitet. Der realen Weltentdeckung ging die fiktive Erarbeitung eines neuen Weltbildes voraus. Die von oben erblickte »Überschaulandschaft« wird zum ersten Mal von Jan van Eyck aus der Bildsprache der Miniatur in die des neuen Tafelbildes gebracht. In dem etwa 1435 entstandenen Bild *Madonna des Kanzlers Nicholas Rolin* blickt man durch die offenen Arkaden des Innenraumes auf eine sich bis zu einem fernen Gebirge erstreckende offene Landschaft, die der Horizont abschließt. Der Mittelbogen gewährt den Durchblick auf einen breit sich hinziehenden Strom; durch den linken und rechten Bogen fällt der Blick auf zwei Städte oder Stadtteile. Dies ist typisch für

Rechte Seite: Albrecht Altdorfers »Alexanderschlacht« (1529), ein gewaltiges Schlachtengemälde, verlegt den Sieg der Mazedonier über die Perser in eine phantastische Donau-Alpen-Landschaft (Ausschnitt).

viele Renaissancebilder; vom meist noch religiös oder kirchlich gebundenen Innenraum wirft das Auge Blicke durch Fenster- oder Türöffnungen nach außen. Bald sollten diese farbig erstrahlenden Landschaften zu selbständigen Motiven der Malerei werden.

Der Kreis der Betrachtung schließt sich: »Du kannst«, läßt Pico della Mirandola Gott zu Adam sagen, »zu den niedersten Geschöpfen der Tierwelt entarten. Du kannst dich aus eigenem Willensentschluß in die höheren, das heißt die göttlichen Regionen wiedergebären.« Die krassen Widersprüche der Zeit zeigen den alten Adam, in der Hölle versinkend, und den neuen Adam, der zusammen mit Eva die Erde entdeckt und sie genießt – bis schließlich auch dieses schöne und nun glückliche Menschenpaar der Tod einholt. »Die Werke der Menschen werden Ursache ihres Todes sein« (Leonardo da Vinci).

HANS-CHRISTIAN HUF

DER OSTEN, DER IM WESTEN LAG

Die vielen Gesichter des Christoph Kolumbus

Vom Entdecker zum Eroberer

Fünfhundert Jahre Kolumbus – die ganze Welt feierte einen Mann, dessen Taten und Persönlichkeit noch nie so umstritten waren wie heute.

Jede Epoche machte sich ein Bild von dem »Entdecker« Kolumbus, das ihrer Weltsicht entsprach. Wir leben heute in einer Zeit des Umbruchs und des Aufbruchs. Mehr denn je werden Ideologien und Idole hinterfragt, Monumente vom Sockel gestoßen, Helden demontiert. Auch Kolumbus zählt zu jenen Helden; seine Rolle in der Geschichte und seine historische Bedeutung sind der Neubewertung unterworfen: Mehr denn je tritt hinter dem Entdecker der Eroberer hervor, der die Ausbeutung eines ganzen Kontinents einleitete. Endlich wird hinter dem verklärten Bild des Helden ein Mensch mit all seinen Stärken und Schwächen sichtbar.

Was bleibt, sind schillernde Facetten wie auch Schattenseiten – und fast ebenso viele Gesichter des Christoph Kolumbus.

Zum 400. Jahrestag der Entdeckung Amerikas fand in Chikago eine Weltausstellung statt. Arglos und zugleich arrogant wurde diese Ausstellung als »Jubiläum der Menschheit« gefeiert.

1892 erinnerte eine hamburgische Festschrift an die Entdeckung Amerikas. Ein Zitat aus der Einleitung macht deutlich, wie man vor hundert Jahren auch in Deutschland versuchte, die Taten des Kolum-

Remembrance.
1492
CHRISTOPHER COLUMBUS
1892.
COLUMBIAN
WORLD
EXPOSITION 1893.
U.S. OF AMERICA
COMMERCE
TRADE
INDUSTRY
ART.
SCIENCE.
LITERATURE.
CHICAGO
ILLINOIS.

bus für sich zu vereinnahmen: »Wohl mag der Deutsche . . . sich heute erinnern, daß, wie auch andere Ideen, auf denen Cristobal Colon seinen muthigen Plan baute, von den Deutschen ausgegangen sind, so auch jener ›glückliche Irrthum‹ von der Nähe Indiens, welcher die Hauptrolle in des Genueser Deduktionen, in letzter Linie auf einen Deutschen zurückgeht . . . Und wenn auch, wie Chile für die Fugger, so auch Venezuela für die Welser verloren ging, so geschah das doch nicht in unrühmlicher Weise, sondern nach heroischen Anstrengungen, . . . in einem übermächtigen feindlichen Geschick, in dem ränkevolles Widerspiel und unverhohlener Gegensatz heimlicher und offener Gegner wurzelten.«

Zum 500. Jahrestag der Entdeckung Amerikas hat sich unser Blick auf dieses Ereignis gewandelt: Spanien feiert diesmal unter dem versöhnlicheren Motto »Die Begegnung zweier Welten«.

»Es gab keine Begegnung zweier Welten, es gab nur die Unterdrückung einer Kultur durch die andere«, lautet hingegen ein Kommentar eines Vertreters des indianischen Widerstandes, der im Dezember 1991 von der Nachrichtenagentur dpa verbreitet wurde. Kolumbus, so die kritischen Stimmen, leitete mit seiner Entdeckung den größten Völkermord in der Geschichte der Menschheit ein: die nahezu völlige Ausrottung der indianischen Rasse.

Doch die Feierlichkeiten wurden auch in diesem Jahr trotz heftigen Widerstands mit Pomp und Gloria begangen. Bei unseren Drehreisen in Spanien gewannen wir den Eindruck, daß man ausschließlich auf das magische Jahr 1992 fixiert war. Spanien, das lange unter seiner wirtschaftlichen Rückständigkeit gelitten hat, wollte 1992 endlich im Mittelpunkt stehen: Madrid als Kulturhauptstadt Europas, die Olympischen Spiele in Barcelona, die Weltausstellung in Sevilla und die 500-Jahr-Feiern. Gigantische Summen wurden aufgebracht, um das Spanien der Kolumbus-Zeit wiederaufleben zu lassen. Man erwartete mehrere hunderttausend Besucher.

Linke Seite: Plakat der »Columbian World Exhibition«, Chicago 1893.

Von Palos, einem andalusischen Fischerdorf, startete Kolumbus am 3. August 1492 in die Neue Welt. Blickt man heute über den Río Tinto, so ist nichts mehr von den sanften andalusischen Hügeln und dem hellen Grün der Wiesen zu sehen, wie es Kolumbus in seinem Bordbuch beschrieb. Ölraffinerien haben die Landschaft verändert. Und während in Madrid eine Historikerkommission über die Abschaffung des Kolumbus-Tages diskutiert, baute man entlang dieser »Idylle« von Palos bis La Rábida eine pittoreske Uferpromenade zu Ehren der großen Entdeckungen. Auf der Avenida Americana, diesem mehrere Kilometer langen Gedenkweg von Palos zum Kloster La Rábida, das Kolumbus lange Zeit als Unterschlupf diente, findet man in regelmäßigen Abständen Gedenksteine, die an die damals eroberten Länder der Neuen Welt erinnern.

Wie der doppelköpfige Gott Janus blicken wir mit Stolz und mit Ablehnung auf diese Epoche.

Kolumbus' Sarkophag in der Kathedrale von Santo Domingo.

Am 12. Oktober 1991 liefen hier unter dem Jubel der Menge und dem Segen von Spaniens Ministerpräsident Felipe Gonzáles die Nachbauten der Kolumbus-Schiffe »Niña«, »Pinta« und »Santa Maria« aus, diesmal allerdings zu einer friedvollen Exkursion in die Neue Welt.

Auch jenseits des Atlantiks rüstete man sich zur Feier. Auf Santo Domingo wurde wie im Mutterland Spanien nahezu jedes Kolumbus-Denkmal restauriert. Das Kolumbus-Haus, in dem einst Kolumbus' unfähiger Sohn Diego residierte und das später Treffpunkt der brutalsten Konquistadoren war, wurde auf Hochglanz poliert. Im Inneren wurden viel Geld und Zeit investiert, um Glanz und Gloria der Eroberer durch wertvolle Exponate wiederauferstehen zu lassen.

Gegenüber, am anderen Ufer des Río Ozuma, mußten die unwürdigen Siedlungen der Ärmsten einem Kolumbus-Mausoleum weichen. Jeder Stein dieses monströsen, geschmacklosen Bauwerks trägt in sich ein Kreuz zum Gedenken der Missionierung. Bis zur Fertigstellung des Monumentalbaus wartete der Kolumbus-Sarkophag in der Kathedrale von Santo Domingo, bewacht von zwei Soldaten, auf seine feierliche Überführung. Über dem Kolumbus-Sarkophag erinnert ein dreihundert Meter weit in den Himmel ragendes Laserkreuz unübersehbar an den großen »Entdecker«.

Kolumbus starb am 20. Mai 1506 in Valladolid und wurde im dortigen Franziskanerkloster beigesetzt. Damals nahm die Öffentlichkeit von seinem Tod kaum Notiz. Doch bald schon trauerte sie um ihn, denn die Welt braucht schließlich ihre Helden.

Sieben Jahre nach seinem einsamen Begräbnis in Valladolid brachten Mönche den Sarg nach Sevilla, wo er in der Kartause Santa Maria de las Cuevas beigesetzt wurde. Aber auch das war nur eine Zwischenstation. Der zu seinen Lebzeiten auf Hispanola so unbeliebte Christoph Kolumbus trat nun noch einmal die Reise über den Ozean an und wurde in der Kathedrale Santa Maria la Menor in Santo Domingo bestattet. Als die Franzosen Ende des 18. Jahrhunderts die Spanier zum Abzug zwangen, öffnete man die Gruft und brachte die Gebeine nach Havanna, wo sie zum vierten Mal bestattet wurden. Aber waren es die richtigen? In der Gruft befanden sich auch die

Knochen seines Sohns Diego. Als sich die Spanier schließlich darauf besannen, daß sie eigentlich die Relikte ihres großen Entdeckers bewahren müßten, brachte man »los restos de Colón« nach Sevilla zurück. Dort wurde er in der Kathedrale feierlich beigesetzt.

1877 stieß man in der Kathedrale von Santo Domingo auf eine unbekannte Grabkammer, die einen Bleisarg enthielt. Aus der Aufschrift des Sarkophags und einem zwischen den Knochen gefundenen Silberplättchen ging hervor, daß hier die Überreste von Kolumbus lagen. Aber das Skelett war nicht vollständig. Die fehlenden Teile befanden sich in der Kathedrale von Sevilla.

Aber auch Genua besitzt einen winzigen Knochensplitter von Kolumbus, quasi eine Kolumbus-Reliquie, die nur zu besonderen Anlässen das Dunkel des Tresors im Rathaus von Genua verläßt. So bewahren heute Europa und Amerika die Gebeine des Menschen, der die Welt in Eroberte und Eroberer teilte.

Geklärt ist vorerst auch, nach langem Streit, die Herkunft des großen Entdeckers. »Er sei 27 Jahre alt und besitze hundert Gulden«, das antwortete Kolumbus 1479 in einem Rechtsstreit auf die Frage nach seinem Alter und Vermögen. Aus dieser Aussage und anderen Dokumenten wird heute geschlossen, daß Kolumbus zwischen dem 25. August und dem 31. Oktober 1451 in Genua geboren wurde.

Auch wenn der Streit um seine Herkunft geklärt zu sein scheint, der Streit um seine Bedeutung und Leistung lebt weiter. Zwar sehen die Wissenschaftler die Gestalt des Christoph Kolumbus heute wesentlich kritischer als in den vergangenen Jahrhunderten, doch in den Köpfen der meisten Menschen hat sich an der Einschätzung des Entdeckers auch nach fünfhundert Jahren noch nichts geändert.

Kolumbus, der mystische, der leidenschaftliche Visionär, der glaubte, das Paradies gefunden zu haben, bot sich zur Legendenbildung und Verklärung geradezu an. Er hat als Held, als Kapitän der Meere und als Gouverneur der Neuen Welt bewiesen, was damals kaum jemand glauben konnte. Und er hat es dem Christentum ermöglicht, sich über den gesamten Globus auszubreiten.

Lebensstationen eines tragischen Helden

Kolumbus war – darüber ist sich heute die Forschung weitgehend einig – der Sohn eines einfachen Webers. Später, gestrandet an den Küsten Portugals, fand Kolumbus zielstrebig den Weg in die obere Gesellschaftsschicht. Im Dienste genuesischer Handelshäuser unternahm er Reisen nach Island, Irland, Bristol sowie an der afrikanischen Küste entlang und stellte sein seemännisches Talent auf die Probe. In Kneipen, den Treffpunkten fremdländischer Seeleute, verschaffte er sich geheime Informationen und Karten. Auf seinen weiten Fahrten erfuhr er von fremden Routen und unbekannten Ländern.

Kolumbus heiratete 1479 in Portugal Filippa de Perestrello y Moniz und erlangte dadurch Zugang zu den ihm wichtigen Kreisen. Er korrespondierte mit Gelehrten und nutzte alles, was seinem großen Plan, den Osten im Westen zu suchen, entgegenkam. Später kokettierte Kolumbus damit, daß er auch mit dem berühmten Kosmographen Paolo Toscanelli briefliche Kontakte gepflegt habe.

Wahrscheinlicher ist, daß sich Kolumbus die Toscanelli-Karte auf einem seiner Erkundungsgänge durch Archive und Bibliotheken selbst besorgt hat. In einem Brief an Kolumbus soll Toscanelli geschrieben haben: »Dem Christoph Columbus entbietet der Naturforscher Paolo seinen Gruß! Ich nahm Kenntnis von deinem wundervollen und großartigen Begehr, eine Fahrt dorthin, wo die Gewürze wachsen, zu unternehmen.« Und in einem zweiten Brief soll er bestätigt haben: »Der genannte Weg ist nicht nur möglich, sondern wahr und sicher.«

Was die Distanz zwischen Europa und Asien in westlicher Richtung betraf, so berechnete Toscanelli genauso wie Ptolemäus und Marco Polo die Entfernung viel zu kurz. Toscanelli ging von etwa 3000 Seemeilen aus, ohne dabei von der Existenz eines Zwischenkontinents – eben Amerika – etwas zu ahnen. Kolumbus kam sogar nur auf eine Strecke von 2400 Seemeilen. Tatsächlich sind es aber weit mehr als 10000 Seemeilen.

Zusammen mit seinem Bruder Bartolomé arbeitete Kolumbus

auch als Kartograph in Lissabon. Unzählige Karten wurden in dieser Zeit in Portugal gefertigt. Sie trugen den Stempel höchster Geheimhaltung, denn sie waren die Grundlage zur Eroberung neuer Länder. In diesen Jahren trug Kolumbus alle Unterlagen, Karten und Hypothesen zusammen, die seinen Plan stützten, den Osten über eine kürzere Route nach Westen zu erreichen.

Wir wissen nicht genau, ob Kolumbus jemals von König João persönlich empfangen wurde. Sicher ist aber, daß er seinen Plan einer Kommission von Gelehrten vorstellte. »Diese kamen zu der Überzeugung, daß seine Worte müßiges Geschwätz und daß all das, was er vorhatte, eingebildete Dinge seien, auch das, was Marco Polo über Zipangu schrieb.«

Doch unbeirrt von der Absage des portugiesischen Königs, getrieben von seinem großen Traum, Entdecker neuer Welten zu werden, begab sich Kolumbus nach Spanien. Die Portugiesen waren gerade mit Erfolg dabei, den Seeweg nach Indien um Afrika herum zu erkunden. Was lag da für Kolumbus näher, als seinen Plan, den Osten über die Westroute zu erobern, den spanischen Königen vorzustellen?

Eine der volkstümlichsten Darstellungen, gemalt, in Stein gehauen und in Bronze gegossen, handelt davon, wie er mit seinem Sohn Diego bei den Mönchen des Klosters La Rábida Zuflucht findet. Das Kloster war auch ein Treffpunkt der Seefahrer – hier tauschte man die neuesten Geschichten und Erkenntnisse aus. Kolumbus traf dort die beiden Mönche Fray Antonio de Marchena und Fray Juan Péres. Marchena war Kosmograph und Astrologe und wurde zu einem wichtigen Gesprächspartner für Kolumbus. Durch die beiden Patres kam Kolumbus auch in Kontakt mit der weltlichen Macht. Hier lernte er den einflußreichen Herzog von Medinaceli kennen, der ihn an das spanische Königshaus empfahl – nach Córdoba.

Kolumbus' Plan wurde in den nächsten Jahren aus fachlichen sowie aus finanziellen Erwägungen mehrmals abgelehnt, denn Ferdinand II. von Aragón und Isabella I. von Kastilien waren zu diesem

Rechte Seite: »Die Inspiration des Christopher Columbus« von José Maria Obrégon (1856).

Christoph Kolumbus und sein Sohn Diego werden von den Mönchen des Klosters La Rábida aufgenommen. Gemälde von Antonio Cabral-Bejarano (1. Hälfte 19. Jahrhundert). Palos, Kloster La Rábida.

Links: Christoph Kolumbus. Gemälde von Émile Lassalle (1839). Sevilla, Biblioteca Colombina.
Unten: Kolumbus erläutert seine Pläne vor der Kommission von Salamanca.
Gemälde von Nicolò Barabino (2. Hälfte 19. Jahrhundert). Genua, Palazzo Orsini.

Rechte Seite:
Oben: »Der Tod Christoph Kolumbus'«, romantisierende Darstellung des 19. Jahrhunderts.
Unten: Die Kathedrale von Santo Domingo mit dem Kolumbusdenkmal.

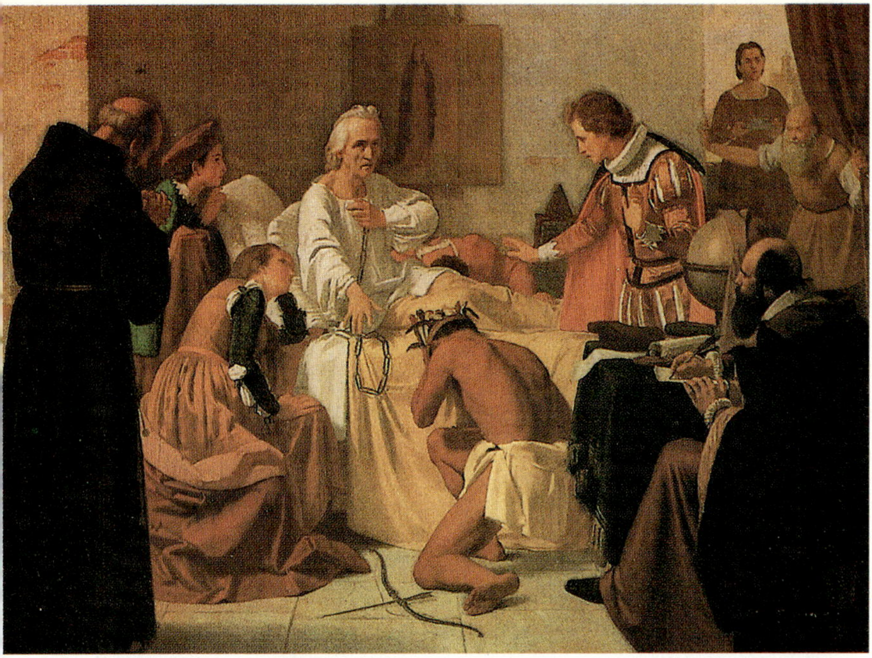

Christoph Kolumbus: Zeitgenössische Darstellung.

Zeitpunkt mit anderen Dingen beschäftigt: Sie führten seit Jahren Krieg gegen die letzte Bastion der Mauren – gegen Granada. Doch nach dem endgültigen Sieg über die Mauren suchten die »katholischen Könige« nach neuen Wegen zur Erweiterung ihrer Macht. In dieser Situation erinnerten sich Isabella und Ferdinand an die großen Pläne und phantastischen Versprechungen des fremden Seefahrers.

Zäh und ausdauernd, ja fast halsstarrig hatte Kolumbus über sieben Jahre hinweg seinen Plan verfolgt. Jetzt endlich wurde es ihm ermöglicht, seinen Traum zu realisieren.

Der Ausländer hatte es geschafft, den spanischen Königen einen Vertrag abzuringen, wie es vor ihm keinem gelungen war. Er wollte Admiral der Ozeane, Gouverneur und Vizekönig der neu zu entdekkenden Inseln und Länder werden. Zudem verlangte er zehn Prozent aller Einkünfte, die seine Eroberungen der Krone bringen würden. Reichtum und Ansehen sollte ihm seine Entdeckungsfahrt verschaffen.

Am 3. August 1492 verließen drei Schiffe mit neunzig Mann Besatzung, darunter vier Sträflinge, ein arabisch- und hebräischsprechender Dolmetscher und vier Ausländer, den Hafen von Palos.

Am 12. Oktober 1492 erreichte Kolumbus eine Insel in der Karibik, die die Eingeborenen »Guanahani« nannten. Und Kolumbus glaubte, den westlichsten Teil Indiens entdeckt zu haben. Heute streiten sich mindestens neun Inseln um das Privileg, als erste »entdeckt« worden zu sein. Selbst die Beschreibung dieser ersten Reise in den Bordbüchern wird heute in Frage gestellt. Aber Kolumbus macht es den Historikern auch schwer. In seinem Bordbuch fälschte er nicht nur die Angaben der bereits zurückgelegten Meilen, um seine Matrosen zu beruhigen, sondern auch bestimmte Kursangaben, um seine Route geheimzuhalten.

Durch seine Geheimnistuerei manövrierte sich Kolumbus so sehr ins Zwielicht, daß selbst seine entscheidendste Leistung angezweifelt wurde. So unterstellte ihm die Nachwelt, bereits vor Antritt der Reise

Linke Seite:Königin Isabella empfängt Kolumbus. Gemälde von Henry Nelson O'Neil (2. Hälfte 19. Jahrhundert). Wolverhampton, Art Gallery and Museum.

im Besitz einer geheimen Karte gewesen zu sein. Oder es wurde behauptet, daß ihm ein sterbender Seemann von fernen Ländern im Westen erzählt oder Kolumbus schon früher im Westen Land gefunden habe und nun die Reise nur wiederholte. So fragwürdig solche Theorien sind: Sicher ist, Kolumbus hat Amerika für das Europa der Neuzeit entdeckt.

Als Kolumbus im Morgengrauen des 12. Oktober 1492 Land betrat, war er im Begriff, eine neue Welt zu entdecken, bisher unbekannte Tiere und Pflanzen, Menschen, die ein Europäer niemals zuvor gesehen hatte. Ein Ereignis, das sich nur mit dem Flug zum Mond vergleichen läßt. Als Kolumbus im Frühjahr 1493 als strahlender Sieger nach Spanien zurückgekehrt war, wußte man, was man diesem Helden schuldig war.

Durch die Altstadtgassen von Barcelona bewegte sich ein exotischer Triumphzug: Kolumbus war nach seiner Rückkehr aus Amerika über Sevilla und Valencia zu Land nach Barcelona gekommen. Geschickt und berechnend vermarktete er seine Entdeckung. Er betrieb eine Art moderner Imagepflege und verstand es, die Menschenmassen zu faszinieren. Außer Papageien, exotischen Pflanzen, Körben voller seltsamer Früchte und Gewürzen hatte Kolumbus als Trophäe Indianer mitgebracht, die nur mit einem Lendenschurz bekleidet und mit Federn geschmückt waren. Das Gold hatte er so sichtbar wie möglich plaziert, weil er wußte, daß es das war, was alle sehen wollten.

Inzwischen fühlte er sich wie ein von Gott Gesandter: »Der glückliche Ausgang meiner Seefahrt ist der wunderbarste göttliche Beweis dessen, was ich behauptet habe. Überdies beweisen das auch die zahlreichen Wunder, die Gott während meiner ganzen Fahrt bewirkt hat.«

Für Kolumbus war die Audienz am spanischen Hof der krönende Höhepunkt seines Lebens. Ein Empfang wie im Märchen.

Generationen von Forschern, Malern und Bildhauern haben dieses Ereignis als so glänzend und wunderbar beschrieben, daß sie sich als pompöse Jubelfeier in unser Gedächtnis eingeschrieben hat.

»Der König und die Königin standen auf, als ich auf sie zuschritt, als wäre ich eine Person von höchstem Range. Die Königin erlaubte es, daß ich ihr die Hand küßte. Dann wurde mir eine weitere Ehrung zuteil. Die Königin wies mir einen Platz zwischen den Majestäten zu. Ich erzählte alles, was ich erlebt hatte, und zeigte die mitgebrachten Schätze; die unbekannten Vögel, die seltenen Tiere und Pflanzen, das Gold in Körnern, in rohen Stücken und zu Schmuck verarbeitet. Am meisten bestaunten die Majestäten aber doch, genauso wie das gewöhnliche Volk, die Indianer, die regungslos dastanden, als wären sie nicht aus Fleisch und Blut, sondern kupferne Statuen. Die Menge stimmte das Te Deum an, und ich sah, daß die Königin Tränen in den Augen hatte.«

Kolumbus war auf dem Höhepunkt seiner Macht, und zum ersten Mal war er auch strahlender Mittelpunkt einer Hofgesellschaft, die schon jetzt mißtrauisch seinen Aufstieg beobachtete.

Die zweite Reise unternahm Kolumbus nur ein Jahr später, ausgerüstet mit siebzehn Schiffen und eintausendzweihundert Mann. Schon hier zeigte sich, daß es nicht mehr allein um das Entdecken neuer Inseln und Länder ging, sondern auch um eine systematische Unterwerfung und Missionierung der Urbevölkerung. Handwerker, Ackerbauern, Mönche und vor allem Hidalgos, Sprößlinge des niederen Adels, die nach der Vertreibung der Mauren neue Eroberungsziele suchten, folgten dem Ruf in die Neue Welt.

Kolumbus eilte von Insel zu Insel, ohne auszuharren, denn er wollte möglichst schnell Gold finden. Er kam dabei auch nach Puerto Rico, Jamaika und an die Südküste Kubas. Auf dieser Reise begegnete er den kriegerischen Kariben. Angesichts dieses Stammes, der sich nicht kampflos unterwerfen wollte, wandelte sich das Bild vom »schönen, guten Wilden« zum »bösen Wilden«, zum Menschenfresser.

Die dritte Reise führte ihn auch an die südamerikanische Küste. Die Idylle der ersten Begegnung der Kulturen war inzwischen umgeschlagen in einen Feldzug gegen die Ureinwohner. Aus der Entdekkung wurde eine Eroberung. Die Gier der Konquistadoren nach reicher Beute brachte den Indios den Tod. Diejenigen, die nicht aus Goldgier ermordet wurden, starben an den aus Europa eingeschleppten Krankheiten wie Cholera, Pocken, Malaria oder Grippe.

Auch Kolumbus erlag der Gier. Er suchte verzweifelt nach jenen Goldminen, die er dem Königshof versprochen hatte. Wo er kein Geld fand, nahm er Sklaven, um sie zu verkaufen. Wo es keine Sklaven gab, bemächtigte er sich der Natur- und Bodenschätze.

Die Eingeborenen wußten schon bald, daß die einst so freudig begrüßten Fremden ihnen nur Schrecken und Unheil brachten. Angeblich nutzten sie dann deren Goldgier, um die furchteinflößenden Ankömmlinge schnell loszuwerden: Es genügte demnach der Hinweis, daß das gesuchte Gold auf der nächsten Insel zu finden sei. Diese Legende würde die Hast erklären, mit der Kolumbus eine Insel nach der anderen »entdeckte«.

Mit der Enttäuschung, daß sich der Traum von den Goldschätzen jenseits der Meere nicht erfüllte, wuchs auch die Unzufriedenheit der Hidalgos und Siedler. Aufstände und Raubzüge folgten. War Kolumbus bereits auf seiner zweiten Reise das Regiment entglitten, so spitzte sich die Situation auf der dritten Reise gefährlich zu. Kolumbus hatte als Gouverneur und Vizekönig versagt. Man entsandte einen hohen Hofbeamten, Francisco de Bobadilla, und entmachtete Kolumbus. Gebrochen und gedemütigt kehrte er von seiner dritten Reise in Ketten nach Spanien zurück.

Trotzdem gelang es Kolumbus, noch einmal in die Neue Welt aufzubrechen. Bei seiner vierten und letzten Reise strandete der glücklose Admiral auf Jamaika. Die längst nicht mehr so freundlichen Eingeborenen weigerten sich jedoch, ihn und seine Mannschaft zu ernähren. Alles schien sich gegen ihn verschworen zu haben. Aus dem glücklich gefundenen Paradies war eine Hölle geworden.

Noch ein letztes Mal vermochte Kolumbus die drohende Niederlage in einen Sieg zu verwandeln: Der Admiral ließ alle Kaziken zusammenrufen und erklärte ihnen, daß Gott erzürnt über sie sei und noch diese Nacht ein Zeichen seines Zornes geben würde. Da Kolumbus wußte, daß eine Mondfinsternis bevorstand, prophezeite er, Gott werde noch diese Nacht den Mond vom Himmel nehmen. Als dann wirklich der Mond verschwand, erschraken die Indianer so sehr, daß sie fortan regelmäßig Lebensmittel lieferten.

Doch abgeschnitten von der Alten Welt, bedrückten ihn die vielen Monate des Wartens. In dieser Zeit schrieb er einen langen Brief an das spanische Herrscherpaar, der seine verzweifelte Situation offenlegt: »Was mein geistliches Wohl angeht, so bin ich hier festgehalten. Einsam mit meinem Leid, krank, täglich bereit, den Tod zu empfangen . . . Zehntausende von Eingeborenen haben mich umzingelt. Sie sind voll von Grausamkeit und unsere Todfeinde . . . So weit bin ich von den Sakramenten entfernt, daß man meine Seele vergessen wird, sowie sie sich vom Körper löst . . . Ich kam zu Eueren Hoheiten mit den besten Absichten und wahrem Eifer; das ist nicht gelogen . . . Die Heilige Dreifaltigkeit schütze und mehre Euer Leben und hohen Stand. Geschrieben in den Indischen Landen, auf der Insel Jamaica am siebten Juli im Jahr tausendfünfhundertdrei.«

Kolumbus hatte verloren. Nur mit Hilfe der Krone gelang es ihm schließlich, in die Heimat zurückzukehren. Als Dreiundfünfzigjähriger, vergreist, von Gicht und von Wahnvorstellungen geplagt, lief er dem Hof hinterher. Er schickte Bittgesuche an das spanische Königshaus und forderte die Bestätigung der Titel, die man ihm einst verliehen hatte. In einem seiner letzten Briefe schrieb er: »Da es nun klar ist, daß Ihre Hoheit nicht gesonnen ist, die mündlichen und schriftlichen Versprechungen zu erfüllen, glaube ich, daß es für mich, der ich ein Wurm bin, ebenso nutzlos wäre, dagegen anzukämpfen, wie wenn ich den Wind geißeln wollte.«

In Valladolid starb Kolumbus am 20. Mai 1506, am Himmelfahrtstag. Doch zu dieser Zeit fühlte man sich nicht verpflichtet, seinen Namen in das Sterberegister der Stadt einzutragen. So starb Kolumbus einsam und von der Welt vergessen, aber nicht verarmt, wie es die Legende gerne sehen würde.

Fälschungen und andere Rätsel

Die vielen Ungereimtheiten und Rätsel, die die Biographie des großen Entdeckers den heutigen Wissenschaftlern aufgibt, haben ihren Ursprung in einer nur bruchstückhaften Quellenüberlieferung. Sie sind aber auch das Resultat der nationalen, politischen und persönlichen Vereinnahmung seiner Person und Leistungen durch die Forschenden. Gerade im 19. Jahrhundert entstand ein breites Spektrum an Interpretationen und Legenden, die sich um die Reisen des Kolumbus ranken.

Obwohl ab 1476, seit der Zeit, die Kolumbus in Portugal verbrachte, sein Leben besser dokumentiert ist, eröffnet die schlechte Quellenlage in wesentlichen Punkten jeder Spekulation und der Stilisierung seiner Person Tür und Tor.

Die von Kolumbus überlieferten Briefe und das Bordbuch wurden von ihm mit der Absicht verfaßt, seine Entdeckung zu überhöhen, um sie später in bare Münze umzuwandeln. So sind diese Dokumente nur von begrenzter Aussagefähigkeit über die wirklichen Abläufe und Hintergründe.

Das Original des Bordbuches ist nach dem Tod von Isabella und Ferdinand verschwunden. Eine Kopie gelangte nach seinem Tod jedoch in den Besitz seines ältesten Sohnes Diego. Der wiederum gab sie an seinen Sohn Luis weiter. Doch auch diese Abschrift verschwand. Nur Fernando, der uneheliche Sohn von Kolumbus, kümmerte sich um den Nachlaß seines Vaters. Fernando war auch sein Biograph und natürlich bemüht, das Leben seines Vaters beschönigend darzustellen.

Bartolomé de Las Casas, ein Dominikanermönch, später Bischof und ein Freund von Kolumbus, fertigte eine weitere Abschrift an, die 1790 wiederentdeckt wurde. Las Casas, der um 1502 nach Amerika reiste und dort den größten Teil seines Lebens verbrachte, schilderte in seiner *Historia de las Indias* als erster die Greueltaten der Konquistadoren an den Ureinwohnern der Neuen Welt. Wenn auch die Aussagen von Las Casas wichtige und wesentliche Informationen über Kolumbus als Statthalter und als Entdecker enthalten, so sind auch diese aufgrund beider Freundschaft mit Vorsicht zu genießen.

Die fragmentarische Quellenlage macht es bis heute schwer, das Leben dieses Mannes eindeutig zu dokumentieren. Der Steckbrief gerät dabei oftmals zum Phantombild. Einige Biographen behaupten zum Beispiel, daß die Colombos spanische Juden gewesen seien, das heißt »Conversos«, konvertierte Juden, die im 14. Jahrhundert nach Genua flüchteten. Bei dieser These spielt sicher eine große Rolle, daß Spanien Kolumbus am liebsten als eigenen Sohn sehen würde. Kolumbus selbst macht zu seiner Herkunft wenige und dazu widersprüchliche Angaben. Zweifelsohne trug er selbst am meisten dazu bei, seine Biographie zu verschleiern.

Salvadore de Madariaga, einer seiner bekanntesten Biographen, schrieb deshalb: »Denn wie der Tintenfisch, so versteht er sich zur geeigneten Zeit in einer Wolke von Tinte zu verstecken, die er rings um seine Taten und Reisen ausspritzt.«

Kolumbus, der Italiener, verfaßte seine Briefe, Dokumente und Tagebücher in kastilischem Spanisch. Auch Briefe an Freunde in Italien und an die Bank San Giorgio, für die er jahrelang tätig war, sowie die Randbemerkungen in seinen Büchern schrieb er in dieser Sprache. Manchmal bediente er sich einiger lateinischer Anmerkungen. Nur selten benutzte Kolumbus sein sehr fehlerhaftes Italienisch.

Es gibt auch kein authentisches Bildnis von Kolumbus. Der Mann, der Amerika entdeckte, hatte viele Gesichter. Die meisten Gesichter hat ihm freilich das 19. Jahrhundert verpaßt. Die Historiker jener Zeit wollten Kolumbus als Helden sehen, der mit übermenschlicher Energie die größten Gefahren und Abenteuer bewältigte.

Charakteristika dieser Porträts sind die stattliche und imposante Statur, die noble Krümmung der Nase, die auf die edle Abstammung verweisen soll; der feste, entschlossene Gesichtsausdruck, die stechenden blauen Augen und ein undurchdringlicher Blick, der ihm etwas Geheimnisvolles verleiht. Viele dieser Züge entstammen ohne Zweifel späteren Deutungen und Wunschvorstellungen.

Selbst die Unterschrift diente Kolumbus zur Mystifizierung seiner

Person. Er unterschrieb nämlich nicht wie jedermann mit seinem Namen, sondern er verwendete dazu ein von ihm selbst entworfenes Siegel, mit dem sich mehrere Forschergenerationen auseinandergesetzt haben.

Deutungen dieser geheimnisvollen Unterschrift gibt es viele. Gesagt werden muß aber, daß sie den Eingeweihten der damaligen Zeit nicht ganz unbekannt war. Sie erinnert an ein kabbalistisches Dreieck, dessen Übersetzung bedeuten würde: »Herr, Herr Gott, Gott spendet Erbarmen.«

In der lateinischen Deutung können die oberen Buchstaben stehen für: *Servus Sum Altissimi Salvatoris* (Ich bin der Diener unseres höchsten Erlösers); die dritte Zeile weist auf *Christus, Maria* und *Josef*; die letzte Zeile heißt *Xpo ferens* (Christusträger).

Übrigens begnügte sich Kolumbus nicht damit, dieses rätselhafte Siegel selbst zu benutzen, er schrieb es in seinem Testament auch seinen Erben vor: »Der Majoratserbe soll mit der gleichen Unterschrift zeichnen, wie ich es jetzt tue, und zwar ein X, mit einem S darüber, ein M mit einem römischen A darüber und darüber ein S, nachher ein griechisches Y mit einem S darüber, in gleicher Anordnung und den gleichen Zeichen, wie man es auf meinen Unterschriften sieht.«

Auch die Namensänderung sollte auf seine Mission verweisen: Die spanische Fassung Cristóbal bedeutet im Lateinischen soviel wie *Christum ferens*, der Christusträger. Cristoforo Colombo wurde in

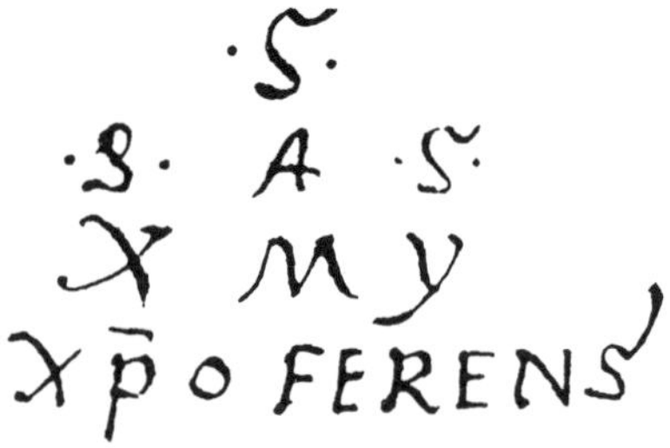

Die Unterschrift des Christoph Kolumbus.

Portugal zu Cristóbal oder Cristovão Colombo und in Spanien zu Cristóbal Colón. Der italienische Nachname »Colombo«, die Taube, wird zum spanischen Colón, der Siedler. Ab 1492 zeichnete er nicht selten mit *Xpo ferens*, der Christusträger.

Auch in seinen autobiographischen Notizen verstand es Kolumbus, sich zu stilisieren. Er bevorzugte dabei Verweise auf die Bibel, in der er Analogien zu seinem eigenen Leben zu finden meinte. Bescheidenheit war nicht seine Sache. Wenn er sich gelegentlich so gab, dann war es Berechnung: »Ich bin nicht der erste Admiral meiner Familie, gleichgültig welchen Namen man angeben will, schließlich war auch der weise König David ein Schafhirt, und später wurde er König von Jerusalem. Ich bin ein Knecht desselben Herrn, der David in diesen Stand erhob.«

Winston Churchill meinte, Kolumbus sei ein Rätsel, das, von einem Geheimnis umhüllt, im Inneren eines Mysteriums verborgen bleibe.

Kolumbus – ein Mensch voller Widersprüche

Ein Ziel, das der hochfahrende Wollwebersohn aus Genua ganz sicher von Anfang an erstrebte, bestand darin, König eines selbstentdeckten Reiches zu werden. Aus seinen Briefen wird deutlich, daß er vor allem an materiellem Reichtum interessiert war. Einerseits hatte Kolumbus ein religiöses, wenn auch oft wirres Sendungsbewußtsein, andererseits war er ein kluger Realpolitiker, ein Taktiker und geschickter Intrigant, der in den Vorzimmern der Mächtigen seine Vision glaubhaft vorbrachte.

Der Eroberer war im Entdecker Christoph Kolumbus von Anfang an vorhanden. Es ging ihm also nicht nur um Mission und Ausweitung des Christentums über die ganze Welt sowie um die vielzitierte Wiedereroberung Jerusalems mit den Geldern der Neuen Welt. Es ging ihm auch, und das zeigen zahlreiche Briefe, spätestens seit seiner zweiten Reise um handfeste Kapitalinteressen. Es ging vor allem um Gold, das eine magische Anziehungskraft auf ihn und die Menschen seiner Zeit ausübte. Im Jahr 1502 schrieb er: »Das Gold ist höchst vortrefflich. Aus dem Gold wird ein kostbarer Schatz. Wer ihn besitzt, macht mit ihm in der Welt, was er will. Mit ihm kann er sogar Seelen in das Paradies bringen.«

Kolumbus, der Goldsucher, war ein Mann mit Risikobereitschaft, Wagemut bis zum Tod und einer ungeheuren Ausdauer, gepaart mit Geschäftstüchtigkeit. Am Tag vor Heiligabend, bei seiner ersten Entdeckungsreise 1492, betete er: »Gott helfe mir in seiner Barmherzigkeit, das Gold oder besser jene Goldmine zu finden.«

Kolumbus war der Typ des sozialen Aufsteigers, des Parvenüs, der selbst den armen Matrosen Rodrigo de Triana, der als erster Land sichtete, um den versprochenen Lohn betrog, der in seinen Briefen in jedem dritten Satz das Wort »Gold«, Gold und nochmals Gold erwähnte und der sich niemals dort länger aufhielt, wo kein Gold zu finden war.

Kolumbus zeigte sich als zielstrebiger Eroberer, der die indianischen Eingeborenen von Anfang an mit einem am Zweck der Ausbeutung orientierten Denken beobachtete und den »Wilden« nur begrenzte Lebenstüchtigkeit zusprach. Er unterbreitete bereits während seiner zweiten Reise der Krone den Vorschlag, Sklaven statt des angekündigten Goldes zu senden: »Man könnte von hier im Namen der Heiligen Dreifaltigkeit so viele Sklaven schicken, wie man verkaufen könnte; zunächst einmal 4000 Sklaven, die mindestens 20 Millionen einbringen. Auch wenn viele davon sterben, so wird dies nicht immer so bleiben, denn auch bei den Negern und Kanaren war das so gewesen.«

Kolumbus verkörpert den Typ des konservativen Revolutionärs; er ist der Mirabeau der Entdeckung Amerikas. Es fehlte ihm jedoch der brutale Zuschnitt der ihm nachfolgenden Eroberer wie Pizarro oder Cortés.

Kolumbus' Geschichte erscheint uns auch deshalb so interessant und facettenreich, weil er in seiner Unvollkommenheit, in seinen großen Irrtümern und in seiner großen Tat den Mythos des modernen Helden verkörpert. Gold und Glorie sind die Träume, denen dieser Visionär sein Leben lang nachhing. Kolumbus ist der Vorläufer des

Christoph Kolumbus. Gemälde von Ridolfo del Ghirlandaio (1. Hälfte 16. Jahrhundert). Genua, Civico Museo Navale.

»typischen« amerikanischen Karrieristen, der vom Tellerwäscher zum Millionär avanciert. Allerdings vollzog sich sein gesellschaftlicher Abstieg genauso schnell wie sein märchenhafter Aufstieg.

Kolumbus war ein Autodidakt, der sich in mühevoller Arbeit alle für seinen Weg notwendigen Disziplinen aneignete wie die Nautik oder die Kartographie, er, der Sohn kleiner Leute aus Genua, der, zum Diplomaten begabt, Briefe an Majestäten verfaßte und mit den Mächtigen der Welt Verträge aushandelte wie keiner vor ihm und der über einen inneren Kompaß verfügte, eine Gewißheit, die ihn immer den richtigen Meereskurs finden ließ.

Er korrespondierte mit Gelehrten und studierte alles, was ihm in die Hände geriet, von Ptolemäus über Seneca bis Plinius. Er notierte bis zu zweihundert Anmerkungen in diesen Büchern und fühlte sich seiner Zeit weit voraus. »Ich habe gesehen und fürwahr auch studiert alle Bücher, Weltbeschreibungen, Historien, Chroniken und Philosophien, dann noch andere Künste, für die mir unser Herr mit sichtbarer Hand den Sinn aufschloß und mich aufs Meer schickte und mir das Feuer zur Tat gab.«

Heute erkennen wir, daß Kolumbus ein hochbegabter Propagandist für seine Sache war. Seine wissenschaftlichen Erkenntnisse jedenfalls waren eine skurrile Mischung aus mittelalterlichem Glauben und moderner Weltsicht. An vielen Anmerkungen kann man aber erkennen, daß Kolumbus die meisten gelehrten Texte nur las, um seine eigenen Theorien bestätigt zu finden. Wenn ihm das nicht gelang, bemühte er alle möglichen anderen Erklärungsmodelle vom Alten Testament bis zu den Reiseberichten Marco Polos, um seine These zu rechtfertigen.

Als Randbemerkung der Lektüre von Pierre d'Aillys *Imago Mundi* notierte Kolumbus: »Jenseits des Wendekreises des Steinbocks befindet sich die schönste aller bewohnbaren Gegenden. Dort ist die Welt am höchsten und am edelsten, und dort liegt das Paradies auf Erden.«

Im Original lautet der Satz: »Es mag sein, daß gewisse Gegenden jenseits vom Wendekreis des Steinbocks bewohnbar sind. Aristoteles und Averroes sagen jedenfalls in ihren Büchern *Der Himmel* und *Die*

Welt, daß dort die edelsten Erdteile anzutreffen seien. Einige behaupten, dort sei das Paradies. Dennoch muß auf die Tatsache hingewiesen werden, daß bei keinem gelehrten Verfasser eine Beschreibung dieser Länder zu finden ist.«

Deshalb wurde Kolumbus von den wissenschaftlichen Kommissionen auch nicht ernst genommen. Ebenso wie er in Portugal verlacht wurde, erging es ihm bei der Verteidigung seiner These an der Universität von Salamanca. Dort wollte Kolumbus der königlichen Kommission unter Fernando de Talavera weismachen, die Entfernung zwischen Europa und Asien sei auf der westlichen Route in wenigen Wochen zu bewältigen. Bis heute sind viele Menschen der irrigen Auffassung – und das ist auch eine der Kolumbus-Legenden –, hier habe der einsame, geniale Wissenschaftler gegen eine altmodische, engstirnige Kommission angekämpft. In einer der Passagen seiner Tagebücher offenbart sich vielmehr Kolumbus als irrationaler Mystiker: »Ich habe bereits gesagt, daß mir bei der Durchführung meiner Indienreise weder Vernunft noch Mathematik, noch Weltkarten Nutzen gebracht haben; es ging nur in Erfüllung, was [der Prophet] Jesaja vorhergesagt hatte.«

Trotzdem – Kolumbus war ein kenntnisreicher Seemann, der sich seine Erfahrungen in vielen Abenteuerfahrten mühselig aneignete: »Schon von sehr früher Jugend an bin ich zur See gegangen und habe die Schiffahrt betrieben, und dies habe ich bis heute fortgesetzt. Wer diese Kunst ausübt, den verleitet sie zu dem Wunsch, die Geheimnisse dieser Welt zu kennen. Es sind schon mehr als vierzig Jahre vergangen, seit ich mich an dies Leben gewöhnt habe. Alle Schiffahrtswege, auf denen man heute das Meer befährt, sind mir bekannt.«

Folgende Selbsteinschätzung können wir nur bestätigen: »Unser Herr hat mir in seiner Güte das gewährt, was immer schon mein Herzenswunsch war. Er gab mir einen wachen Verstand, um die Dinge zu begreifen. Für die Schiffahrt schenkte er mir Gaben im Überfluß.«

Bemerkenswert ist die Tatsache, daß Kolumbus sowohl auf seiner ersten Reise nach Amerika als auch auf seiner Rückreise die Routen mit den optimalen Windströmungen wählte. Routen, die von Seglern zum größten Teil noch heute benutzt werden.

Der Chronist der Neuen Welt und Kolumbus-Biograph G. Fernández de Oviedo y Valdés schrieb über Christoph Kolumbus, daß er den Titel eines »Großadmirals des ozeanischen Meeres« verdient habe. Obgleich Oviedo sicher parteiisch war, trifft die folgende Beurteilung aus damaliger Sicht wohl zu: »Cristóbal Colón war der erste, der in Spanien die schwierige Kunst lehrte, auf die grenzenlose Weite des ozeanischen Meeres hinauszufahren und sich dabei nur nach den Gradmessungen der Sonnenhöhe und des Polarsterns zu richten ... Bis zu seinem Auftreten wurde zwar in den Seemannsschulen diese Kunst vorgetragen, aber es gab wenige (genauer gesagt niemanden), der es wagte, im weiten Meer die Probe aufs Exempel zu machen.«

Ein Seemann mußte in der damaligen Zeit viel Erfahrung und Mut mitbringen, um sich auf das Meer hinauszuwagen. Man kann davon ausgehen, daß Kolumbus, neben seiner langjährigen Erfahrung auf See, auch über ein sehr hohes Maß an Intuition verfügte. Soweit wir wissen, verwendete er auf seiner ersten Fahrt ausschließlich den Kompaß und den Quadranten. Einer der neueren Biographen, der die Strecke nachsegelte, behauptet, Kolumbus sei außerdem nicht einfach – wie er angab – von den Kanaren nach Westen gesegelt, sondern habe zunächst eine ganz andere und geheime Route nach Westen gewählt.

Am 9. September 1492 bekannte Kolumbus, zum ersten Mal das Bordbuch gefälscht zu haben: »Wir kamen 60 Seemeilen weiter. Ich beschloß, weniger einzutragen, als wir tatsächlich zurückgelegt hatten, damit meine Leute nicht den Mut verloren, falls die Reise zu lange dauern sollte.«

Vielleicht aber ist auch diese Behauptung nur eine Finte des Kolumbus. Da Kolumbus die täglich zurückgelegte Strecke nur schätzen konnte, fielen die falschen Eintragungen in den Bordbüchern wahrscheinlich nicht weiter auf. Zudem hatte kaum jemand an Bord Einblick in die Notizen des Kolumbus. Die ihn begleitenden Matrosen schätzten die Dauer der Reise nach der Anzahl der auf See verbrachten Tage. Die Diskussion in der heutigen Forschung geht selbst so weit, daß behauptet wird, Kolumbus habe überhaupt keine Bordbücher verfaßt. Auch das sind Thesen zum Thema Kolumbus 1992.

Einige Forscher behaupten, daß Kolumbus keineswegs glaubte, das ferne Zipangu (Japan) und Cathay (China) entdeckt zu haben. Vielleicht wußte er, daß er einen neuen Kontinent gefunden hatte. Hätte er es denn gewagt, in einem hochzivilisierten, mächtigen Land, in dem die Dächer der Paläste mit Gold bedeckt waren, gleich bei seiner Ankunft ein Kreuz in den Boden zu rammen und von diesem Land Besitz zu ergreifen? Hätte er all die Glasperlen und den wertlosen Tand mitgenommen, über den Kubilai Khan, dessen Gewänder nach den Berichten des Marco Polo mit Diamanten geschmückt waren, nur gelächelt hätte?

Fünfhundert Jahre Kolumbus – kein Grund zum Feiern, aber zum Nachdenken. Auch nach dem Jubiläum sind seine Briefe und seine autobiographischen Notizen Anlaß für neue Thesen und Auseinandersetzungen.

Wie wir lebte Kolumbus in einer Epoche des Umbruchs. Aus heutiger Sicht hat er die Chancen seiner Zeit wahrgenommen, er hat sie aber auch verkannt. So schwankt sein Charakterbild in den Zeiten. Auch unser Verhältnis zu Kolumbus schwankt zwischen dem Bild vom wagemutigen Entdecker und vom gewinnsüchtigen Eroberer.

Kolumbus glaubte an Gott und das Paradies, aber er glaubte stärker noch an Gold und Indien. Aus der Sehnsucht nach dem Paradies wurde eine Höllenfahrt.

Er war kein Menschenverächter, sondern sah die amerikanischen Eingeborenen mit einer gewissen naiven Neugier. Er war der erste Konquistador, fühlte sich aber schuldlos, da er mit christlicher Überheblichkeit den »Wilden« nur begrenzte Lebensberechtigung zusprach.

Er war ein wagemutiger Entdecker. Herausragend sind die Zähigkeit und Standfestigkeit, mit der er sein Ziel verfolgte und auch den Sturz aus der triumphalen Höhe des Erfolgs in die Vergessenheit und Mißachtung ertrug. Sein religiöses Sendungsbewußtsein hinderte ihn nicht, seine Berufung zum großen Weltentdecker in Form einer fast modern anmutenden Imagepflege zu stilisieren.

Seine wirkliche oder vorgespielte Naivität wurde nur noch von der Blindheit übertroffen, mit der er den eigentlichen Wert seiner Entdekkung übersah: einen Kontinent gefunden zu haben. Wem verdankt Amerika seinen Namen? Einem der vielen Entdecker, die Kolumbus folgten: Amerigo Vespucci.

Kolumbus machte die entscheidende Fahrt unseres Jahrtausends. So, wie sie für ihn zur Irrfahrt wurde, wurde sie auch zu einer Irrfahrt in der Geschichte.

Kolumbus bleibt der Mann der vielen Gesichter, dessen wahres Bild im Dunkel der Geschichte so vergangen ist, wie es einst kometenhaft aus ihr auftauchte.

HARALD JUNG

ESTREMADURA – WIEGE DER EROBERER

Auf der Suche nach Eldorado

Entdeckungsreise zum Gold

Langsam kletterte Neil A. Armstrong über die neun Leitersprossen der Landefähre »Eagle« nach unten. Auf der letzten Stufe verharrte er einen Augenblick. Dann setzte er behutsam seinen linken Fuß auf die Oberfläche des Mondes und sagte die lang überlegten Worte für das Geschichtsbuch: »Ein kleiner Schritt für einen Menschen, aber ein großer Schritt für die Menschheit.« Es war der 21. Juli 1969, zwei Uhr sechsundfünfzig und zwanzig Sekunden Weltzeit. Der erste Mensch hatte einen Himmelskörper betreten.

»Durch eure Tat ist der Himmel Teil der Welt des Menschen geworden« – mit diesen Worten beglückwünschte der amerikanische Präsident Richard Nixon in einem ersten Telefongespräch zum Mond (»Live from moon«) die Raumfahrer.

»Wir kommen in friedlicher Absicht, stellvertretend für die ganze Menschheit« – diese Formel war nach langem Disput für die Metallplakette ausgewählt worden, die Astronaut Armstrong an einem der vier Stelzenbeine der Mondlandefähre angebracht und auf dem Erdtrabanten zurückgelassen hat.

»Das haben sie vor fast fünfhundert Jahren zu uns auch gesagt«, ließ Kolumnist und Satiriker Art Buchwald seinen (erfundenen) indianischen Freund Joe sprechen. Damals und später wurde die Mondlandung mit einer anderen historischen Landung verglichen, der des Christoph Kolumbus auf der Karibikinsel Guanahani, die

Kolumbus »San Salvador« nannte (heute heißt sie »Watling-Island«). In die Geschichtsbücher eingegangen ist dieser 12. Oktober 1492 als das Datum der Entdeckung Amerikas.

Welchem Ereignis gebührt der höhere Rang im Heldenbuch der Menschheit? Der Mond ist zwar weiter entfernt als Amerika, aber dennoch wußten Armstrong und Co., wohin sie fuhren. Cristóbal Colón, wie die Spanier ihn nennen, dagegen konnte trotz all seiner zur Schau gestellten Selbstsicherheit nicht sagen, ob ihn am Ende des Ozeans nicht doch der Sturz ins Leere erwarte.

Astronauten hassen es, Abenteurer genannt zu werden. »Um Himmels willen, nein«, hat Neil Armstrong auf die Frage der italienischen Journalistin Oriana Fallaci geantwortet, ob Abenteuerlust ihn treibe. »Ich hasse die Gefahr, besonders wenn sie unnötig ist . . . Wie kann man einen völlig normalen technischen Vorgang in ein Abenteuer verwandeln?«

»Wenn das Abenteuer die Absicht gewesen wäre, dann wäre das beinahe so, als höbe man einen Haufen von Rittern in den Sattel und sagte ihnen, sie sollten mit ihren Schwertern in die Dunkelheit reiten«, hat John Glenn, der erste Mann, der für Amerika um die Erde geflogen ist, einmal gesagt.

Genau das ist das Bild, das der Romancier Jakob Wassermann von Christoph Kolumbus hatte. »Don Quijote des Ozeans« nannte er ihn. Seinen Mut kann man nur bewundern. Aber an seiner Qualifikation ist Zweifel gestattet: »Um die Wahrheit zu sagen«, so läßt ihn der kubanische Romancier Alejo Carpentier auf dem Sterbebett monologisieren, »ich verließ mich mehr auf meine besondere Treffsicherheit im Unterscheiden des Windgeruchs, im Entziffern der Wolkensprache, im Deuten der Farbtöne des Wassers als auf Berechnungen und technisches Gerät.« Und Victor Hugo behauptet apodiktisch: »Wenn Christoph Kolumbus ein guter Kosmograph gewesen wäre, dann hätte er die Neue Welt niemals entdeckt.«

Aber er hat sie entdeckt, auch wenn er bis zu seinem Tod in den gewaltigen Irrtum verstrickt blieb, er sei auf der Westroute nach Indien gelangt. In der Tat hat er das Festland des Kontinents nie betreten, Cristóbal Colón ist aber als der Entdecker Amerikas in die

Geschichte eingegangen. Dennoch trägt der Kontinent nicht seinen Namen, sondern den seines italienischen Kollegen Amerigo Vespucci, der sieben Jahre später seine erste Reise nach »Westindien« begann. Aufgrund seiner Schilderungen nannte der deutsche Kartograph Martin Waldseemüller 1507 in der ersten Landkarte die neuentdeckten Gebiete »Amerika«, was viele Spanier noch vier Jahrhunderte später empörte, gebührte doch »ihrem« Kolumbus diese Ehre, nicht aber einem »obskuren Korsaren«.

Aus heutiger Sicht ist die Entdeckung Amerikas zweifelsohne das bedeutsamere historische Ereignis. Seinen Zeitgenossen war die Bedeutung der Entdeckung durchaus bewußt: López de Gómara, der offizielle Chronist des Hernán Cortés, behauptete zu Beginn des 16. Jahrhunderts, daß es seit der Erschaffung des Menschen kein wichtigeres Ereignis gegeben habe als die Entdeckung Amerikas. Seit 1492 sind wir, wie der streitbare Mönch und glühende Verteidiger der Indios, Bartolomé de Las Casas es ausgedrückt hat, »in dieser so neuen und keiner anderen vergleichbaren Zeit«. Die Welt ist geschlossen, »die Welt ist klein«, wie Kolumbus selbst feststellt, auch wenn er dabei von falschen Vorstellungen ausgeht. Recht hat er. Die Menschen haben die Ganzheit entdeckt, deren Bestandteil sie sind, während sie bisher ein Teil ohne Ganzes waren. Es war – wenn man es so nennen will – eine Begegnung besonderer Art: Das 16. Jahrhundert sollte Zeuge des größten Völkermordes in der Geschichte der Menschheit werden.

Den anschaulichsten »Bericht« von den Ereignissen in den Morgenstunden jenes Freitags, des 12. Oktobers 1492, gibt Alejo Carpentier. Er läßt Kolumbus als Ich-Erzähler auftreten, in aller dichterischen Freiheit und dennoch bis ins letzte Detail getreu dem Bordtagebuch des »Almirante« folgend:

»Ich habe meine besten Galakleider angelegt, und dasselbe tun alle Spanier an Bord der Schiffe. Aus der großen Truhe habe ich die Königsfahne hervorgeholt und an die Fahnenstange gesteckt . . . Und schon stehen wir an Land, wo Bäume uns unbekannter Arten wachsen, abgesehen von einigen Palmen, die in manchem den afrikanischen ähnlich sind. Sofort verrichten wir die Formalitäten der Inbesitznahme, die schriftlich niedergelegte Beglaubigung und Bezeugung, und der Protokollführer, Rodrigo de Escobedo, ist noch nicht fertig, als er zusammenschreckt, weil im Dickicht ein Stimmengeräusch vernehmbar, dann Laub auseinandergeschlagen wird und wir uns plötzlich von Menschen umringt sehen. Viele von den Unseren brechen in schallendes Gelächter aus, nachdem sie sich von dem ersten Schrecken erholt haben, denn die Menschen, die da auf uns zukommen, sind nackt und tragen höchstens eine Art weißes Tüchlein, um ihre Scham zu bedecken. Und wir in Panzern, Kettenhemden und Helmen, die wir in Erwartung eines möglichen Überfalls seitens furchterregender Krieger mit gezückten Waffen aus unseren Truhen geholt haben! ... Diese hier tragen als Waffen nur ein paar Wurfspieße, wie Ochsenstachel anzusehen, und mir schwant, daß diese Menschen arm, sehr arm, grauenhaft arm sein müssen, da sie alle so nackend oder beinahe so nackend gehen, wie sie aus dem Mutterleib gekrochen sind, ein Mädchen mit unbedeckten Brüsten nicht ausgenommen, das meine Männer, in dem Wunsche, es zu berühren, mit solcher Gier anstarren, daß mir der Zorn aufsteigt und ich mich genötigt sehe, sie so laut anzuherrschen, wie es sich kaum mit der feierlichen Haltung verträgt, zu der verpflichtet ist, wer die Königsstandarte trägt ...«

Kolumbus kommt »in friedlicher Absicht«, wie die Mondfahrer. »In der Erkenntnis, daß es sich um Leute handle, die man weit besser durch Liebe als mit dem Schwerte retten und zu unserem Heiligen Glauben bekehren könne, gedachte ich sie mir zu Freunden zu machen und schenkte also einigen unter ihnen rote Kappen und Halsketten aus Glas, worüber sie sich ungemein erfreut zeigten«, notiert er in das Bordtagebuch.

Aber schon in den Eintragungen des nächsten Tages fällt das Wort, das von nun an wie unter teuflischer Besessenheit in seinen Tagebüchern und Briefen wiederkehren sollte: *Gold*. Schauplatz ist an diesem Samstag, dem 13. Oktober, die »Santa Maria«, das Schiff des Admirals. Vom frühen Morgen an kommen die Indianer »auf Booten, die für die Verhältnisse des Landes äußerst kunstgerecht aus einem einzigen Baumstamm verfertigt« und »erstaunlich schnell« waren, herüber und an Bord. Sie brachten Knäuel gesponnener Baumwolle, Papageien, Spieße und andere Dinge mit sich, denen der Abgesandte der spanischen Könige allerdings nur wenig Interesse abgewinnen kann. »Sie alle aufzählen zu wollen wäre zu weitläufig.«

Sein Blick war von vornherein zielgerichtet, auf der Suche nach dem einen. »Ich betrachtete alles mit größter Aufmerksamkeit und trachtete, herauszubekommen, ob in dieser Gegend Gold vorkomme. Dabei bemerkte ich, daß einige von diesen Männern die Nase durchlöchert und durch die Öffnung ein Stück Gold geschoben hatten.«

Bei Carpentier nehmen Szene und Kolumbus Gestalt an: »Der Anblick eines solchen Wunders entzückte mich in tiefster Seele. Eine nie gekannte Gier entbrannte in meinen Eingeweiden. Meine Hände zitterten. Erregt, schwitzend, ganz außer mir, versuchte ich beharrlich von diesen Menschen, sie durch Zeichen mit Fragen bestürmend, zu erfahren, woher dieses Gold kam, wie sie es erlangten, wo es lag, wie sie es förderten, wie sie es bearbeiteten, da sie doch dem Anschein nach weder Werkzeuge hatten noch den Schmelzofen kannten. Und ich befingerte das Metall, hob es wägend, biß hinein, schmeckte es und wischte danach den Speichel mit einem Tuch ab, um es zu betrachten in der Sonne, zu prüfen im Licht der Sonne, es aufglänzen zu lassen im Licht der Sonne, indem ich an dem Golde zog, es auf die Handfläche legte und feststellte, daß es Gold war, richtiges Gold, echtes Gold – Feingold.«

»Mit Hilfe der Zeichensprache erfuhr ich«, so fährt Kolumbus in dem Bordtagebuch fort, »daß man gegen Süden fahren müsse, um zu einem König zu gelangen, der große goldene Gefäße und viele Goldstücke besaß. Ich versuchte nun, sie dazu zu bewegen, mich dahin zu geleiten, doch mußte ich späterhin einsehen, daß sie sich weigerten, dies zu tun.« Deshalb beschloß Kolumbus, wie er ausdrücklich sagt, noch bis zum nächsten Abend zu bleiben und dann nach Südwesten »vorzudringen, um nach Gold und Edelsteinen zu suchen«. Gefangene Indios versucht man zum Reden zu bringen, auf jede Weise. Man flößt ihnen Wein ein, der die Zunge lockert. Bald ist von Fahnen die Rede, ganz aus gehämmertem Gold, von goldenen Tischtüchern. In Kolumbus' Kopf spuken die goldenen Dächer der

Paläste, die goldgepanzerten Herren im Kreis goldgewandeter Minister und Ratgeber aus dem sagenhaften Zipangu, von dem er bei Marco Polo und in anderen Reiseberichten so viel gelesen hatte.

Je länger die Reise dauert, desto phantastischer werden die Eintragungen ins Bordtagebuch. Immer tauchen neue »kluge und mutige« Führer auf. Der Admiral wird »nicht müde«, sich »nach dem Ort des Goldvorkommens zu erkundigen«. »So fragte ich denn alle danach aus, verstand ich doch dank der Zeichensprache schon manches, was sie ausdrücken wollten.« Man berichtet ihm von einer, nein, von vielen Inseln, »nur vier Tagreisen östlich von hier, . . . wo Unmengen Goldes vorhanden seien«. So viel, daß einzelne Indianerkönige »alles tun, um zu verhindern, daß ich in Erfahrung brächte, wo das Gold gewonnen wurde, und zwar einzig und allein in dem Bestreben, uns davon abzuhalten, das Gold in anderen Gegenden einzutauschen und es nur durch ihn zu beziehen«.

Am 24. Dezember beginnt der fromme Mann sein Tagebuch mit zehn Zeilen, in denen fünfmal das Wort »Gold« auftaucht. Er hat einen Mann gefunden, »der entweder klüger oder uns zugetaner zu sein schien als die anderen und der . . . bereitwilligst versprach, mich zu den Goldminen zu geleiten«.

So nahe am Ziel, erzwingt ein Zwischenfall den Abbruch der Expedition. Kolumbus' Schiff läuft in einer Untiefe auf und sinkt. Der Admiral muß unverzüglich mit den Vorbereitungen für die Rückreise beginnen. Am 4. Januar 1493, fünfundachtzig Tage nach der Landung in »Amerika«, tritt Kolumbus die Heimreise an. Neununddreißig seiner Männer läßt er als Besatzung der Festung zurück, die sie auf der Insel »Hispaniola« errichtet haben. Kolumbus segelt auf der »Niña«, dem einzigen Schiff, das ihm verblieben ist. Martin Alonso Pinzon, der Kommandeur der »Pinta«, hatte sich am 21. November abgesetzt und traf erst am 6. Januar zufällig wieder mit Kolumbus zusammen – ein offener Fall von Befehlsverweigerung.

Guadalupe – Wallfahrtsort bis heute

In der Nacht des 14. Februars geraten die beiden Karavellen in einen so schweren Sturm, daß auch Kolumbus glaubt, das Ende sei gekommen. Was bleibt, ist die Bitte um Beistand der Santa Maria de Guadalupe, damit sie Fürbitte einlege für einen glücklichen Ausgang dieses Unternehmens. Per Los wird jener Seemann bestimmt, der die Wallfahrt nach Estremadura antreten »und dieser wundertätigen Muttergottes eine Kerze, die fünf Pfund wog, darbringen sollte«. Kolumbus griff als erster in die Mütze und zog auch sofort die mit einem Kreuz versehene Erbse heraus. Das Los war auf ihn gefallen, »weshalb ich mich denn auch von jetzt an als Pilger betrachtete, der sein Gelöbnis einzulösen hatte«.

Kreuzgang des Klosters in Guadalupe.

Guadalupe hatte für das Unternehmen des Kolumbus schon zweimal eine wichtige Rolle gespielt: 1486 traf er dort zum erstenmal mit den »katholischen Königen« zusammen, um ihnen von seinem Projekt zu berichten. Drei Jahre später pilgerte er nochmals dorthin, traf sich wieder mit Ferdinand und Isabella und stellte sein Unternehmen unter den Schutz der Muttergottes als Beschützerin der Seefahrer. Während der Rückreise hatte er eine kleine Antilleninsel »Guadalupe« genannt, so wie er es den Mönchen des Wallfahrtsortes versprochen hatte.

So verwundert es nicht, daß er in dem gewaltigen Sturm Maria de Guadalupe sogleich um Beistand bat. In der Tat schwächte sich das Unwetter am nächsten Tag ab. Die Gefahr war noch nicht vorüber, als sich Kolumbus niedersetzte und einen Brief an die Könige und an seinen Förderer Luis de Santangel schrieb, von dem er eine Fassung offenbar aus Sorge um seinen Nachruhm dem Meer anvertraute, während er die zweite ebenfalls in einem versiegelten Faß an Bord aufbewahrte.

Man kann davon ausgehen, daß er in dieser zusammenfassenden Darstellung die Vision seiner Reise gab, die er seinen Gönnern und Auftraggebern, den Königen von Kastilien, vermitteln wollte. Und da die Wirklichkeit weniger glanzvoll ist als die Erwartungen, die er selbst vor seiner Abreise, als es ihm noch um Unterstützung und Finanzierung seines Projekts ging, geweckt hatte, muß er nun seinen Mißerfolg verbergen. In Erinnerung an die exotischen Schilderungen der Klassiker – wie zum Beispiel Plinius oder die wunderbaren Geschichten der in Mode stehenden Ritterromane des Amadis – schmückt er seinen Bericht mit dem »Gesang der Nachtigallen«, die er auf Kuba gehört hat, er »atmet Mailuft im November«, hat »Sirenen und Amazonen«, ja sogar »Menschen mit Schwänzen« gesehen. So schuf er die europäische Vision von der Neuen Welt, bestimmte die genaue Lage des irdischen Paradieses, wo die »edlen Wilden« lebten – schön, nackt und friedlich –, und beschrieb alles nur vorstellbare Glück sowie die unermeßlichen Reichtümer einschließlich der Goldgruben, die er nie zu Gesicht bekommen hatte.

Eigentlich hatte Kolumbus versprochen, einen schnelleren Weg nach Indien zu den Gewürzen zu finden, denn davon hing das alltägliche Leben der Europäer des Mittelalters in einer Weise ab, die wir uns heute nur schwer vorstellen können. Wenn im November das Vieh geschlachtet wurde, pökelte man es ein, um für die Wintermonate versorgt zu sein. Salz war jedoch knapp und teuer, Pfeffer schon ein Luxusartikel. Das Problem der Ernährung beunruhigte alle Herrscher des Mittelmeerraums: War eine Ernte schlecht und somit nicht ausreichend Weizen vorhanden, drohten Hungersnöte, und man mußte sehen, wie man die Unruhen im Volk beschwichtigte. Daher scheuten auch christliche Fürsten nicht davor zurück, ein Schiff kapern zu lassen, wenn es kostbares Getreide geladen hatte.

Als Kolumbus, achteinhalb Monate nach seinem Aufbruch, wieder im heimatlichen Hafen Palos de Moguer einläuft, verbreitet sich die Nachricht von der Entdeckung der »Indias« wie ein Lauffeuer. Als er im Juli 1493 die versprochene Pilgerreise von Sevilla nach Guadalupe antritt, wird er begrüßt und gefeiert, wo immer er auftaucht. Die von ihm in die Welt gesetzte märchenhafte Version hat sich längst verselbständigt und begegnet ihm immer wieder.

Guadalupe wird durch diese Reise endgültig zum Zentrum der Christianisierung Amerikas. Im Querschiff der mächtigen Basilika hängen heute neben den Fahnen Spaniens und der Estremadura alle Flaggen Amerikas. In den Archiven des Franziskanerklosters wird die einzige Urkunde aufbewahrt, die von der Teilnahme des Kolumbus an einer Taufe zeugt. Er hat seine beiden Diener Cristóbal und Pedro, zwei erwachsene Indios, die einzigen Überlebenden der ersten Reise, hierhergebracht.

Der Taufbrunnen steht heute auf dem wunderbaren Platz vor der Basilika. Manchmal kann man Menschen beobachten, die in seinem Wasser die geschwollenen Füße kühlen; denn heute noch ist die Jungfrau von Guadalupe mehrmals im Jahr ein Ziel der Pilger aus Spanien und Amerika.

Reist man am Vorabend eines 8. Septembers mit dem Auto über die inzwischen gut ausgebauten Bergstraßen der Sierra de Villuerca oder der Sierra de Altamira nach Guadalupe, dann ist Vorsicht geboten. Es ist der Tag der Jungfrau. Tausende von Gläubigen wandern dem Heiligtum entgegen. Die Jüngeren in Turnschuhen und bunter Freizeitkluft, aber inmitten solcher Gruppen findet man auch heute die tiefschwarz gekleideten Frauen und Männer im dunklen Sonntagsstaat, den Pilgerstock in der Rechten. Man geht in den Abend- und Nachtstunden, um der Sommerhitze zu entgehen, die auch im September noch die Estremadura durchglüht.

Am Rande der Sierra angekommen, nach der letzten Serpentine, öffnet sich der Blick hinunter in das Tal. Ein riesiger zerklüfteter Bau aus braunem Stein, Kloster und Basilika, mehr eine Festung als ein Haus Gottes, überragt den in ein Meer von Korkeichen und Olivenbäumen getauchten kleinen Ort. Sehr viel anders kann auch Kolumbus Guadalupe nicht gesehen haben.

Die Gassen münden auf den Platz vor der Basilika. Auf der dem Kloster gegenüberliegenden Seite haben die Bar- und Kaffeehausbesitzer die letzten Stühle und Tische vor die Türen und auf die Straße geschafft. Aus den Kneipen hört man nervtötend laut wie immer die Fernsehgeräte.

Durch das Portal drängen in wogendem Geschiebe unaufhörlich Menschen nach innen. Auf der Türverkleidung, die Juan Francés 1402 aus Bronze getrieben hat, ein Bilderzyklus, der die Muttergottes verherrlicht: Maria von musizierenden Engeln umringt.

Im Kirchenschiff haben sich unter den lautstarken Anweisungen von Meßdienern und einigen jüngeren Mönchen die Pilger und Büßer formiert. Diejenigen, die der Tür am nächsten stehen, sinken auf die Knie und beginnen die letzte Etappe ihrer Bußfahrt, den Weg durch den Kreuzgang. Meist sind es Frauen, die jüngeren geleitet von älteren, die älteren von ihren Männern, die ihnen mit dem »abanico«, dem spanischen Fächer, Kühlung zu verschaffen suchen. »Gott sei mit Dir, Maria, voll der Gnaden, gebenedeit seist Du unter den Frauen und die Frucht Deines Leibes«, betet in eingeübtem Singsang ein Mönch über den Handlautsprecher, um dann unvermittelt in die Ordnerrolle zu verfallen: »Seien Sie doch nicht unvernünftig da, gehen Sie doch beiseite, Platz da . . . Gott sei mit Dir, Maria . . .«

Der Wortschwall steigert sich zu dem Stakkato: »Jetzt ist die Muttergottes an der Türe angekommen, ein Applaus, ein starker

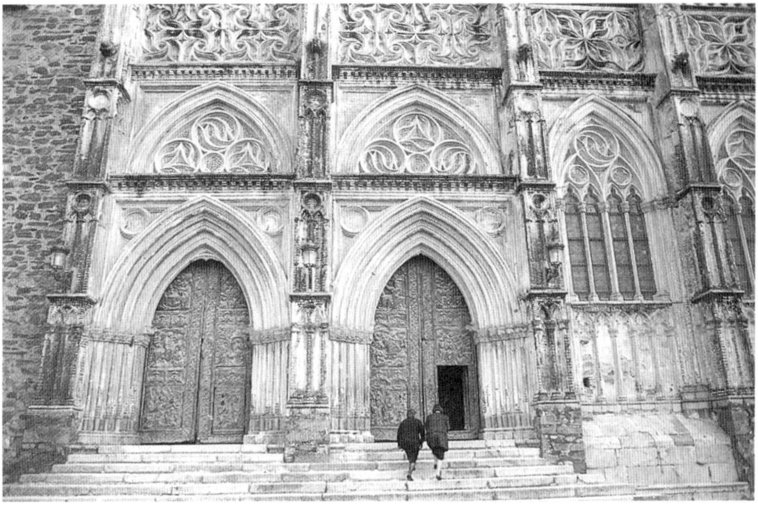

Die überreich dekorierte Fassade erinnert an Gold-Filigranarbeit.

Applaus für Unsere Liebe Frau, mehr Applaus ... Heute ist der Applaus für niemand anderen als für Unsere Liebe Frau, die Jungfrau von Guadalupe, sie lebe, die Jungfrau von Guadalupe ...«

Die Stimme überschlägt sich. In der Kirchentüre erscheint, auf einem schweren Podest, gesäumt von großen Silberschalen voller Blumen, die »Morena« – so genannt wegen des nachgedunkelten Holzes, eine kleine romanische Sitzstatue mit Kind. Sie ist in eines der überwältigend reichbestickten, von Gold- und Silberfäden durchwirkten Kleider gehüllt ...

Glücksritter und Zweitgeborene als Weltentdecker

Die Kunde von der Rückkehr Kolumbus' und der Entdeckung »de Las Indias« schlug die Menschen in ganz Europa in Bann. In der Estremadura aber löste sie eine Art Goldrausch aus: Gerade ein Jahr zuvor, am 2. Januar 1492, war Granada gefallen, Spanien war aus den Händen der »moros«, der Mauren, befreit. Ganz Paris tanzte auf den

Straßen, in der St. Paul's Cathedral in London stimmte man ein feierliches Te Deum an, in Rom gab es Stierkämpfe, Spanien hatte als einzige europäische Nation und ohne fremde Hilfe den mohammedanischen Feind besiegt. Aber – bei aller Begeisterung – viele der ehemaligen Krieger standen jetzt vor dem materiellen Nichts.

Jahrhundertelang war die Estremadura Grenzland und Schlachtfeld gewesen. Seit im Juni des Jahres 713 die alte Römersiedlung Merida nach monatelangem Widerstand in die Hände der Kalifen fiel, hatten Araber und Berber ihre Herrschaft bis an den Rand der Sierra de Gata beziehungsweise ihrer Fortsetzung, der Sierra de Gredos, ausgedehnt. Die führende Klasse der unterlegenen Christen war nach Galicien im Norden geflohen, von wo aus man immer wieder Vorstöße in die alte Heimat startete.

Die eigentliche christliche Reconquista beginnt im Jahr 1079, als Alfons VI. Coria erobert, die erste Festung südlich der Sierra. In den zwei Jahrhunderten kriegerischer Auseinandersetzungen, die mit der Eroberung Sevillas 1246 enden, entsteht die heutige Estremadura in ihren geographischen Umrissen wie in ihrer sozialen Struktur.

Transhumancia:Viehtrieb wie zu Kolumbus' Zeiten.

Die jeweiligen Monarchen lassen Festungen und Burgen an den wechselnden strategisch wichtigen Punkten errichten. Sie rufen Elitekräfte zu Hilfe, wie die militärischen Orden, von denen gleich drei der mächtigsten in Estremadura nach dem Vorbild der Templer im 12. Jahrhundert gegründet werden: die Santiago-Ritter, die von Alcantara und die von Calatrava. Ihre Gelübde heißen Armut, Keuschheit und Gehorsam; alles ist einer strengen militärischen Hierarchie unterworfen. Es ist der Höhepunkt der Auseinandersetzung zwischen Christentum und Islam, aufgeheizt durch die ideologische Wiederaufrüstung, die ihren Ausdruck findet in dem Heiligen Krieg auf der einen und den Kreuzzügen auf der anderen Seite.

Die Macht der Orden wächst mit jedem Sieg, sie werden zum Staat im Staate, weil die Monarchen ihre Taten mit Land vergüten. Estremadura nimmt die Züge einer Rittergesellschaft an. An Nachwuchs fehlte es damals nicht, denn das spanische Erbrecht spricht dem Erstgeborenen das Land zu, den anderen aber nichts, außer vielleicht einer ordentlichen Spende, mit der man sich die Aufnahme in das Kloster erkauft oder eine Eisenrüstung erwirbt, um in den Krieg zu ziehen. Für viele der Zweit- und Drittgeborenen ist das Soldatenhandwerk die einzige Möglichkeit, den Lebensunterhalt zu sichern, vielleicht auch Ruhm und einen Adelstitel zu erwerben und ein Stück Land als Belohnung für Tapferkeit und Ausdauer.

Die Nachrichten von einer Neuen Welt versprachen Abenteuer unter den alten Vorzeichen von Kreuz und Krone: Wieder galt es, das Christentum hinauszutragen, Ruhm und Gold für den König und – im Rahmen des Möglichen – auch für sich zu erwerben.

Und so brechen sie auf, die Glücksritter und die verarmten Zweitgeborenen, unter ihnen sieben berühmte Konquistadoren der Neuen Welt: Hernán Cortés, der Eroberer Mexikos, aus Medellín; Francisco Pizarro, der Eroberer Perus, aus Trujillo; Vasco Núñez de Balboa, der Entdecker des Isthmus von Panama und des Pazifiks (zunächst »Mar del Sur« genannt), aus Jeréz de los Caballeros; Hernando de Soto, der Entdecker Floridas, aus dem gleichen Dorf stammend wie Balboa; Sebastián de Benalcázar, der Eroberer Ecuadors; Pedro de Alvarado, der Eroberer Guatemalas und Mittelamerikas, aus Badajóz; Pedro de

Die Viehtreiber der Estremadura – ein aussterbender Beruf.

Valdivia, der Eroberer Chiles, aus La Serena (Badajóz). Dann Gouverneure, Krieger, Kolonisatoren und Städtegründer: so Nicolás de Ovando, der erste Gouverneur Westindiens, aus Brocense; Francisco de Orellana, der Schiffer des Amazonas, aus Trujillo; Nuño de Chaves, Forscher, Eroberer und Gründer der Stadt Santa Cruz de la Sierra in Bolivien, so genannt in Erinnerung an sein Heimatdorf; Diego Garcia de Paredes, Sohn »Samsons von Estremadura«, der die Stadt Trujillo in Venezuela gründet und mit dem Namen seines Geburtsortes ehrt; Pedro Cieza de León, der »Prinz der Chronisten Westindiens«, aus Llerena; und auch zwei Frauen: Doña Mencias Calderón aus Trujillo und Doña Inés Suaréz aus Placensia, die beide als Krankenschwestern und Missionarinnen an der Eroberung Chiles teilnehmen.

Weltliche, aber auch christliche Eroberer machen sich auf den Weg nach Amerika. So die »Zwölf Apostel«, Franziskanermönche aus dem Kloster Belvís de Monroy (Cáceres), die die Kirche in Mexiko einpflanzen und auch die Verehrung von Guadalupe, der damals berühmtesten Muttergottes aus Spanien, nach Neuspanien tragen. Hunderte von Inseln, Städten, Dörfern, Flüssen, Bergen, Tälern von Florida bis Feuerland tragen heute ihren Namen. Insgesamt kommen etwa fünfzehnhundert Missionare aus Estremadura nach Amerika, und in der Mehrzahl gehören sie dem franziskanischen Barfüßerorden an. Sie setzen ein Gegengewicht zu den materiellen Interessen der Eroberer. Viele von ihnen führen erste ethnologische und sprachwissenschaftliche Arbeiten durch. Zu den berühmtesten zählt Fray Toribio de Motolinio. Er schreibt alles auf, was er bei den Azteken beobachten oder von ihnen erfragen kann: Warum lassen sich die Indios so eilfertig taufen, oder wer sind ihre Götter? Und er gibt einige Beispiele: ». . . über die Disziplin, Ehrlichkeit und Fürsorge, mit denen die Söhne und Töchter in Neuspanien erzogen werden«; »über die Zeremonien und Rituale, die die Indios für Beischlaf und Ehe hatten, die Reichen wie die Armen«. Er und der Dominikanermönch Bernadino de Sahagún liefern die besten Zeugnisse über das Leben im präkolumbianischen Mexiko.

Die Liste der Estremadurer, die in die Neue Welt auswanderten, ist wirklich beeindruckend. Man darf behaupten, daß die Entdeckung und Eroberung der Neuen Welt von 1493 bis etwa 1550 zum größten Teil von Männern und Frauen aus dieser »extrem harten« Region geleistet wurden. Neben den vielen, die »Geschichte machten«, stehen zahlreiche andere, deren Namen nur in den Registern der »Casa de la Contratación« in Sevilla, der Auswanderungsbehörde und Handelsagentur für die Ein- und Ausfuhren in einem, verzeichnet sind.

Spanien war im 15. Jahrhundert ein nahezu menschenleeres Land. Man konnte tagelang unterwegs sein, ohne auch nur einer einzigen Person zu begegnen. 1530 schätzt man eine Bevölkerung von etwa drei Millionen. Davon emigrierten etwa hundertfünfzigtausend Menschen zwischen 1500 und 1571 in die Neue Welt. (Der Neuspanier Rodrigo Vivero schreibt im Jahr 1632: »So, wie die Dinge sich entwickeln, wird bald kein Mensch mehr in Spanien sein, und mit all den faulen Neuankömmlingen droht auch Amerika zu verkommen.

Schuhflicker spielen sich als Herren auf, und die Erdarbeiter wollen keine Hacke mehr in die Hand nehmen.«

Die Erlaubnis zur Emigration unterlag strengen Vorschriften. »Nur die Untertanen Ihrer Majestät der Königin ... und nicht Aragonier, Katalanen, Valencianer oder Untertanen Seiner Majestät des Königs dürfen nach Indien ausreisen«, informiert der Chronist Gonzalo Fernández de Oviedo. Dennoch ist erstaunlich, daß so viele Emigranten aus der Estremadura stammten. Man hat viele Erklärungen für dieses Phänomen gesucht; die ausgefallenste vertrat sicherlich der spanische Autor Vicente Barrantes, der im Jahr 1892, zum 400. Jahrestag der Entdeckung und ganz unter dem Einfluß des damals so populären Darwinismus, genetische Gründe verantwortlich macht: Schließlich hätten die Mütter, die gegen Ende der Reconquista schwanger geworden seien, viele Söhne geboren, die aufgrund ihrer Physiologie und Gene für große Taten prädestiniert seien. Andere Gründe klingen wahrscheinlicher: Die Menschen in der Region waren arm, bitterarm. Dem kargen Boden war wenig abzugewinnen, und das Land gehörte ohnehin den Orden und dem weltlichen Adel. Der Viehhandel, die »Mesta«, mit eigenen Gesetzen und Privilegien der spanischen Krone versehen, lag ebenfalls in den Händen einiger weniger. Das Nomadenleben als Hirte oder als Viehtreiber, der die Herden im Frühsommer nach Norden an die Hänge der Sierra und vor Einbruch des Winters wieder zurücktreiben mußte, war gewiß kein Traum, der den Verlockungen der Neuen Welt standhalten konnte.

Von Francisco Pizarro geht die Legende, daß er, unehelicher Sohn eines armen Ritters aus Trujillo, die Schweine hüten mußte. Als ihm eines Tages einige Tiere, von Mücken verschreckt, davonliefen, entzog er sich dem väterlichen Zorn und ergriff die Flucht. Auch Sebastián de Benalcázar, Sohn eines Bauern, brach nach Sevilla auf, als ihm ein Esel im Schlamm versank und er ihn aus Ungeduld so heftig schlug, daß dieser starb. Wie sollte er es wagen, da noch nach Hause zu kommen?

Biographien wie aus einem Ritterroman, wenn man will. Verarmte Ritter, verschuldete Händler, ein Wirtshausstreit mit Folgen, ein

Liebesabenteuer mit einer ehrbaren Jungfrau – es gab viele Motive für die Flucht ins Paradies. Viele versuchten es unter falschem Namen, mancher reiste als blinder Passagier. Hundert Jahre später beschreibt Cervantes die Auswanderer in seiner Novelle *Der eifersüchtige Estremadurer* wie folgt:

»Da er sich nun so ganz von Geld entblößt und auch fast ohne Freunde sah, nahm er seine Zuflucht zu dem Hilfsmittel, das auch sonst viele lockere Burschen in jener Stadt [Sevilla] erwählen: Er wollte nämlich nach Indien gehen, dem Zufluchtsort und Schutz aller verzweifelten Spanier, der Kirche betrügerischer Bankrotteure, der Freistatt der Mörder, dem Heil- und Deckmantel der Spieler, der Lockspeise frecher Weiber, der allgemeinen Täuschung vieler und dem besonderen Helfer so weniger.«

Die Verlockungen waren einfach zu gewaltig. Im Volksmund wußte man jedenfalls, daß »das Leben drüben Jauja« war, das heißt, ein Schlaraffenland; dort tröstete man »die Sorgen mit Schlackwurst«. Welch unvorstellbarer Gedanke für die armen und immer

In der Altstadt von Cáceres.

hungrigen Estremadurer! Kolumbus' Märchen vom irdischen Paradies wirkt nach. »Juan, der Indiano, erzählt von einem Brunnen mit wundertätigen Wassern, wo die Alten, so verkümmert und verkrüppelt sie sein mögen, nur hineinzusteigen brauchen, und sobald sie den Kopf aus dem Wasser strecken, sieht man, daß sie mit glänzendem Haar bedeckt, ihre Falten geglättet, ihre Knochen wieder gelenkig sind und daß sie mit der wiedergefundenen Gesundheit einen Auftrieb haben, als wollten sie eine Armee von Amazonen schwängern . . .«, so Alejo Carpentier, der seinen Helden die Pilgerfahrt nach Santiago unterbrechen läßt, um als Abenteurer nach Indien zu ziehen.

Cortés und Pizarro: die Indianerschlächter

Sicher, die Conquista war auch der letzte Kreuzzug; Santiago, Schutzpatron der Spanier, der im Kampf gegen die Mauren geholfen und den Beinamen »Santiago – Matamoros« (der Maurentöter) erhalten hatte, wird in Amerika bald zum »Mataindios«. Aber offizielle Ideologie und persönliches Motiv sind zwei verschiedene Dinge. Die Taten beweisen es. Cortés, Meister der psychologischen Kriegsführung, wie der »Principe« des Machiavelli Fuchs und Löwe zugleich, aber Löwe nur, wenn er nicht Fuchs sein kann, ruft Santiago in kritischen Situationen immer um Hilfe – öffentlich natürlich. Einmal, als sie einem hundertfach überlegenen Heer gegenüberstehen, sieht er ihn sogar leibhaftig reiten. Auf seinem weißen Pferd stürmt er vor den Eroberern her gegen den Feind; der Staub, den sein Schimmel aufwirbelt, nimmt den Aztekenheeren die Sicht, macht sie blind und hilflos.

Cortés hat Geschichte gemacht, darüber sind sich alle einig. Zumindest hat er die Eroberung Amerikas beschleunigt, als er, an der Festlandküste gelandet, die Schiffe vernichten ließ, statt nach einer Erkundung wieder zurückzukehren wie andere vor ihm. Dennoch ist er einer der fragwürdigsten Helden der Conquista.

Umstritten wie Kolumbus, aber mit noch größerer Vehemenz, hat er das Reich der Azteken sowohl entdeckt wie vernichtet. Die Geschichte seines Lebens ist immer wieder erforscht worden: Bewundernd – von seinem Zeitgenossen und offiziellen Chronisten Francisco López de Gómara bis zu Salvador de Madariaga in den fünfziger Jahren des 20. Jahrhunderts. Kritisch würdigend – wie es sein Gefährte Bernal Díaz del Castillo in hohem Alter in seiner wunderbar lebendigen Schilderung der *Wahrhaftigen Geschichte über die Entdeckung und Eroberung Neuspaniens* tut und selbst Las Casas in seinem *Bericht von der Verwüstung der Westindischen Länder*, dem Skandalbuch des Jahrhunderts, bis hin zur monumentalen Monographie des Mexikaners José Luis Martinez, die 1990 erschien. Vernichtend – wie ihn der mexikanische Maler Diego Rivera auf seinem legendären Wandfresko im Nationalpalast von Mexiko darstellt: als Ungeheuer, Kinderschreck, Teufel, oder wie ihn Heinrich Heine schmähte:

»Nur ein Räuberhauptmann war er,
Der ins Buch des Ruhmes einschrieb,
Mit der eignen frechen Faust,
Seinen frechen Namen: Cortez.«

Und warum hat man ihn neunmal umgebettet, das letzte Mal 1947, zum 400. Todestag? Warum finden seine Gebeine keine Ruhe?

Geboren 1485 in Medellín, legitimer Sohn eines ehrenwerten, aber verarmten Edelmanns – seine Zugehörigkeit zum Adel ist stets beschworen und gerne ausgeschmückt worden –, geht er mit vierzehn Jahren an die Universität von Salamanca. Knapp zwei Jahre studiert er Jura. Er hat bald einen Ruf als Raufbold, der den Umgang mit den Waffen liebt und nur geringes Interesse an Grammatik, das heißt Latein, und anderen Studien zeigt. Mit sechzehn will er unbedingt in die Neue Welt, erhält aber keine Ausreisegenehmigung, vermutlich wegen einer Frauenaffäre. Daher beschließt er, sich nach Neapel einzuschiffen, wo er sich ebenfalls als Soldat anwerben lassen will. Aber auf dem Weg nach Valencia ändert er seine Meinung und lebt ein Jahr als vagabundierender Picaro, bevor er wieder nach Medellín zurückkehrt. Nun widersetzt sich die Familie nicht länger seinen Wünschen. Er schifft sich nach Amerika ein – »zusammengepfercht mit vier anderen in einer Koje und mit den Waren« –, auf einem Lastschiff, auf dem auch viele blinde Passagiere ihr Glück suchen. Als Schützling des Gouverneurs Nicolás de Ovando hofft er, auf »Hispaniola« (Dominikanische Republik/Haiti) das Gold scheffelweise und den Ruhm dazu zu gewinnen, denn »Geld ist Qualität«, wie Francisco de Quevedo, der bissige spanische Dichter, pessimistisch resümiert.

1511 geht er mit dem Gouverneur Diego Velázquez nach Kuba und wird dort durch den Besitz einer indianischen Kommende ein wohlhabender Mann. Nach abenteuerlichen Zwischenfällen und nicht ganz freiwillig heiratet er die Spanierin Catalina Xuárez, Kammerfräulein der Ehefrau des Gouverneurs. Später vergißt er, daß es sie gibt. Die Biographie von Cortés erinnert manchmal an einen Wildwesthelden, sei es wegen seiner ruhmreichen Kämpfe, der Frauengeschichten oder politischer Rankünen um die Macht. In Kuba heißt es, »man solle ihm nicht vertrauen, er sei ein Estremadurer«, verschlagen, hochmütig, ehrgeizig, willensstark und liebestoll.

1519 beginnt die zweite Etappe im Leben des Hernán Cortés. Endlich kann er mit »550 Mann, Matrosen und, alle eingeschlossen, zwei- oder dreihundert Indios und Indias, ein paar Negern, die sie als Sklaven hatten, und zwölf oder fünfzehn Pferden« auf elf Schiffen die Reise nach Westen antreten. Damit beginnt eines der abenteuerlichsten und spannendsten Kapitel der Entdeckungsgeschichte: die Eroberung des aztekischen Imperiums.

Cortés hält seine Heldentaten in fünf Berichten an Kaiser Karl V. fest – seine Landung an der mexikanischen Küste am 20. April 1519; die Bekanntschaft mit Malinche, jener mexikanischen Frau, die als Dolmetscherin unschätzbare Dienste geleistet hat; den Aufbruch ins mexikanische Hochland, Anáhuac, am 16. August; den Einmarsch in Tlaxcala am 23. September; die Begegnung mit Moctezuma am 8. November, bei der der Herrscher der Azteken im Dezember Karl V. beziehungsweise seinem Stellvertreter Cortés die Huldigung erweist.

In weniger als neun Monaten fällt der spanischen Krone ein riesiges Reich zu, um ein Vielfaches größer als das Mutterland. Bei der Beschreibung der Doppelstadt Tenochtitlán/Tlatelolco gerät Cortés ins Schwärmen. Er spricht von den »großen Tempeln und Palästen, die stattlich genug waren, um je einen Fürsten mit einem Gefolge von mehr als 600 Personen aufzunehmen ...«, und anderen, die nicht ganz so groß, aber noch prächtiger und schöner sind; hier hatte Moctezuma seine Sammlung seltener Vögel untergebracht. Die Indios haben ein anderes Bild von den Spaniern: »In Haufen kommen sie, wie ein Strom kommen sie, den Staub wirbeln sie auf ... Ihr Eisenstab, ihr Fledermausstab gleichsam ein Meer von Glanz; und ihr Eisenschwert wie Wasserwellen hin und her gebogen; ... und einige bestehen ganz und gar aus Eisen, sind Eisenmänner geworden, glänzen. Darum wurden sie mit großer Scheu angesehen, daher wurden sie sehr gefürchtet, daher erregten sie starkes Entsetzen, ... und Moctezuma entsendete ihnen ... das Goldbanner, das Quetzalfederbanner und die goldene Perlhalskette. Und als sie es ihnen gegeben hatten, lachten die Spanier über das ganze Gesicht, freuten sich sehr; wie Affen griffen sie nach dem Golde, ihr ganzes Herz richtete sich gleichsam darauf, ihr Herz war gleichsam blank, ihr Herz war gleichsam kalt, denn danach dürsten sie sehr, sie verlangen danach, sie hungern danach, suchen das Gold wie die Schweine ...« So überliefert es Sahagún, der fast fünfzig Jahre lang aufschrieb und bebildern ließ, was die aztekischen Informanten ihm mit Stolz und Trauer erzählten.

Vierzehn Monate nach der Schleifung der Lagunenstadt Tenochtitlán/Tlatelolco ernennt Kaiser Karl V., nachdem er sich ausführlich informiert hat, Cortés im Oktober 1522 zum Gouverneur und Generalkapitän Neuspaniens. Alle Ambitionen des Hauptmanns scheinen erfüllt; unermeßlicher Reichtum wird ihm zuteil. Fünf Jahre voller Erfolge, die die Welt verändert haben – und dennoch findet er keine Ruhe. 1524 unternimmt er die verlustreiche Expedition nach Honduras, es beginnen seine Jahre des Abstiegs, schließlich des Scheiterns.

1528 reist Cortés zurück nach Spanien. Kaiser und Hof empfangen ihn mit Ehren, trotz des Debakels in Mittelamerika. Er wird zum Marqués del Valle de Oaxaca ernannt und kehrt mit neuen Plänen zurück nach Mexiko. Dort spitzen sich die Auseinandersetzungen um

Geld und Macht zu; zwölf Jahre später ist sein Stern verblaßt. Wieder reist er nach Spanien, will sich rehabilitieren. Voltaire erzählt folgende Anekdote: »Als Cortés eines Tages keine Audienz beim Kaiser erhielt, bahnte er sich einen Weg durch die Menge, die um die Kutsche des Herrschers herumstand, stieg auf das Trittbrett, und als Karl V. fragte, wer dieser Mann sei, antwortete er: jener, der Euch mehr Reiche gegeben hat als Städte Eure Eltern.«

1541 nimmt er mit zwei Söhnen, vielen Dienstboten und Pferden freiwillig an dem erfolglosen Feldzug nach Algerien teil, mit dem der Kaiser die Reconquista auf dem afrikanischen Kontinent vorantreiben will. Obwohl er ein Schiff auf eigene Kosten ausstattet, spielt er keine besondere Rolle, wird zu keiner wichtigen Entscheidung des Kaisers hinzugezogen. Für die spanische Oligarchie bleibt er ein »Indio«, wie man die neureichen Heimkehrer nennt, und sein Adelstitel ist zweitrangig. Cortés verschuldet sich mehr und mehr, steckt in zahllosen Prozessen um seine Einkünfte, verbittert und wird krank, bis er 1547, nahezu vergessen, in Castilleja de la Cuesta bei Sevilla stirbt. Die Diskussion um seine letzte Ruhestätte ist nicht abgeschlossen – schließlich ist er mehrmals heimlich umgebettet worden, so daß man nicht mit Sicherheit weiß, wo er wirklich begraben liegt. Eine bescheidene Bronzeplatte, 1,26 mal 0,85 Meter groß, mit dem emaillierten Wappen des Eroberers, trägt nur die Inschrift: Hernán Cortés, 1485 – 1547. Sie ist zu finden in der Kirche des Jésus Nazareus in Mexiko-Stadt. Kaum jemand weiß es, kaum jemand sucht das Grab auf.

Sein Gefährte Bernal Díaz del Castillo hat ihn nach seinem Tod so charakterisiert: »Er war ein Mann, der vorausdachte und nichts vergaß, was sein Gewissen entlasten konnte. Deshalb verfügte er als guter Christ auch die Gründung eines Hospitals in Mexiko und eines Frauenklosters in Coyohuacán, wo er auch begraben werden wollte . . . Zu seinem Wappenschild gehörte eine Kette mit den Köpfen der sieben von ihm bezwungenen Könige.

Cortés war gut gewachsen und wohlproportioniert. Sein Gesicht meist aschgrau. Er sah nicht gerade fröhlich drein. Er wirkte ernst, konnte seinen Augen aber einen sehr freundlichen, warmen Ausdruck verleihen. Bart und Haare waren schwarz und schütter. Der schlanke Mann hatte eine breite Brust, kräftige Schultern, wenig Bauch und leicht gekrümmte Beine, dafür aber wohlgeformte Schenkel und Füße. Er war ein ausgezeichneter Reiter, ein gewandter und mutiger Kämpfer, der vor nichts zurückscheute. Als junger Mensch soll er viele Abenteuer mit Frauen gehabt und den Degen gegen manchen kundigen und starken Mann geführt haben, ohne einmal zu unterliegen . . . Seine Haltung, sein Gang, die Art, sich zu unterhalten oder bei der Tafel zu geben, alles verriet den Mann von hohem Stand . . . Der General war immer freundlich zu seinen Offizieren und Soldaten, vor allem zu seinen alten Waffengenossen. Mit gelehrten Männern unterhielt er sich gern lateinisch . . . Im übrigen machte er hübsche Gedichte und schrieb eine gute Prosa. Noch überzeugender waren seine wohlgesetzten Reden. Die Muttergottes war seine Schutzheilige . . . Hatte er einmal einen Entschluß gefaßt, dann war er davon nicht mehr abzubringen, besonders wenn es sich um Fragen der Kriegsführung handelte. Wir konnten sagen oder einwenden, was wir wollten, wir mußten gehorchen, und wenn es noch soviel kostete.

Dafür griff Cortés auch überall selbst mit an. Er schonte sich nicht und kämpfte immer in der vordersten Linie. Oft kam er in äußerste Lebensgefahr. Sein Mut belebte alle, seine Tapferkeit war allen ein Vorbild, sein Geist erfüllte und leitete alles . . . Sein Leben nach der Eroberung von Neuspanien war bis obenhin angefüllt mit Mühseligkeiten und Verdruß . . . Ich wünsche ihm deshalb von ganzem Herzen, daß er seinen Lohn im Himmel finden möge.«

Die von ihm christianisierten Indios schicken ihn sicher lieber in die tiefste Hölle. Die Mexikaner verweisen noch heute mit Stolz darauf, daß es im ganzen Land kein einziges Denkmal des Hernán Cortés gibt.

Verständlicherweise bewahren die Indios den Groll gegen die Spanier, geben ihm aus Anlaß der »500-Jahr-Feier« sogar besonderen Nachdruck. In der Erinnerung bewahren sie, wie die »Spanier wie Schweine nach dem Gold lechzten«, denn zahlreiche Náhuatl-Gesänge haben dies festgehalten. Die Goldgier der Spanier kannte wirklich keine Grenzen: Nie gaben sie sich zufrieden, nie hatten sie genug.

Palacio de la Conquista in Trujillo. Gebaut von Hernando Pizarro mit dem Vermögen seiner Frau, Doña Francisca Yupanqui, einer Tochter der Inkaprinzessin, die sein Bruder geheiratet hatte.

Lieber starben sie an der Last der mitgeschleppten Schätze, wie es in der »Noche triste« in Tenochtitlán/Tlatelolco geschah, als sie nach der einzigen großen Niederlage die Stadt verlassen mußten, als auf das für sie offensichtlich höchste Gut auf Erden zu verzichten ...

Aber offensichtlich war das eine Eigenschaft, die allen Spaniern gemein war. In dem Brief, den der Peruaner Felipe Guamán Poma de Ayala an König Philipp III. schrieb, um ihn auf die Mißstände aufmerksam zu machen, auf das Unrecht, das die Indios erleiden müssen, und den er mit beeindruckenden Illustrationen versah, heißt es: »Don Francisco Pizarro und Don Diego de Almagro und die übrigen Soldaten entdeckten alle Reichtümer, die verborgen waren, Gold und Silber, Juwelen und Edelsteine, und sandten sie dem Kaiser und katholischen König von Spanien, den ganzen Reichtum der ›guacas‹, der Sonne, was immer sie zu fassen bekamen. Und jeder von ihnen schickte nach Hause und seiner Frau und den Kindern und Verwandten in diesem Reich und in Kastilien. Aus Habgier schifften sich viele Priester und Spanier, Frauen und Händler nach Peru ein, alles drehte sich um Peru und nochmals Peru, Indien und nochmals Indien, Gold und Silber und nochmals Gold und Silber in diesem Reich.«

Der Brief ist übrigens nie beim Herrscher angekommen – 1908 wurde er in einer Bibliothek in Dänemark entdeckt, 1936 erstmalig gedruckt. Offensichtlich war sein Inhalt zu bedrückend, denn die Entdeckung und Eroberung des Inkareiches verliefen noch grausamer als die Mexikos.

Die Biographien fast aller Eroberer der Neuen Welt stecken voller Widersprüche: Waghalsig bis tollkühn, tapfer und tatkräftig, waren sie zweifelsohne vorzügliche Soldaten. Und erschreckend grausam und brutal. Die meisten stammten aus ärmlichen Verhältnissen, waren Abenteurer, denen keine andere Wahl blieb: In der Heimat hatten sie kein Auskommen gefunden. Viele haben bis zu ihrem Lebensende weder Lesen noch Schreiben gelernt, obwohl sie ungeheuren Reichtum erwerben konnten.

Der berühmteste von ihnen heißt Francisco Pizarro, 1475 als

unehelicher Sohn eines kleinen Ritters geboren; selbst als Gouverneur von Peru kann er nie ein Dokument mit seinem Namen unterzeichnen. Er kommt mit drei Brüdern nach Amerika, zunächst nach »Hispaniola«. Später zieht er mit Núñez de Balboa nach Darién, gehört zu den Entdeckern des Pazifiks und lebt dann viele Jahre in Panama, wo er es zu beachtlichem Wohlstand bringt. Erst mit fünfzig Jahren beginnt er gemeinsam mit Diego de Almagro und dem Kleriker Hernando de Luque die Erkundungsreisen entlang der Küste nach Süden. Als er vier Jahre später Peru erobert, ist er zwanzig Jahre älter als Cortés, als dieser das Aztekenreich bezwingt.

Cortés ist Pizarro in vieler Hinsicht ein Vorbild, versucht wie jener, stets die Fehden der Indios für sich zu nutzen, hat einen Dolmetscher – Felipe –, der ihm unschätzbare Dienste leistet, ist ebenso süchtig nach Gold. Und die Reichtümer, die ihm vor Augen liegen, brauchen den Vergleich mit den Aztekenschätzen nicht zu scheuen: Kostbarste Figuren, wunderbar angefertigt, aus massivem Gold, werden ihm angeboten. Ihn interessiert allerdings nur das Gewicht, nicht die Kunst, und so läßt er die wunderbarsten Statuen, Schmuckstücke usw. einschmelzen.

Die berühmteste – berüchtigtste – Begebenheit der Eroberung Perus ist die Gefangennahme des Inka Atahualpa. Hier die Aufzeichnung von Guamán Poma: »Der Inca verfolgte mit großer Aufmerksamkeit, was Don Francisco Pizarro und dann der Dolmetscher Felipe, der Indio, sagten, und antwortete mit großer Majestät, daß es wohl wahr sein möge, daß sie aus so fernen Ländern als Botschafter gekommen seien, und er glaube auch, daß sie von einem großen Herrscher kämen, doch er müsse keine Freundschaft schließen, denn auch er sei ein großer Herrscher in seinem Reich.

Nach dieser Antwort brachte Fray Vicente sein Anliegen vor, er trug in der rechten Hand ein Kreuz und in der linken das Brevier. Und er sagte zu Atahualpa Inca, auch er sei Botschafter und Gesandter eines anderen Herrschers, der ein großer Freund Gottes sei, und er solle nun dessen Freund werden und das Kreuz anbeten und an das Evangelium glauben und sonst nichts anbeten, denn alles andere sei Blendwerk.

Atahualpa Inca antwortete und sagte, er müsse nichts anbeten als die Sonne, die niemals stirbt, ebensowenig wie ihre ›guacas‹ und Götter, die sie nach ihrem Gesetz auch hätten, und das halte er ein. Darauf fragte der Inca Fray Vicente, wer ihm das denn gesagt hätte. Fray Vicente antwortete, das Evangelium, das Buch habe es ihm gesagt, und Atahualpa sagte: ›Gib es mir, das Buch, damit es selbst es mir sage.‹ Und so gab er es ihm, und er nahm es in die Hände und begann, die Blätter des Buches genau zu betrachten. Darauf sagte der Inca, mit großer Majestät auf seinem Thron sitzend: ›Warum sagt es mir nichts und spricht nicht zu mir, dieses Buch?‹ Und Inca Atahualpa schleuderte das Buch aus seinen Händen. Da stimmte Fray Vicente ein Geschrei an und sagte: ›Hierher, Caballeros, auf sie, diese heidnischen Indios sind gegen unseren Glauben!‹«

In einer anderen Schilderung des gleichen Zwischenfalls fordert Fray Vicente Pizarro auf, endlich zu den Waffen zu greifen: »Wie könnt Ihr Euch noch aufhalten mit höflichem Getue . . . Jener Hund birst vor Hochmut, und ringsum ist alles voller Indios. Ich gebe Euch die Absolution, Absolution!«

Der Inka wird gefangengenommen, und Atahualpa ist bereit, ein ungeheuer hohes Lösegeld zu entrichten: »Binnen zweier Monate werde er einen 24 Fuß langen und 17 Fuß breiten Raum bis zu einem weißen Strich . . . ca. 2,5 Meter hoch mit erlesenen Gegenständen – Schalen, Tellern, Töpfen – aus Gold anfüllen.«

Aber nichts hilft, kein Versprechen wird gehalten. Nach einem fadenscheinigen Prozeß läßt Pizarro ihm den Kopf abschlagen.

Fünf Jahre nach der Entdeckung Perus ist das Imperium der Inka vernichtet, aber der Reichtum des Landes wird in der Heimat bald zum geflügelten Wort: »Esto vale un peru« – das ist ein märchenhaftes Vermögen. Der Chronist Francisco de Jeréz zählt die Beute aus Cuzco auf: »200 Lasten Gold und 2 Lasten Silber; an Gold allein ungefähr 130 Zentner; weitere Lasten mit schlechtem Gold folgten. Es waren überwiegend Platten wie Kistenbretter, die die Spanier von den Wänden der Bohíos [fensterlosen Kammern] entfernt hatten.«

Aber weil soviel Gold und Silber im Spiel waren, konnten Neid und Mißgunst nicht ausbleiben. Almagro wirft Pizarro Unrechtmäßigkeiten vor und verlangt Genugtuung, die dieser aber nicht leistet. Er lebt jetzt in seinem Haus in der von ihm gegründeten neuen Hauptstadt des Landes – Lima – und glaubt, die Eroberung sei beendet, nun herrsche Frieden. Er ist nicht verheiratet, hat inzwischen vier Kinder mit zwei Inkaprinzessinnen gezeugt, denn sobald Gold und Ruhm erworben sind, verlangen sie nach den Indiofrauen, deren »natürliche Unschuld« sie fasziniert. Besonders beliebt sind die Verbindungen zum Herrschergeschlecht, um so die eigene Überlegenheit herauszustellen. »Nachdem sie alles erobert und ausgeraubt hatten, begannen sie, die Frauen und Mädchen wegzunehmen und diese mit Gewalt zu entjungfern, und wenn sie nicht wollten, töteten sie sie wie Hunde und züchtigten sie ohne Furcht vor Gott und der Gerechtigkeit. Denn es gab keine Gerechtigkeit.«

Das mag wohl auch Pizarro denken, als er im Jahr 1541 gerade die ersten Orangen der von ihm gepflanzten Bäume in seinem Garten erntet und von einem ihm treu ergebenen Diener erfährt, daß ein Komplott gegen sein Leben geschmiedet werde. Pizarro kann sich das nicht vorstellen, lebt unbesorgt weiter. Aber wenige Tage später erstürmt man sein Haus, und obwohl er sich in aller Eile bewaffnet, gibt es kein Entkommen.

»Da zeigte er seinen unerschrockenen, großen Mut, damit es auch nicht den geringsten Fleck auf dem wohlverdienten Ruhm seines Namens, der ja niemals stirbt, gibt. Sein Herz war so stark und tatkräftig, daß ich glaube, auf offenem Felde wäre er weniger durch die Hand seiner Feinde als durch die eigene gefallen . . . Aber er erhielt einen Stoß in den Hals und sank zu Boden. Nachdem er mit dem Finger ein Kreuz auf den Boden gezogen und es geküßt hatte, verschied der Hauptmann, der nie müde geworden war, Imperien und Provinzen zu erobern, und im königlichen Dienst alt geworden war.«

So liebevoll und voller Bewunderung beschreibt der Chronist Cieza de León die Ermordung Pizarros, eines der grausamsten Eroberer der Neuen Welt. In seiner Heimatstadt Trujillo steht ein Denkmal auf dem Hauptplatz, das den größten Sohn der Stadt verherrlicht: Pizarro, gerüstet und bewaffnet, sitzt auf hohem Roß, das Schwert gezogen, den Blick siegessicher in die Ferne gerichtet.

Erstaunlicherweise findet sich die gleiche Statue auf der Plaza San Martín in Lima. Ob man auch dort den Eroberer ehren will? Kaum vorstellbar. Seine Gebeine hat man jedenfalls nicht in Ruhe gelassen. Noch vor drei Jahren entbrannte wieder einmal heftiger Streit um die Echtheit seiner Knochen, die angeblich in alle Winde verstreut wurden und regelmäßig wiedergefunden werden. Auffällig ist dann immer der Eifer, mit dem das Ereignis so schnell wie möglich bagatellisiert wird – zu viele Emotionen könnten sonst lebendig werden.

Mordende Nachfolger und verlorenes Gold

Nach Pizarros Tod begann ein blutiger, mehr als zwei Jahrzehnte wütender Bürgerkrieg zwischen den Söhnen der verfeindeten Eroberer, den Pizarristas und Almagristas. Auch die unterworfenen Indios rebellierten immer wieder, die Geschichte ihrer endgültigen Unterwerfung ist voll von Gemetzel, Folterungen, Unmenschlichkeiten, Blutbädern – ein Genozid.

Vier Jahre nach der Ermordung Pizarros entdeckt ein Indio die Silbermine von Potosí. Auf der Suche nach einem entlaufenen Lama, das immer höher klettert, hält er sich schließlich an einem Strauch fest, der plötzlich nachgibt. Der Indio sieht unvermittelt silbrige Klümpchen an der Wurzel hängen. Das war der Berg, »aus dem das Silber fließt, so kräftig wie ein Strom«. Der alle Schätze aus den Märchen von Tausendundeine Nacht übertreffende Reichtum Potosís liefert der spanischen Krone mehr als hundert Jahre lang den größten Teil ihrer Einnahmen, womit sie ihre vielen Kriege in Europa finanziert. Die Villa Imperial del Potosí wird zur größten Stadt der Neuen Welt, der Ruhm der Mine weckt den Neid der Schatzkämmerer von Lissabon bis Petersburg. Aber Potosí ist auch eine Folterstätte: Hier fließen Blut und Tränen, denn die Ausbeutung der Mine, das Graben der Tunnel und die Art, wie das Metall geborgen wird, erfolgen mit totaler Rücksichtslosigkeit. Tausende versklavter Indios schuften Tag und Nacht, und die »mita«, mit dem diese – auf dem Papier befristete – Tätigkeit zu Nutzen des spanischen Monarchen und seiner Repräsentanten bezeichnet wird, gilt als Synonym für die schlimmste nur vorstellbare Fron. Und die Indios sterben dahin »wie die Fliegen«.

Von Peru drängt es die Spanier weiter nach Süden, wie immer auf der Suche nach einem neuen Cuzco oder Potosí. Dort erlangt Pedro de Valdivia traurigen Ruhm. Seine spanischen Mitstreiter sagen zum Beispiel halb bewundernd, halb in Furcht: »Entweder ist es der Teufel, oder es ist – Valdivia.« Die Indios zittern vor ihm ob seiner bekannten Willkür und Grausamkeit. Valdivia scheut nicht davor zurück, drastische Strafmaßnahmen durchzuführen, die er dem König dann in einem Brief stolz mitteilt. Den Araukanern, die sich nicht freiwillig unterwerfen wollen, erteilt er eine barsche Lektion: »Zweihundert von ihnen ließ ich zur Strafe für ihre Widersetzlichkeit die Hände und die Nasen abschneiden, denn ich hatte ihnen mehrfach Botschaften gesandt und die Befehle Eurer Majestät übermittelt.« In seinen Briefen finden sich zahllose Passagen, die den Leser von heute mit blankem Entsetzen erfüllen und jede Einzelheit der so oft beschworenen wie zurückgewiesenen »schwarzen Legende« glaubwürdig erscheinen lassen.

Valdivia steht dem stolzesten Indiovolk, den unbezwingbaren Araukanern gegenüber, die einen Guerillakrieg gegen ihn führen. Um zu siegen, greifen die Spanier zum Mittel des Terrors und des Völkermords. Alonso de Ercilla, der spanische Dichter und Soldat, der in der Truppe Valdivias kämpft, hält die Heldentaten der unbezähmbaren Araukaner in einem epischen Gedicht, *La Araucana*, voller Bewunderung fest: *La Araucana* ist heute das Nationalepos Chiles.

Die Auseinandersetzungen mit den Araukanern dauern unverändert fort, Valdivia kann keinen entscheidenden Sieg erringen. In einem besonders heftigen Gefecht findet er schließlich einen grausamen Tod. Die Indios zahlen diesmal mit gleicher Münze zurück, während sie sonst fast immer nur die Opfer sind.

Opfer – das läßt sich mit Zahlen belegen. Im Jahr 1500 lebten etwa achtzig Millionen Menschen in Amerika. Mitte des 16. Jahrhunderts gab es nur noch zehn Millionen. In Mexiko betrug die Bevölkerung vor der Ankunft der Spanier etwa fünfundzwanzig Millionen. Im Jahr

Estremadura – Land der Steineichen.

1600 war es nur noch eine Million. Die Indios wurden dezimiert durch die Massaker – angeblich eine spanische Erfindung –, durch die grausame Behandlung und Ausbeutung als Arbeitskräfte, schließlich durch Krankheiten wie Masern oder Pocken.

Das sind erschreckende Zahlen, und so verwundert es nicht, daß die Nachrichten über die Barbareien der Eroberer in ganz Europa kommentiert wurden. Für die Spanier war es eine »schwarze Legende«, geboren aus Neid und Mißgunst. Die Schuld gaben sie einem der ihren: Fray Bartolomé de Las Casas. »Unter den Spaniern gab es den Brauch, daß einem, den der Hauptmann ausgewählt hatte, die Aufgabe zufiel, das Essen und die anderen Dinge, die die Indios brachten, an jeden einzelnen zu verteilen, je nachdem, wie groß sein Anteil war. Und während der Hauptmann auf seiner Stute saß, und die anderen auf den ihren, und auch der Pater selbst zuschaute, wie das Brot und der Fisch verteilt wurden, zog einer der Spanier, in dessen Kleider der Teufel hineingeschlüpft zu sein schien, sein Schwert und dann mit ihm alle weiteren hundert und begannen diesen Lämmern, diesen Männern und Frauen, Kindern und Alten, die Bäuche aufzuschlitzen, sie zu zerstückeln und zu töten, sie, die dort sorglos gesessen und die Spanier und die Pferde staunend angesehen hatten, und in der Zeit, in der man zwei Credos spricht, war unter allen, die dort gewesen waren, kein Lebender mehr.

Sie drangen in das große Haus ein, das nebenan lag, weil dies alles vor der Tür geschah, und begannen dort mit Hieben und Stichen die zu töten, die sich dort befanden, so daß das Blut in Strömen floß, als wären viele Kühe geschlachtet worden.«

Ebenso vernichtend ist die Chronik des Italieners Girolamo Benzoni, publiziert im Jahr 1565 und sogleich ein europäischer Bestseller – nur in Spanien wurde diese *Geschichte der Neuen Welt* nicht gedruckt; hier erschien die erste Übersetzung 1989. Der Frankfurter Verleger und Kupferstecher Theodor de Bry beginnt 1590 mit der Herausgabe einer *Sammlung von Reisen in das westliche Indien* – für Jahrhunderte ein Standardwerk zur Geschichte der Entdeckung. Er stützt sich mit Vorliebe auf die Chronik Benzonis und illustriert die Greueltaten, die dort verzeichnet sind. Die »schwarze Legende«, die keine Legende ist, wird von seinen Bildern entscheidend geprägt.

Es stimmt: Die Geschichte der Eroberung und die Lebensgeschichten der Eroberer sind durchsetzt mit Brutalität und Grausamkeiten. Das gilt sogar für ihre Hunde. Seit Kolumbus' zweiter Reise waren sie dabei und begleiteten die Konquistadoren auf ihren Kriegszügen. Ihre Hauptaufgabe war es, flüchtige Indios aufzuspüren und Gefangene zu töten. Die Azteken fürchteten sie mehr als manchen Krieger: » . . . ihre Hunde, sehr groß, mit gefalteten Ohren, mit großen, hängenden Lefzen, mit feurigen, flammenden Augen, mit eingezogenem Bauch, mit ausgekehltem Bauch, mit löffelförmigem Bauche: Ausgewachsen sind sie wild, wie Unholde, immer keuchend,

Oben:
Medellín: Geburtsort von Hernán Cortés, dem Eroberer Mexikos.
Rechts:
Trujillo: ein identisches Denkmal von Francisco Pizarro findet sich in der peruanischen Hauptstadt Lima.

Folgende Doppelseite: Estremadura. »Nueve meses de infierno« – »drei Monate Winter, drei Monate Hölle«, sagen die Menschen über ihr Land: die weite, karge und unwirtliche Hochebene zwischen der Sierra Morena im Süden und dem Zentralmassiv im Norden.

Oben:
Der riesige zerklüftete Klosterbau überragt den Wallfahrtsort Guadalupe.
Links:
Guadalupe: Der Taufbrunnen steht heute auf dem Platz vor der Basilika. Christoph Kolumbus ließ hier zwei Indios auf die Namen Cristóbal und Pedro taufen.

immer mit heraushängender Zunge, jaguarfleckig, gefleckt.« So schrieb es Sahagún auf.

Der Chronist Gonzalo Fernández de Oviedo, der die Conquista uneingeschränkt befürwortete und die Indios verleumdete, sooft er konnte, berichtet von dem wunderbaren Becerillo, diesem berühmtesten aller Hunde jenes Jahrhunderts, der sich so klug und geschickt in dem Krieg gegen die Indios verhielt, daß sein Besitzer nach jeder Schlacht für ihn den gleichen Anteil an der Beute zugeteilt bekam, wie er einem Armbrustschützen zustand. »Zehn Spanier mit Becerillo waren gefürchteter als hundert ohne ihn.« Er konnte einen »wilden« Indio inmitten hunderter »sanfter« ausmachen, jeden flüchtigen Indio aufspüren und zerfleischen, sollte jener nicht freiwillig zurückkommen. Oviedo erzählt dann, wie eine alte India niederkniete, als Becerillo auf sie losstürmte, und ihm einen Brief zeigte mit folgenden Worten: »Herr Hund, ich bringe diese Schrift dem Herrn Gouverneur, tue mir kein Leid an.« Der Hund beschnupperte sie und ließ sie dann ruhig weitergehen, damit sie den Brief abgebe. Der Gouverneur, beeindruckt von diesem Verhalten, schenkte ihr das Leben, denn er wollte nicht weniger barmherzig sein als der Hund. Auch Núñez de Balboa besaß einen legendär tapferen Hund, Leoncillo, ein Nachkomme des berühmten Becerillo, dem ebenfalls immer der Lohn eines Bogenschützen zustand. »Für seinen Herrn erwarb er viel Gold und Sklaven«, lobte ihn Oviedo.

Peter Martyr erzählt eine andere Schreckenstat: »Wie die Fleischer in Metzgerläden Ochsen- und Hammelfleisch in Stücke zerlegen, so rissen die Spanier vielen Wilden wie stumpfem Vieh mit einem Hieb die Glieder ab, diesem die Hinterbacken, jenem einen Schenkel, einem anderen die Schulter . . . Vierzig von ihnen ließ Vasco von Hunden zerfleischen.«

Diese Hunde, eine Mischung aus Bullenbeißern und Windhunden, so behaupten heute viele Forscher, haben oft eine weitaus größere Rolle in der Conquista gespielt als die so oft gelobten Pferde, die die Eingeborenen nicht kannten und vor denen sie zu Tode erschraken, wenn sie einen Reiter trugen. Für sie bildeten Roß und Reiter eine Einheit.

Umgekehrt lernten aber auch die Spanier die ungewöhnlichsten Tiere kennen, einige zum Fürchten, andere zum Staunen. Oviedo berichtet von der »außergewöhnlichsten Katze«, von der er je gehört hat: »Im südlichsten Teil Perus wurde ein katzenartiger Affe gesehen, von der Sorte mit den langen Schwänzen, der von der Mitte des Körpers aufwärts vom Kopf bis zu den Armen vollkommen mit braunen und bunten Federn bedeckt war. Und die andere Hälfte dieser Katze von den Beinen bis zum Schwanz war mit glattem, kurzem, rötlichem, fahlbraunem Fell bedeckt. Die Katze war sehr zahm und ans Haus gebunden und nur eine Spanne groß.«

Ja, »diese große Welt unserer Indien wird denen, die heute leben, immer neue Geheimnisse entdecken und neue Dinge zeigen«. Als Francisco de Orellana 1541 mit Sebastián de Benalcázar zusammentrifft, der eine Eroberungsexpedition von Peru nach Norden gemacht hat und dabei bis nach Kolumbien vorgedrungen ist, erzählt ihm jener von dem legendären, ganz in Gold gekleideten Kaziken, der in der Nähe einer wunderbaren Lagune lebt. Sofort ändert Orellana alle Pläne und beschließt, sein Glück zu versuchen. Er will zwar weiterhin das Zimtland finden, das jenseits der Anden liegen soll, zugleich aber auch den goldenen Mann, El Dorado, aufspüren.

Damit beginnt eine weitere gigantische Entdeckung: die des Amazonas. Der Priester Gaspar de Carvajal, der an dieser Reise teilnimmt, hält alle denkwürdigen Ereignisse fest, vor allem die Begegnung mit den Amazonen, nach denen der Strom seinen Namen erhalten wird: »Diese Frauen sind sehr groß und weiß und haben sehr lange Haare, die sie zu Zöpfen geflochten um den Kopf gelegt tragen. Sie sind stämmig und gehen vollkommen nackt, ohne ihre Scham zu bedekken. Mit Pfeil und Bogen in den Händen waren sie kriegerisch wie zehn Indios auf einmal . . . Es heißt, daß es dort sehr viel Gold gibt und daß alle Frauen von Rang . . . damit essen und ihre großen Gefäße daraus sind . . . In der Stadt, in der die besagte Herrscherin residiert, gibt es fünf Sonnenhäuser, in denen sie ihre goldenen und silbernen Götzen aufbewahren.«

Als Orellana mit den Überlebenden seiner Reise – sechsundfünfzig Männern – nach mehr als neun Monaten härtesten Lebens auf den

Flüssen und nach mehr als zweitausend zurückgelegten Meilen zum Atlantik kommt, hat er den größten Strom der Welt entdeckt. Und er bringt eine neue Mär mit: die der wunderbaren, gefährlichen Amazonen, der verlockenden, unbezwingbaren Frauen, die manchen Mann seitdem um den Schlaf gebracht hat. Als er, inzwischen zum Gouverneur des Amazonas ernannt, 1545 eine zweite Reise antritt, um El Dorado zu finden, und diesmal von der Mündung aufwärts fährt, verzeiht ihm der Fluß nicht, sein Geheimnis entdeckt zu haben: Orellana und die meisten seiner Begleiter sterben schon nach wenigen Wochen am Sumpffieber.

Aber viele andere folgen seinen Spuren, immer auf der Suche nach El Dorado, Omagua und den Amazonen – so Sir Walter Raleigh, der 1595 seine große Reise beginnt und die vielfältigen Erlebnisse getreulich aufzeichnet. Das Buch *The Discoverie of the Large, Rich and Beautiful Empire of Guaiana, with a Relation of the Great and Golden Citie of Manoa, which the Spaniards Call El Dorado* wird zu einem internationalen Erfolgswerk. Dann schickt Voltaire seinen *Candide* in die Neue Welt. Der unverbesserliche Optimist verbringt einen Monat in El Dorado, aber dann treibt ihn die Sehnsucht zurück nach Europa. Beim Abschied bittet er den König nur um »ein paar Hammel, die uns Lebensmittel, Steine und Lehm Eures Landes tragen«. Der Herrscher lacht und antwortet: »Ich verstehe nicht, welche Leidenschaft die Europäer nach unserem gelben Lehm packt; aber nehmt, soviel Ihr wollt, und möge er Euch von Nutzen sein.«

Natürlich wird sich Candide im weiteren Leben immer nach diesem paradiesischen Fleck, auf dem es keinen Krieg, keine Tyrannen, keine Unterdrückung und alles nur Wünschenswerte im Überfluß gibt, sehnen, vergeblich – es gibt kein Zurück.

Aber es gibt auch Varianten: 1799 tritt Alexander von Humboldt seine große, fünfjährige Reise nach Südamerika an. Für ihn sind die Tropen des Orinoco und Amazonas, die wundervollen Pflanzen und Tiere, die er kennenlernt, das Paradies auf Erden: »El Dorado«. Er, der als zweiter Entdecker Amerikas gilt, jener, der nicht kommt, um zu vernichten, sondern um zu bewahren, schafft den Mythos der

Romantiker: Der biblische Garten Eden ist jetzt in den Tropen beheimatet.

Eldorado ist allgegenwärtig, Chimäre, Fata Morgana. Bewundernd stehen die Besucher heute vor den Goldarbeiten im Anthropologischen Museum von Mexiko-Stadt, vor den Goldmuseen in Lima oder Bogotá. Hunderttausende betrachten das filigrane Zeremonienfloß, auf dem die Dienstboten den reichlichst geschmückten Kaziken begleiten. Von Kopf bis Fuß mit Gold bedeckt, opfert er den Göttern auf der Lagune von Guatavita. Sie wird bis heute regelmäßig von goldsüchtigen Tauchern erkundet, ob sich nicht doch die sagenhaften Schätze heben lassen, die dort mit Sicherheit ruhen . . .

Eldorado ist fester Bestandteil in literarischen Texten unseres Jahrhunderts: bei Alexander Döblin im Roman *Das Land ohne Tod*, bei V.S. Naipaul in *Der Verlust von El Dorado* oder bei Alejo Carpentier in *Die verlorenen Spuren*. García Márquez spielt in seiner Nobelpreisrede 1982 darauf an: »Eldorado, unser illusorisches und so begehrtes Land, war lange Jahre hindurch auf zahlreichen Landkarten verzeichnet und wechselte je nach Phantasie der Kartographen Ort und Form. Auf der Suche nach der Quelle der ewigen Jugend erforschte der mythische Alvar Núñez Cabeza de Vaca acht Jahre lang den Norden Mexikos auf einer wahnwitzigen Expedition, deren Mitglieder einander aufaßen . . . Eines der vielen nie ergründeten Geheimnisse betrifft die elftausend, mit je hundert Pfund Gold beladenen Maulesel, die eines Tages Cuzco verließen, um Atahualpas Lösegeld zu entrichten, und die ihren Bestimmungsort nie erreichten . . .«

Fünf Jahrhunderte nach der Entdeckung der Neuen Welt ist der Traum vom Gold zerronnen, während das Eldorado ein Traum der Menschheit geblieben ist. Heute wird es vorwiegend mit Sonne, einem Sandstrand und Palmen vor blauem Meer verbunden: Das ist das Paradies der Touristen. Und Kolumbus hat es entdeckt: Seit seinen Schilderungen aus dem Bordtagebuch verbindet man immer zwei Vorstellungen mit Amerika: Zum einen ist es »locus amoenus«,

Rechte Seite: In Las Hurdes.

Sitz der Utopien, die Thomas Morus, Montaigne, Shakespeare, Rousseau und viele andere bis heute weiterentwickelt haben.

Zum anderen ist Amerika der Kontinent mit den offenen Adern, die ausgeplünderte Welt, deren Hochkulturen zerstört, deren Götter vertrieben wurden, dessen ganzer Reichtum nach Europa floß. Zwei unvereinbare Vorstellungen, die seit fünf Jahrhunderten für Polemik sorgen.

Der Jahrestag hat sie verständlicherweise von neuem belebt. Wie sehen ihn die Opfer? Wie sehen ihn die Protagonisten von einst? Von den etwa dreihundertfünfzig Millionen Lateinamerikanern sind rund vierzig Millionen Indios (mehr als fünfhundert Kulturen und Sprachen), und ihre Wortführer fordern mit mehr Nachdruck denn je ihre Rechte ein. Anklagend weisen sie auf die ökologischen Katastrophen in Eldorado hin, für die die industrialisierte Welt die Verantwortung trägt. Die Politiker hören ihnen inzwischen aufmerksam zu – die Zerstörung aber geht weiter.

Und die Estremadurer? Sie sind auch heute, wie damals, die ärmsten Bewohner Spaniens. Nun versuchen sie zumindest etwas Aufmerksamkeit auf ihre Region zu lenken: die Entdeckung der Entdecker. Paläste und herrschaftliche Häuser in Trujillo, Cáceres und Badajóz sind restauriert, es gibt neue Straßen, Hotels, Naturparks, Museen. Die Armut in den Dörfern wird zur pittoresken Attraktion, wie in Las Hurdes (seit Buñuels Film aus den dreißiger Jahren zu trauriger Berühmtheit gelangt). Und noch in den siebziger Jahren mußten viele Estremadurer als Gastarbeiter ins Ausland – wie vor fünfhundert Jahren.

JENS-PETER BEHREND / EIKE SCHMITZ

DIE GEHEIMEN ENTDECKER

Transatlantikfahrten vor Kolumbus

Kolumbus – der »letzte Entdecker«

Angenommen, eine Gruppe Indianer aus den Wäldern Kanadas, die trotz Satellitenfernsehens noch nie etwas von Europa gehört hat, käme im Jahre 1992 mit einem selbstgebauten Schiff in Rotterdam an. Wären sie die Entdecker Europas? Hätte man den Maya, falls sie im Jahre 1492 von Mexiko aus Lissabon erreicht hätten, zugebilligt, sich Entdecker Europas zu nennen? Gewiß nicht. Es kommt also auf die Perspektive an. Die Bewohner Amerikas erlebten die Entdeckung durch die neuzeitlichen Europäer als Invasion. Nord- und Südamerika waren nicht nur seit vielen tausend Jahren besiedelt, sie hatten auch lange vor Kolumbus bereits Hochkulturen hervorgebracht, die denen der Alten Welt vergleichbar, wenn nicht sogar verwandt waren. Wahrscheinlich stimmt es, was Lichtenberg sagte: »Der Amerikaner, der den Kolumbus zuerst entdeckte, machte eine böse Entdeckung.«

Wenn wir dennoch im folgenden von der »Entdeckung« Amerikas sprechen, so deshalb, weil es uns um die Frage geht, welche Bewohner der Alten Welt vor Kolumbus den Weg nach Westen fanden. Aus ihrer Sicht, wie aus der des Kolumbus, *war* Amerika eine Entdekkung, auch wenn sie nicht als erste kamen.

Kolumbus »entdeckte« Inseln in der Karibik, die er für Teile Indiens hielt. Er erschloß damit für die Neuzeit eine Welt, die der Alten Welt bereits bekannt war. Die Überlieferung davon war allerdings spärlich. Sie hatte sich zum Mythos verdichtet, von Inseln weit

Moderner Nachbau der »Santa Maria«, Flaggschiff von Kolumbus.

draußen im Atlantik, von den Inseln der Seligen, vom untergegangenen Atlantis. Der uralte Menschheitstraum von einer anderen, besseren Welt jenseits des Meeres im Westen – ist er vielleicht eine Erinnerung an eine von früheren Völkern erfahrene Wirklichkeit?

Kolumbus kannte die mittelalterlichen Geschichten von den sagenhaften Inseln im Westen, als er sich auf den Weg nach Indien machte, und er besaß Karten und Hinweise von früheren Seefahrern, die ihm den Weg nach »Antilia«, den heute noch so genannten Antillen, zeigten. Er war aber nur einer von vielen, die diesen Traum verfolgten. Er war, wie Goethe sagte, »der Mann, der alles zusammenfaßte, um Fabel und Nachricht, Wahn und Überlieferung in Wirklichkeit zu verwandeln«. Die Zeit war reif für die »Neu-Entdekkung« Amerikas.

Wer waren die wirklichen Entdecker des Kontinents, den wir heute »Amerika« nennen? Zahlreiche Theorien wurden entwickelt und zur

Diskussion gestellt, um diese Frage zu beantworten, denn wie es scheint, wurde Amerika nicht nur einmal, sondern immer wieder entdeckt, und Kolumbus war nur sein letzter Entdecker.

Die ersten Entdecker

Vor wenigen Jahren stießen Archäologen im Nordosten von Brasilien auf Spuren menschlicher Besiedlung. Die Knochenfunde wiesen ein Alter von vierzigtausend Jahren auf, und sie sind damit das älteste Zeugnis von Menschen aus der Neuen Welt. Dieser Fund erschütterte die bisherige Annahme, Horden aus den Steppen Asiens hätten sich vor dreißigtausend Jahren auf den Weg nach Osten gemacht, um als erste Menschen Amerika zu besiedeln. Waren demnach die Nachfahren dieser großen Völkerwanderung nicht als Entdecker, sondern bereits als erste Eroberer gekommen?

Die Überquerung der Beringstraße, des breiten Kanals zwischen Asien und Amerika, war vor etwa dreißigtausend Jahren möglich, als Eismassen eine begehbare Brücke zwischen den Kontinenten bildeten. Über den großen Wisconsin-Gletscher, der sich von Alaska bis tief in den heutigen Mittleren Westen der USA erstreckte, kamen die frühen Einwanderer in das Land. Sie bahnten sich über Hunderte von Kilometern einen Weg über den Eispanzer, getrieben von der Suche nach neuen Jagdgebieten. Im Laufe der Jahrtausende siedelten sie verstreut über dem riesigen Doppelkontinent, von den weiten Ebenen im Norden über Mittelamerika bis nach Feuerland im Süden. Nach den großen Wanderungen scheint es für Tausende von Jahren keine Kontakte zu den Kontinenten der Alten Welt gegeben zu haben.

Dann, gegen Ende der letzten Eiszeit, also vor etwa zwölftausend Jahren, landeten im Nordosten von Amerika erstmals Europäer. Diesem Abenteuer wird in der Geschichte der Besiedlung Nordamerikas kaum Aufmerksamkeit geschenkt. Dabei ist es, gemessen an den technischen Voraussetzungen jener Zeit, eine Sensation. Auf welche Weise und über welche Route die Menschen aus dem Norden Europas den Atlantik überquert haben, ist unklar. Ein Blick auf die Land-

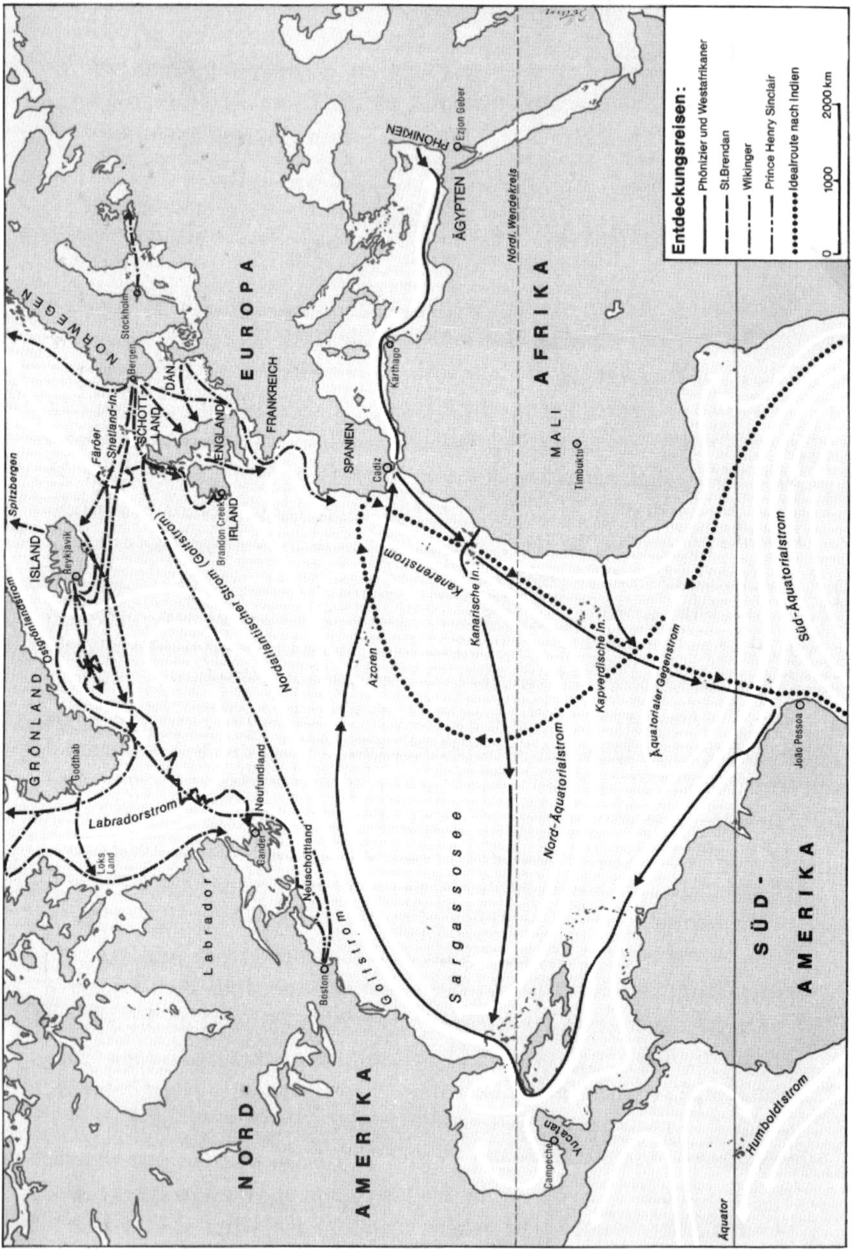
Entdeckungsreisen:
Phönizier und Westafrikaner
St.Brendan
Wikinger
Prince Henry Sinclair
Idealroute nach Indien
0
1000
2000 km
NORD-AMERIKA
SÜD-AMERIKA
AFRIKA
EUROPA
GRÖNLAND
ISLAND
NORWEGEN
Spitzbergen
Färöer
Shetland-In.
SCHOTTLAND
DÄN
ENGLAND
IRLAND
Brandon Creek
FRANKREICH
SPANIEN
Cadiz
Karthago
ÄGYPTEN
PHÖNIKIEN
Ezjon Geber
MALI
Timbuktu
Nördl. Wendekreis
Äquator
Azoren
Kanarische In.
Kapverdische In.
Kanarenstrom
Nord-Äquatorialstrom
Äquatorialer Gegenstrom
Süd-Äquatorialstrom
Humboldtstrom
João Pessoa
Sargassosee
Golfstrom
Nordatlantischer Strom (Golfstrom)
Labradorstrom
Ostgrönlandstrom
Labrador
Loks Land
Godthab
Reykjavik
Bergen
Stockholm
Neufundland
Gander
Neuschottland
Boston
Yucatan
Campeche

karte zeigt, daß der Weg von England oder Skandinavien über die Orkney- und Färöer-Inseln, Island, Grönland und Neufundland geführt haben wird. Es ist die gleiche Route, die mehr als zehntausend Jahre später ihre nordeuropäischen Nachfahren noch einmal einschlagen sollten.

Anthropologische Untersuchungen der im letzten Jahrhundert durch Völkermord ausgelöschten »Indianer« vom Stamme der Beothuk belegen, daß Atlantiküberquerungen dieser Art stattgefunden haben. Im Gegensatz zur »asiatischen« Bevölkerung der Neuen Welt sind die »redskin-people« Nordostamerikas mit dem europäischen Cro-Magnon-Menschen aus der jüngeren Altsteinzeit verwandt. In Knochenbau, hohem Wuchs, Schädelform und bräunlicher Hautfarbe gleichen sie einander. Ihre kulturelle und soziale Entwicklung steht auf sehr ähnlichem Niveau, wie Jagdgeräte aus Knochen und Horn beweisen. Ihre Kulturstufe entspricht der der Eskimos vor den neuzeitlichen Kontakten. Mit den Eskimos sind sie jedoch nicht verwandt. Nach dem Vorschlag eines Anthropologen sollte dieser Menschentyp, um ihn von dem aus Asien stammenden »Indianer« zu unterscheiden, die Bezeichnung »homo sapiens atlanticus« erhalten. Ob die europäischen Ureinwanderer die Väter einer eigenen amerikanischen Megalithkultur sind, für deren Existenz manche Steinbauten in Nordamerika sprechen, bleibt vorerst ein Geheimnis der Geschichte.

Amerika war keineswegs das »jungfräuliche« Land, wie es von europäischen »Entdeckern« im 16. Jahrhundert genannt wurde. Sowohl von Afrika und Europa als auch von Asien aus hat es Kontakte zu Amerika gegeben. Die bis heute weitverbreitete Vorstellung, der große Doppelkontinent habe sich seit seiner Besiedlung vor Zehntausenden von Jahren unabhängig von der übrigen Welt entwickelt, ist falsch. Als Thor Heyerdahl 1947 auf dem Balsa-Floß »Kon-Tiki« von Peru aus die Südseeinseln des Pazifiks erreichte, war der erste Beweis für die Möglichkeit von Berührungen über das Meer hinweg erbracht. Den gleichen Beweis trat er zwei Jahrzehnte später durch seine Fahrten über den Atlantik mit den Papyrusbooten »Ra I« und »Ra II« an. Seine Experimente waren der Beginn für die Erforschung der regen Beziehungen zwischen Amerika und den Kontinenten der Alten Welt.

Ein weitgehend unbeachtetes Kapitel ist dennoch die Entdekkungsgeschichte Amerikas über den Pazifik. Sowjetische Wissenschaftler sind nach intensivem Studium tibetanischer Karten zu dem Ergebnis gekommen: Asiatische Reisende aus der Zeit um 1500 v. Chr. hatten Kenntnis von der Existenz eines großen Kontinents im Osten vom Pazifik. Was zunächst wie ein Phantasiegebilde aussah, enthüllte sich als die Konturen Amerikas. Zu den ältesten Quellen von Fahrten über den Pazifik gehören die Schriften des chinesischen Historikers Li Yu, der die Reise des Bonzen Hoei Chin in das sagenhafte Land Fu-Sang beschreibt. Fu-Sang liegt weit im Osten, über Japan hinaus. Ob Hoei Chin tatsächlich um das Jahr 500 Amerika über die Kurilen und Aleuten erreicht hat, wissen wir nicht.

Gemessen an der weit in vorhistorische Zeit zurückgreifenden Entdeckung Amerikas von Europa und Afrika aus, erscheinen die Ereignisse der letzten zweieinhalbtausend Jahre wie ein kurzes, wenn auch folgenreiches Schlußkapitel.

»Atlantis« – Amerika?

Die erste schriftliche Nachricht von einem Kontinent westlich von Europa ist uns durch den griechischen Philosophen Platon (427 bis 347 v. Chr.) überliefert. Danach soll es in der Stadt Saïs, im unteren Nildelta, die im 6. und 7. Jahrhundert v. Chr. Hauptstadt Ägyptens war, Tempelinschriften gegeben haben, die Zeugnis vom mächtigen Reich »Atlantis« ablegten. Dieser Überlieferung zufolge war »Atlantis eine Insel, größer als Asien und Libyen (das damals bekannte Afrika) zusammengenommen. Sie lag jenseits der Säulen des Herakles, also im Atlantik. Über sie gelangte man zu anderen Inseln und von diesen Inseln auf das gesamte gegenüberliegende Festland.« Die Hauptinsel fiel dem legendären Untergang zum Opfer. Das gegenüberliegende Festland blieb demnach erhalten. »Atlantis« wurde zum Ziel der längsten Suchaktion in der Geschichte der Menschheit. Auch

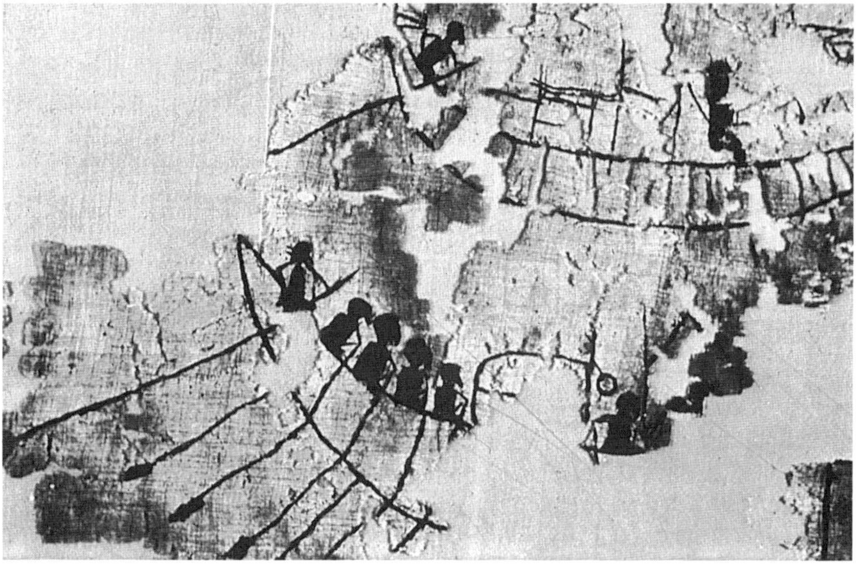

Älteste Darstellung ägyptischer Schiffe, 3300 v. Chr., auf der Ruderer, Steuerleute und Deckaufbauten zu erkennen sind. Turin, Museo Egizio di Torini.

Kolumbus soll den Platon-Text bei seiner ersten Reise mit an Bord gehabt haben.

Ob dem Bericht über »Atlantis« tatsächlich geographische Kenntnisse der Ägypter zugrunde liegen oder ob das Ganze eine Erfindung von Platon ist, darüber streiten sich bis heute die Gelehrten. Unter denen, die davon überzeugt sind, daß in der Atlantissage ein frühgeschichtlicher Kern steckt, haben sich im wesentlichen drei Schulen gebildet. Die erste lokalisiert »Atlantis« im Mittelmeerraum; die zweite in Nordeuropa, an der Küste Nordfrankreichs oder vor der Küste Norddeutschlands; die dritte im oder jenseits des Atlantik. Am populärsten ist die Theorie, daß die Inselgruppe der Azoren die Gipfel der untergegangenen Landmasse von »Atlantis« sind. Seit die neuere meeresgeologische Forschung eindeutig nachgewiesen hat, daß die Azoren nicht Reste einer untergegangenen Landmasse, sondern im Gegenteil das Resultat vulkanischer Aktivität, das heißt also vom Meeresboden emporgestiegen sind, gewinnen Theorien, die »Atlantis« mit Amerika identifizieren, erneut an Interesse.

Platons Mythos vom untergegangenen »Atlantis« ist nicht der einzige Hinweis aus der Antike, daß damals Länder jenseits des Atlantiks bekannt gewesen sein könnten. In einem Fragment aus dem Werk des griechischen Autors Theopompos (4. Jahrhundert v.Chr.) ist die Rede von einem Kontinent von »unermeßlicher Ausdehnung« jenseits von Afrika und jenseits der Inseln im Ozean. Dort sollen merkwürdige, exotische Menschen in Städten wohnen, in denen Gold so häufig sei, daß es weniger Wert als Eisen habe.

Bei Aristoteles (384 bis 322 v.Chr.), dem Schüler Platons und dem bedeutendsten Wissenschaftler seiner Zeit, findet sich die Behauptung, daß »außerhalb der Säulen des Herakles von Karthagern eine menschenleere Insel aufgefunden worden sei, die sowohl durch die Menge der Wälder wie an schiffbaren Flüssen überreich sei und an Früchten Überfluß habe. Sie sei mehrere Tagesreisen vom (afrikanischen) Festland entfernt.«

Ein anderer Gelehrter, Diodorus von Sizilien, berichtet im 1. Jahrhundert v. Chr.: »Draußen im Meer vor Afrika liegt eine Insel von beträchtlicher Größe . . . Das Land ist reich, zum großen Teil gebirgig und nicht zum geringen Teil flach und von ganz besonderer Schön-

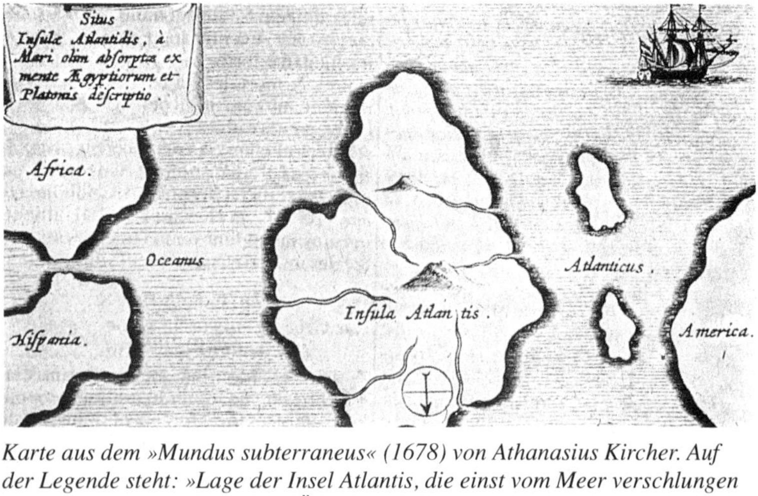

Karte aus dem »Mundus subterraneus« (1678) von Athanasius Kircher. Auf der Legende steht: »Lage der Insel Atlantis, die einst vom Meer verschlungen wurde, nach dem Glauben der Ägypter und der Beschreibung Platons.«

heit. Es ist durchzogen von schiffbaren Flüssen ... In alten Zeiten blieb diese Insel wegen ihrer Entfernung von der gesamten bewohnten Welt unentdeckt, doch zu einem späteren Zeitpunkt wurde sie entdeckt.«

Viele Historiker haben diese Insel mit einer der Kanarischen Inseln, mit Madeira oder einer Azoreninsel gleichsetzen wollen. Dabei ergibt sich allerdings die Schwierigkeit, daß keine dieser Inseln schiffbare Flüsse besitzen. Der nächste befahrbare Fluß im fernen Westen findet sich erst in Haiti, Kuba oder auf dem amerikanischen Festland. Unter dem Begriff »Insel« verstand man damals größere Landmassen, wie ja auch in Platons Atlantisbericht von einer »Insel« die Rede ist, die größer war als Europa und Afrika zusammengenommen.

Von Eratosthenes, dem griechischen Geographen, dem es bereits um 250 v. Chr. gelang, ziemlich genau den Erdumfang zu bemessen, stammt der für die damalige Zeit sensationelle Vorschlag, von der Iberischen Halbinsel aus Indien auf dem Seeweg zu erreichen. Er vermutete, daß man auf dem Weg dorthin noch einen oder zwei bewohnte Erdteile finden könne.

Und der griechische Biograph Plutarch erzählt um 75 n. Chr. von mehreren Inseln weit im Westen von Britannien und von einem »großen Festland jenseits dieser Inseln«, auf dem die Titanen gefangen gewesen sein sollen.

Eine weitere antike Quelle, die Kolumbus inspiriert haben soll, sind Verse aus der Tragödie *Medea* des römischen Dichters Seneca (ca. 4 v. Chr. bis 65 n. Chr.):

> »Eine Zeit wird kommen,
> da der Ozean die Fesseln der Dinge löst,
> da die unermeßliche Erde offenliegt
> und Thule nicht länger das fernste unter den Ländern ist.«

Sicher stünden uns noch viel mehr und vor allem präzisere Zeugnisse zur Verfügung, wenn nicht die beiden großen Bibliotheken des Altertums, die von Karthago und die von Alexandria, von den Römern zerstört worden wären. Die Geschichte der frühen Entdeckung Amerikas wäre längst geschrieben – und seine neuzeitliche Entdeckung wäre sicher anders verlaufen.

Aufbruch aus dem Orient

»Gibt es einen Erdenfleck, der sich so in absolutes Dunkel hüllt und uns ohne Antwort läßt auf alle Fragen? Wer waren die Völkerstämme, die vor Cortés zu Füßen des Monte Albán gelebt haben? Wer waren die Bauherren und Architekten dieser heidnischen Kathedrale? Woraus waren die Werkzeuge der Steinmetze? Wie ist es zu erklären, daß manche Urnenfiguren eine ägyptische Sphinx, eine andere den vogelköpfigen Gott Ra darzustellen scheinen und daß die Reliefs auf der ›Galerie der Tanzenden‹ teils im assyrischen Stil, teils mit negroiden Typen gestaltet sind? Wieso? Weshalb? Woher?« (Egon Erwin Kisch, *Entdeckungen in Mexico*)

Mit dem Einbaum über den Atlantik

Ein Blick auf den Globus verrät, daß die kürzeste Strecke zwischen den Kontinenten Afrika und Amerika, genauer zwischen dem Senegal und Nordostbrasilien, rund dreitausend Kilometer mißt. Es stellt sich die Frage, ob es zu Kontakten zwischen den beiden geographisch sich nahe gegenüberliegenden Landmassen in der Zeit vor der Entdekkung Amerikas durch Kolumbus gekommen ist.

Die technische Möglichkeit der Atlantiküberquerung haben Abenteurer schon in den fünfziger Jahren unter Beweis gestellt. Als erster ließ sich der Franzose Alain Bombard auf einem Gummiboot bei Casablanca aussetzen. An Bord hatte er ein Netz und zwei Speere zum Fischen sowie Angelschnur und Haken. Der Mediziner ernährte sich von rohem Fisch und deckte, wenn er kein Regenwasser auffangen konnte, seinen Bedarf an Flüssigkeit aus den ausgequetschten Schwimmblasen seiner Beute. Bei bester Gesundheit ging er am 65. Tag seiner Reise in Barbados an Land. Ihm folgte 1955 der Deutsche

Die Phönizier umsegelten im 7. Jahrhundert v. Chr. im Auftrag des Pharaos Necho den afrikanischen Kontinent. Relief eines phönizischen Handelsschiffs auf einem Sarkophag (1. Jahrhundert n. Chr.). Beirut, National Museum.

Hannes Lindemann in einem afrikanischen Einbaum. Zu seiner Atlantiküberquerung benötigte er nur 52 Tage. Der Kanadier Michael Bradley hat kürzlich die Bedingungen untersucht, unter denen Afrikaner vor mehr als drei Jahrtausenden von Westafrika nach Brasilien hätten fahren können.

Leider ist die Geschichte Westafrikas arm an Überlieferungen. Die großen innerafrikanischen Völkerwanderungen lassen den Schluß zu, daß die Fertigkeiten und das Wissen, das im entwickelten Nubien und östlichen Sudan vorhanden war, mit den Wanderern nach Westen gelangten. Für das spezielle Problem des Schiffsbaus wurden daher nubische Felszeichnungen herangezogen. Die abgebildeten Schiffe stellten die Grundlage für Bradleys Versuch dar. Er entwarf das Modell eines hochseetüchtigen westafrikanischen Schiffs der späten Bronze- und frühen Eisenzeit. Der Schiffskörper besteht aus einem riesigen Einbaum von rund fünfzehn Meter Länge. Etwa fünfzehn bis zwanzig Menschen haben darin Platz. Auf einem derartigen Schiff war die Überquerung des Atlantiks möglich. Und da es sowohl mit einem Segel als auch mit Rudern oder Paddeln ausgerüstet war, konnte das Schiff aus den Flauten inmitten des Atlantiks herausbewegt werden. Größere Einbäume mit bis zu fünfzig Ruderern waren bis in die jüngste Zeit sowohl in Westafrika als auch in Südamerika in Gebrauch. Zumindest über die schiffstechnischen Voraussetzungen, um nach Amerika zu fahren, haben die Westafrikaner verfügt.

In der Geschichte haben sich mehrfach Irrfahrten ereignet, wie zum Beispiel 1731, als ein nur mit sechs Mann besetztes Schiffchen von Teneriffa nach dem nahen Gomera unterwegs war. Es kam vom Kurs ab und wurde bis Trinidad getrieben, wo die Mannschaft gerettet wurde.

Wenn auch wenig von der Geschichte Westafrikas bekannt ist, so belegen doch ägyptische und griechische Quellen, daß im 1. Jahrtausend v. Chr. vor den Küsten Westafrikas große, aus Holzplanken gezimmerte Segelschiffe auftauchten. Die Seeleute hatten eine helle Hautfarbe, sie trugen Bärte und spitz zulaufendes Schuhwerk: Es waren Phönizier. Diesem ersten großen Seefahrervolk war der Atlantik nicht zu weit.

Die Schiffe aus Zedernholz

Vor gut hundert Jahren, anläßlich des 400. Jahrestages der Entdekkung Amerikas, der nicht weniger gefeiert wurde, als der 500., überraschte der Amerikaner Th. C. Johnston die Öffentlichkeit mit der These, die Neue Welt sei schon zwei Jahrtausende vor Kolumbus durch die Phönizier entdeckt worden. Ein umfangreicher Kulturvergleich zwischen dem Volk aus dem Nahen Osten und den Azteken und Maya sollte seine Theorie stützen.

Von 1200 bis in die Mitte des 7. Jahrhunderts v. Chr. entstanden in Mittelamerika Tonfiguren und riesige Skulpturen aus Stein, die Menschen aus anderen Erdteilen darstellen: Afrikaner und Asiaten. Die Entstehungszeit entspricht der Zeitspanne zwischen der Herrschaft des ägyptischen Pharaos Ramses III. bzw. der libyschen Pharaonen, die ihr Machtzentrum von Ober- nach Unterägypten verlegten, und der des Königspriesters Taharka. Dieser stammte aus Nubien und gehörte zu den kuschitischen Dynastien, die von der Mitte des 8. Jahrhunderts v. Chr. bis zur Mitte des 7. Jahrhunderts v. Chr. die Herrschaft übernommen hatten.

Welche Beziehungen bestehen zwischen jenen Figuren und Darstellungen auf mexikanischem Boden und ihren Motiven, die offensichtlich vorderasiatischen und nordafrikanischen Ursprungs sind? Zu klären sind zunächst wiederum die technischen Voraussetzungen für Kontakte zwischen diesen beiden weit voneinander entfernten Zentren alter Kulturen. Kein Volk beherrschte Navigation und Schiffsbau so meisterhaft wie die Phönizier. Der legendäre König Salomon bat im 10. Jahrhundert v. Chr., als Israel sein Goldenes Zeitalter erlebte, den König des phönizischen Tyros um Hilfe beim Aufbau einer Flotte. Der Prophet Hesekiel, nachzulesen im Alten Testament, besingt schwärmerisch ein phönizisches Schiff: »Aus Zypressen vom Senir haben sie dir alles Plankenwerk gebaut und eine Zeder vom Libanon genommen, um den Mastbaum daraus für dich zu fertigen. Aus Eichen von Basan haben sie deine Ruder hergestellt, dein Verdeck aus Edeltannenholz von den Eilanden der Kitthäer.«

Die Phönizier öffneten den begrenzten Raum Kleinasiens und Nordostafrikas, indem sie das Meer jenseits der Säulen des Herkules, die die Grenzen der Alten Welt darstellten, befuhren. Auf phönizische Seeleute gestützt, rüstete gegen Ende des 7. Jahrhunderts v. Chr. Pharao Necho von Ägypten eine Expedition aus. Nur die Hälfte der Besatzung waren Ägypter. Von der Erkundungsfahrt berichtet der große Historiker des Altertums, Herodot. Die Schiffe brachen vom Hafen Ezion-Geber im Golf von Akaba nach Ophir auf, dem sagenhaften Goldland. Mit Ophir war, mit großer Wahrscheinlichkeit, der südliche Sudan gemeint. Von dort ging es um den gesamten afrikanischen Kontinent bis zu den Säulen des Herakles, der Straße von Gibraltar. Nach drei Jahren kehrten die Schiffe durch das Mittelmeer nach Ägypten zurück. Diese Reise war die erste, schriftlich belegte Afrikaumsegelung.

Das zweite epochale Ereignis war die Expedition des Karthagers Hanno im Jahr 425 v. Chr. Karthago war ursprünglich eine phönizische Kolonie in Nordafrika. Hanno lenkte seine Schiffe durch das Mittelmeer, hinaus auf den Atlantik und entlang der afrikanischen Küste bis in den Golf von Guinea, eine Reise, die erst zweitausend Jahre später erneut von den Portugiesen im »Zeitalter der Entdeckungen« unternommen werden sollte.

Ebenfalls ein Bürger aus Karthago, Himilco, machte sich im gleichen Jahrhundert in entgegengesetzter Richtung wie Hanno auf die Reise. Auf der Suche nach Handelswegen zu den reichen Zinninseln – das Halbedelmetall wurde für die Gewinnung von Bronze benötigt – begab er sich auf Nordkurs. Entlang der Küste Spaniens, Portugals und Frankreichs steuerte er die Britischen Inseln an.

Die Phönizier gründeten an den neuen Ufern, im heutigen Marokko gelegen, Städte wie Lixus und Mogador, die bereits im 7. Jahrhundert v. Chr. Weltruf erlangten. Auf der Iberischen Halbinsel, bei der heutigen Stadt Cadiz, erbauten sie Gadeira und das legendäre Tartessos, das als Tarschisch wegen seines unermeßlichen Reichtums in der Bibel erwähnt wird. In der Blüte der Bronzezeit handelten sie mit Gold aus Westafrika, Silber aus Spanien und Zinn aus England. Dieser Handel fußte auf einer ausgereiften Schiffstechnik, die der Hochseenavigation gewachsen war.

Die Expansion begann zunächst mit der Küstenschiffahrt. Fahrten wurden anfänglich nur tagsüber unternommen und nie außerhalb der Sichtweite der Küste. Später wagten sie sich weiter vom schützenden Ufer zu entfernen. Als Orientierung diente tags die Sonne, nachts das Sternbild des Kleinen Bären, im Altertum auch »Stern der Phönizier« genannt.

Paradestück der phönizischen Kriegsmarine war die im 7. Jahrhundert v. Chr. entwickelte »Trireme«, ein Segelschiff, das in der Schlacht von hundertsechzig Ruderern, die in drei Etagen angeordnet waren, bewegt wurde. Aus diesem Schiffstyp gingen dann die »Tetreme« und »Quinquereme« hervor, schwimmende Festungen enormen Ausmaßes mit Besatzungen bis zu dreihundert Mann.

Robust waren auch die hochseetüchtigen Handelsschiffe. Die

Rumpflänge maß zwanzig bis dreißig Meter, die Breite sechs bis sieben Meter; zur Besatzung gehörten kaum mehr als zwanzig Mann.

Nach der Unterwerfung der Küstenregionen von Westeuropa und Nordafrika haben sich die Phönizier weiter hinaus auf den Atlantik gewagt. Auf den Kanarischen Inseln wurden phönizische Inschriften gefunden, und es gilt als sehr wahrscheinlich, daß sie die Azoren erreicht haben, wenn auch möglicherweise unfreiwillig auf einer Handelsreise nach Norden. »Im Novembermonat 1749, nach einigen Tagen Weststurm, der bewirkte, daß vom Meer ein Teil des Fundamentes eines am Strand stehenden, zerstörten Steinbaus auf der Insel Corvo bloßgespült wurde, gewahrte man ein zerbrochenes, schwarzes Tongefäß ... Daß die Münzen teils aus Karthago, teils aus der Cyrenaica stammen, ist gewiß.« So beginnt ein zeitgenössischer Bericht, dem zu entnehmen ist, daß Phönizier um das Jahr 320 v. Chr. bis zur Azoreninsel Corvo gelangt waren.

Diodorus von Sizilien berichtet im 1. Jahrhundert v. Chr.: » ... Während die Phönizier ... die Küste außerhalb der Säulen des Herakles erforschten und während sie die Gestade Libyens (gemeint ist Afrika) entlangsegelten, wurden einige von starken Winden ein großes Stück in den Ozean hinausgetrieben. Nachdem sie viele Tage lang vom Sturm umhergeworfen worden waren, wurden sie auf die oben erwähnte Insel verschlagen. Und als sie deren elysische Schönheit und vorteilhafte Beschaffenheit festgestellt hatten, machten sie sie allen Menschen bekannt.«

Der Gedanke, phönizische Schiffe hätten sich vom Ende des 2. vorchristlichen Jahrtausends an aufgemacht, um auf der anderen Atlantikseite ein geheimnisvolles Land zu finden, wird schon seit mehr als hundert Jahren diskutiert. Ausgelöst wurde diese Debatte, die einen wahren Gelehrtenstreit entfachte, durch einen mehr als rätselhaften Fund.

Die Inschrift von Parahaiba

Im Jahre 1874 veröffentlichte der Museumsdirektor des Nationalmuseums von Brasilien die Kopie der Inschrift von einem Stein, der an der Atlantikküste nahe der heutigen Stadt João Pessoa, früher Parahaiba genannt, ausgegraben wurde. Merkwürdigerweise wurde der Text dem Museum mit einem Begleitbrief von einem unleserlichen Absender geschickt. Das Original ging verloren, nur die Kopie hat sich erhalten. Von dem Stein selbst fehlt jede Spur. Nach jahrelanger Diskussion über die Echtheit der Inschrift wurde sie schließlich zur Fälschung erklärt und die Angelegenheit als erledigt angesehen. 1968 aber grub der amerikanische Historiker und Spezialist für semitische Sprachen, Cyrus Gordon, den Fall wieder aus. Im Lichte neuerer Erkenntnisse über die Sprache der Phönizier hielt er den Text für echt. Darin heißt es übersetzt: »Wir sind die Söhne Kanaans aus Sidon, der Stadt des Königs. Wir waren aus, zu handeln, als wir an dieses ferne Ufer geworfen wurden. Wir opferten einen Jüngling für die erzürnten Götter und Göttinnen im neunzehnten Jahr von Hiram, unserem

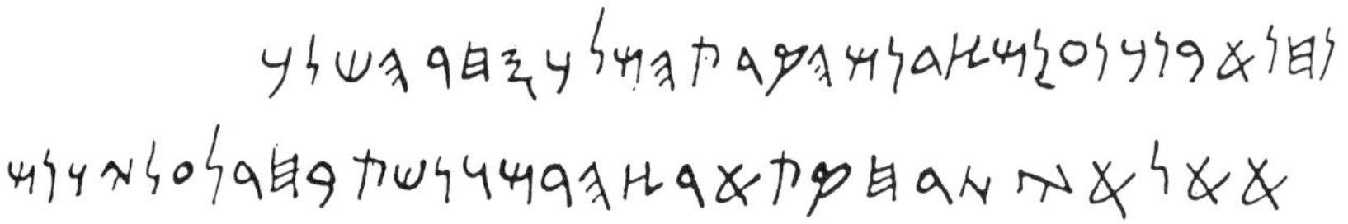

»Wir sind die Söhne von Kanaan aus Sidon . . . Wir sind an dieses Ufer geworfen worden . . .« So beginnt eine Ende des vorigen Jahrhunderts angeblich bei Parahaiba in Brasilien gefundene phönizische Inschrift.

mächtigen König. Wir sind von Ezion-Geber ins Rote Meer gestochen mit zehn Schiffen. Wir waren zwei Jahre zusammen auf dem Wasser entlang der Küsten des Landes, das Ham gehört (gemeint ist Afrika). Aber die Hand von Baal (das heißt ein Sturm) hat uns getrennt, und wir verloren unsere Gefährten. So sind wir hierhergelangt, zwölf Männer und drei Frauen auf . . . das Ufer, das ich, der Admiral, beherrsche. Mögen die erregten Götter und Göttinnen uns gnädig sein.«

Das Dokument ist durch archäologische Fakten nicht zu bestätigen. Dennoch hat es die Forschung angeregt, sich mit der Möglichkeit transatlantischer Fahrten der Phönizier zu befassen. Um von Afrika aus auf dem Äquatorialstrom nach Amerika zu fahren, bedarf es, wie Thor Heyerdahl betont, nicht einmal großer nautischer Kenntnisse. Heyerdahl bezeichnet diese Route gar als »Transportband«, das Schiffe unweigerlich an die Küsten Amerikas oder der Karibischen Inseln trägt. Die zweifellos viel schwierigere Rückkehr, die die Voraussetzung für regelmäßige Kontakte darstellt, verläuft über die äquatorialen Gegenströme oder den nördlichen Antillenstrom, der in den Golf- und dann in den Atlantikstrom lenkt. Die nördliche, auch heutigen Atlantikseglern geläufige Route nutzte Kolumbus für seine Rückfahrt.

Die Riesenköpfe an der Bahia de Campeche

Die nächste Frage gilt dem Beweis für phönizische Besuche auf amerikanischem Boden. Thor Heyerdahl hat sich über Jahrzehnte mit der »Diffusionstheorie«, das heißt der Verbreitung kultureller Phänomene von einem gemeinsamen Ursprung aus, beschäftigt. Seine Thesen laufen darauf hinaus, daß bestimmte Ausdrucksformen der altamerikanischen Kulturen, etwa in Architektur, Sprache, Verkehrswesen und medizinischer Behandlung, auf einen Einfluß von außen hinweisen.

Gegen Ende des vorigen Jahrhunderts verbreitete sich unter Historikern das Gerücht, in Mexikos Urwäldern lägen seltsame Monumente versteckt, Figuren riesigen Ausmaßes. 1938 ging der amerikanische Forscher Matthew W. Stirling der Sache nach. Indios führten ihn durch das Dickicht. Stirling erkannte sofort, daß er auf eine archäologische Sensation gestoßen war. Er stand vor den fast völlig von Pflanzen und Erdreich zugedeckten, übermenschlich großen Steinköpfen an der Bahia de Campeche, einer weiten Bucht an der Ostküste Mexikos.

Diese bildhauerischen Monumentalwerke sind einzigartig auf der Welt. Die Köpfe haben zwei Meter Durchmesser und stellen afrikanische Menschen dar. Ihre Gesichtszüge entsprechen den klassischen Stereotypen schwarzer Afrikaner: kräftige Unterkiefer, flache, breite Nase, wulstige Lippen und dichtes, kurzes Kraushaar.

Ihre Schöpfer waren die Olmeken. Messungen nach der C-14-Methode haben ergeben, daß die steinernen Köpfe zwischen 800 und 700 v. Chr. entstanden, also genau in der Zeitperiode, die für mögliche Fahrten der Phönizier in Frage kommt.

Vier der Köpfe wurden in La Venta gefunden, rund fünfundzwanzig Kilometer von der Golfküste entfernt. Sie sind mannshoch und wiegen etwa vierzig Tonnen. Die Schädeldecke von einer der Figuren ist zu einem Altar abgeflacht. Von einem Ohr zum Mund ist ein Kanal angelegt, der wie ein Sprachrohr, für ein Orakel beispielsweise, zu benutzen war. Weitere sieben steinerne Köpfe entdeckte man in den benachbarten Orten San Lorenzo und Tres Zapotes.

Die Figuren wurden in einer Epoche geschaffen, in der die Olmeken erstmals in ihrer Geschichte Pyramiden bauten, ihre Toten einbalsamierten, rituellen Kindermord begingen, Texte in Hieroglyphenschrift verfaßten und die medizinische Kunst der Schädelöffnung praktizierten. Diese Gebräuche zeigen Parallelen zu der Kultur der Phönizier und Ägypter. Gleiches trifft auf religiöse Zeremonien wie die Verehrung eines Sonnengottes oder der Schlange zu.

Über die ursprüngliche Bedeutung der steinernen Köpfe aus Mexiko ist sich die Amerikanistik noch im unklaren. Eine Interpretation geht davon aus, daß die Dargestellten besiegte Feinde sind. Ihre Anordnung in einer Senke, auf die von einem Wall herabgeschaut werden konnte, spräche dafür. Verehrungswürdige Personen oder Götter würde man nicht als körperlose Köpfe darstellen, wohl aber Erniedrigte und Unterworfene. Als hätte die Erde sie zum Schweigen bringen sollen, waren die steinernen Köpfe bis zum Scheitel im Urwald vergraben. Alles deutet darauf hin, daß die Monumente später ihre ursprüngliche Bedeutung verloren hatten. Bilderstürmer haben sie beschädigt und dann weggeschafft – kein leichtes Unternehmen angesichts des tonnenschweren Materials.

Ein anderes Erklärungsmodell geht davon aus, daß Afrikaner als Söldner auf phönizischen Schiffen nach Amerika gelangt sind. Aufgrund ihres fremden Aussehens habe man sie als besondere Wesen verehrt, ja möglicherweise zu einer Art Priesterelite erklärt oder sie in die bestehende Priesterkaste aufgenommen. Der amerikanische Historiker Ivan van Sertima kommt zu dem Schluß, die steinernen Köpfe stellten Afrikaner dar, die zu der herrschenden Klasse Ägyptens gehörten. Genau in der Zeitperiode, in der die Olmeken die steinernen Köpfe schufen, haben nubische, das heißt schwarzafrikanische Herrscher die Macht in Ägypten übernommen. Nubien, das in der Bibel »Kusch« genannt wird, war das Nachbarland der Ägypter. Nachdem Ägypten über viele Dynastien hinweg in Nubien regiert hatte, konnte sich gegen Ende des 8. Jahrhunderts v. Chr. ein eigenes Herrscherhaus im nubischen Napata etablieren. Die Machtverhältnisse wurden umgekehrt. Die schwarzen Pharaonen erneuerten die alten Kulte sowie die Praxis der Mumifizierung der Toten und der Schädeltrepanation. Während der 25. Dynastie, von der Mitte des 8. bis zur Mitte des 7. Jahrhunderts v. Chr., sollte für ein Jahrhundert der verlöschende Glanz Ägyptens noch einmal aufleuchten. Die Gräber der vergessenen Söhne von Kusch im heutigen Sudan zeugen von der Pracht der schwarzen Sonnenkönige. In ihre Totenhäuser nahmen sie ihre Pferde mit, die einbalsamiert im vollen Geschirr aus Silber und Gold an ihrer Seite auf das Leben im Jenseits warteten.

Die schwarzen Pharaonen haben sich, wie ihre ägyptischen Vorgänger, der Phönizier bedient. Sie hatten die Expeditionen veranlaßt und ausgerüstet, vergleichbar der von Pharao Necho befohlenen Umsegelung Afrikas. Sollten die Vorbilder der steinernen Köpfe von der Bahia von Campeche wirklich aus Afrika gekommen sein, so scheint van Sertimas Theorie eine plausible Erklärung zu geben. Auch die Tatsache, daß die steinernen Köpfe Andeutungen von

Kopfbedeckungen in der Art ägyptischer Helme aufweisen, bestätigt seine Annahme. Die grandiosen Wandreliefs von Medinet Habu im oberägyptischen Theben, die die Schlachten unter Ramses III. schildern, geben ein Bild dieser Kriegsbekleidung.

Die bärtigen Seefahrer

Bei den steinernen Köpfen der Bahia von Campeche hat man auch eine Stele entdeckt, auf der eine bärtige Figur abgebildet ist. Die Gesichtszüge, aber auch die Kleidung und insbesondere die Schuhtracht lassen auf ein phönizisches Vorbild, also etwa einen phönizischen Kaufmann oder Schiffskapitän, schließen.

Und noch ein weiteres Indiz gehört in die Beweiskette. Es handelt sich um die Darstellungen der »Tanzenden« auf den Reliefs von Monte Albán in Mexiko: eine Vielzahl bärtiger Gesichter asiatisch-phönizischen und afrikanischen Aussehens, die etwa auf das Jahr 500 v. Chr. datiert werden. Daß bärtige Köpfe Gegenstand der Abbildung wurden, wird als Beweis für die Existenz von Vertretern der Alten Welt in Amerika angesehen, denn Indianer sind bartlos. Hunderte von Tonfiguren aus ganz Mittelamerika und dem Norden des amerikanischen Subkontinents stellen, wie der aus Deutschland nach Mexiko emigrierte Alexander von Wuthenau in seiner lebenslangen Arbeit nachweist, Afrikaner und Vorderasiaten dar. Immer wieder verblüfft die physiognomische Genauigkeit, mit der die Künstler Gesichter mit negroiden und vorderasiatischen Zügen modelliert haben.

Die ersten Stufentempel in Amerika wurden von den Olmeken in La Venta errichtet. Erst später entstanden die Pyramide von Cholula oder die Sonnenpyramide von Teotihuacan. Ob die Vorbilder dazu auf transatlantischen Kontakten beruhen oder unabhängig und ohne Anregung von ägyptischen, nubischen oder kleinasiatischen Seefahrern entstanden, läßt sich nicht sagen. Überraschend sind auf jeden Fall die Ähnlichkeit und die zeitliche Übereinstimmung.

Die Pyramide von Cholula weist Parallelen zu den Stufentürmen Vorderasiens auf, besonders zu der mutmaßlichen Architektur des Turmbaus zu Babel. Beiden Bauwerken ist auch der Mythos gemein-

Relief eines »curragh« mit Ruderern auf einer Steinsäule bei Bantry, Südwestirland (ca. 6. Jahrhundert). Mit einem Boot dieses Typs soll der irische Mönch St. Brendan 900 Jahre vor Kolumbus Amerika erreicht haben.

sam, der sich um sie rankt und der zu den Anfängen unserer aus dem Vorderen Asien kommenden Zivilisation zurückreicht. Dem Alten Testament zufolge zogen die Menschen nach der Sintflut in die Ebene des Landes Sinear (Sumer). Dort sprachen sie: »Auf. Wir wollen Ziegel streichen und sie im Feuer hart brennen. Wir wollen eine Stadt erbauen und einen Turm, dessen Spitze bis zum Himmel reicht.« Aber Gott, der auf die Erde kam, um sich anzusehen, was da geschah, mißfiel diese Anmaßung. Daher »verwirrte er ihre Sprache«. Sie konnten einander nicht mehr verstehen. Ganz ähnlich lautet eine Überlieferung aus dem alten Mexiko: Nach der Sintflut, »die die ursprüngliche Welt zerstörte, blieben Riesen am Leben. Einer von ihnen, Xelhua, erbaute die große Pyramide von Cholula, um den Himmel zu erreichen. Aber die Götter zerstörten die Pyramide durch Feuer und verwirrten die Sprachen der Erbauer.«

Gemeinsamkeiten zwischen den Kulturen finden sich in einer Vielzahl von Bereichen, wie Thor Heyerdahl anhand von konkreten Beispielen nachgewiesen hat. Die Gefahr bei dem Kulturvergleich liegt in der Spekulation. Eher als ein Produkt der Phantasie ist zum Beispiel die Theorie anzusehen, daß aufgrund bestimmter kultureller Übereinstimmungen das Volk der Maya aus dem mexikanischen Yucatan der verlorene Stamm Israels sei. Die Geschichte der Eroberung Amerikas durch die Konquistadoren lehrt, daß die indianischen Hochkulturen die von Osten kommenden Fremden für Heroen oder gar Götter hielten und sie freudig aufnahmen. Diese Tatsache würde die Theorie, daß Phönizier oder Afrikaner besondere gesellschaftliche Stellungen einnehmen konnten, bestätigen. Damit wäre auch ein glaubhafter Grund geliefert, warum sie in Stein und auf Ton abgebildet wurden.

Irische Mönche in Amerika

Was für die Antike die *Odyssee*, das ist für das Mittelalter die *Navigatio Sancti Brendani* – ein klassischer Seefahrerroman. Aus dem Dunkel der frühchristlichen Geschichte Nordeuropas erscheint St. Brendan als der erste Seefahrer, der die Grenzen der westlichen Welt erforschte, und zwar aus einem merkwürdigen Grund: als Strafe Gottes für eine Bücherverbrennung.

St. Brendan hatte in einem Buch über die Wunder Gottes gelesen, »daß es drei Himmel und zwei Paradiese und vier Fegefeuer und manch wildes Land und manche wilden Menschen gebe, und unter anderem auch, daß es zwei Welten gebe auf der Erde, wo in der einen Tag sei, solange in der anderen Nacht herrsche«. Dies und dazu noch die Nachricht von Meeresungeheuern und schwimmenden Inseln waren ihm zuviel. Er verbrannte kurzerhand das Buch – im Zeitalter der Handschriften eine wirksame Methode, Fakten, die nicht ins Weltbild paßten, loszuwerden.

Zur Strafe mußte er nun, der Skeptiker, ein Schiff ausrüsten und mit zwölf Glaubensgenossen übers Meer fahren, um alles selber zu

Mit dem Nachbau eines mittelalterlichen »curragh« segelten der englische Historiker Tim Severin und seine vierköpfige Besatzung von Westirland nach Neufundland.

sehen, was er bei der Lektüre des Buches nicht wahrhaben wollte. Er wurde damit, wider Willen, zum Entdecker und Propagandisten einer dem mittelalterlichen Menschen bis dahin unbekannten Neuen Welt.

Die Fahrt begann etwa 545 im äußersten Westen Irlands, führte ihn über die Färöer-Inseln nach Island, dann über Grönland bis nach Kanada, vielleicht sogar bis zu den Azoren und in die Karibik. Neun Jahre lang soll er unterwegs gewesen sein, bevor er nach Irland zurückkehrte. Der Höhepunkt seiner Reise war ein Besuch im Gelobten Land, dem westlichsten Punkt seiner Kreuzfahrt, wo er fruchtbaren Boden, Südfrüchte, Edelsteine und ein mildes Klima vorfand. Für manch irischen Patrioten war dies der Beweis, daß sie die eigentlichen Entdecker Amerikas sind.

Die *Navigatio Sancti Brendani* ist allerdings kein Tatsachenbericht, sondern eine Mischung aus Heiligenlegende und Abenteuerroman. Bei den Iren findet man die Tradition der sogenannten Immramas, Seefahrermärchen. In ihnen vermischen sich die Berichte über Schiffsreisen in ferne Länder mit mythologischen Phantasien nach dem Geschmack des mittelalterlichen Publikums: Es wimmelt von Drachen und Meeresungeheuern, Zwergen, Engeln und Teufeln. Neben den Auswüchsen mittelalterlichen Aberglaubens finden sich allerdings immer wieder Textpassagen, die auf tatsächliche Begebenheiten schließen lassen.

St. Brendan wurde gegen Ende des 5. Jahrhunderts in Tralee an der Westküste Irlands geboren. Er gründete mehrere Klöster und reiste viel, um seinen Verpflichtungen als Missionar nachzukommen und um seine religiösen Mitbrüder zu besuchen. Das war damals keine ungefährliche Angelegenheit, da sich die Mönche mit Vorliebe unzugängliche Felseninseln vor der Küste Irlands aussuchten, um dort als Einsiedler zu leben. Die Ruinen einer solchen Klosteranlage aus der Zeit von St. Brendan finden sich auf den Skelligs, zwei Felsbrocken vor der Küste der Halbinsel Kerry, die, da sie keinen Hafen haben, nur bei ruhiger See zu erreichen sind. St. Brendan scheint ein außerordentlich beliebter und wirkungsvoller Kirchenmann gewesen zu

Bis vor wenigen Jahren waren an der Westküste Irlands bei Fischern die traditionellen »curraghs« in Gebrauch.

sein. Viele Orte tragen noch heute seinen Namen, so zum Beispiel der Mount Brandon und der Brandon Creek auf der Halbinsel Dingle, wo sich auch eine der ältesten noch erhaltenen christlichen Kirchen Irlands befindet. Aber auch Orte auf den Färöer- und auf den Orkney-Inseln, in Wales, Cornwall, Schottland und der Bretagne sind mit seinem Namen verbunden. Seine ausgedehnte Reisetätigkeit, seine Popularität sowie eine längere Abwesenheit von Irland in jungen Jahren sind wahrscheinlich der Anlaß für die Seefahrergeschichte gewesen, die sich um seinen Namen rankt.

Die *Navigatio Sancti Brendani* wurde erst lange nach St. Brendans Tod, wahrscheinlich im 9. oder 10. Jahrhundert, von einem unbekannten Mönch in lateinischer Sprache aufgeschrieben und entwikkelte sich zu einem »Bestseller« des Mittelalters. Sie wurde in viele Sprachen übersetzt und immer wieder von fleißigen Mönchen abgeschrieben, bis sie nach Erfindung des Buchdrucks als eines der ersten Bücher, die überhaupt gedruckt wurden, im Jahre 1476 erschien.

Von ihrer Popularität zeugt auch die Tatsache, daß seit dem 12. Jahrhundert viele mittelalterliche Kartenzeichner auf ihren Karten des Atlantiks eine Brendan-Insel eintrugen. Mal westlich von Irland, mal weiter südlich, mal in der Nähe der Azoren, bis sie mit fortschreitender Kenntnis des Atlantiks in immer weitere Ferne nach Westen gerückt wurde. Auf dem berühmten Nürnberger Globus des Martin Behaim, der 1492, am Vorabend der Entdeckungsreise des Kolumbus, das geographische Wissen seiner Zeit zusammenfaßte, ist eine Brendan-Insel vor der Küste Brasiliens in Höhe der Amazonasmündung eingezeichnet.

Kann die *Navigatio Sancti Brendani* als Beweis für die Entdekkung Amerikas durch die Iren herhalten? Alexander von Humboldt vermutete, St. Brendan sei bis Florida gekommen, und viele Wissenschaftler des späten 19. Jahrhunderts, dem positivistischen Wissenschaftsbegriff der damaligen Zeit verpflichtet, waren geneigt, aus der Heiligenlegende einen Tatsachenbericht herauszufiltern. Spätere Wissenschaftler allerdings, die sich hauptsächlich mit der literarischen Seite der Geschichte befaßten, wiesen nach, daß fast alles Fiktion sein müsse. Sie bekamen Unterstützung von Experten, die eine Reise im Lederboot über den Atlantik für unmöglich erklärten, da Leder nach mehr als zwei Wochen im Salzwasser zerfallen würde.

Es ist unbestritten, daß die *Navigatio Sancti Brendani* in ihrer in vielen Versionen und Übersetzungen vorliegenden literarischen Form ein typisches Erbauungsbuch des Mittelalters ist, das dem frommen Gläubigen einmal mehr die Wunder Gottes vor Augen führen soll, und kein zur Nachahmung empfohlener Reiseführer. Die darin geschilderten Abenteuer sind gleichnishaft zu verstehen und befinden sich im Einklang mit vielen Geschichten aus der Bibel.

Was den Leser aber dennoch stutzig macht, sind die vielen »realistischen« Details in der Erzählung, die im Sinne des genannten erbaulichen Zwecks des Werkes überflüssig sind und die auch in manchen späteren volkssprachlichen Versionen der Geschichte fehlen: so zum Beispiel Entfernungsangaben, Windrichtungen oder andere nautische Informationen, die den Bau des Bootes oder sein Fahrverhalten berücksichtigen.

Mit dem Lederboot über den Atlantik

Das war es auch, was den englischen Historiker Tim Severin Mitte der siebziger Jahre auf den Gedanken brachte, herauszufinden, ob es für die irischen Mönche des frühen Mittelalters überhaupt möglich gewesen sein könnte, Amerika mit einem Lederboot zu erreichen.

Er ging dabei kriminalistisch vor und bediente sich des lateinischen Textes der *Navigatio Sancti Brendani* als Indiziensammlung. Es ergibt sich zuerst die Frage, wann die Entdeckung Amerikas durch irische Mönche stattgefunden haben könnte. Auf jeden Fall ereignete sie sich erst nach der Christianisierung Irlands im frühen 5. Jahrhundert und wahrscheinlich erst zu Lebzeiten von St. Brendan (ca. 489 bis ca. 570 oder 583). Das spätestmögliche Datum wäre die Zeit unmittelbar vor der ersten Niederschrift der *Navigatio*. Über den Zeitpunkt der Niederschrift sind sich die Wissenschaftler nicht einig. Manche siedeln sie am Ende, andere bereits am Beginn des 9.

Jahrhunderts an. Sicher ist, daß die dort beschriebenen Nachrichten über das Gelobte Land im Westen, jenseits des Ozeans, aus einer Zeit vor seiner Erwähnung in den nordischen Sagas der Wikinger stammen.

Die zweite Frage gilt der Zuverlässigkeit der Beweismittel. Wieviel an praktisch nutzbarer Information bleibt übrig, wenn man die literarischen Ausschmückungen, die religiösen, mythischen und allegorischen Elemente des Textes beiseite läßt? Besonders anschaulich wird dies bei der Überprüfung der Zahlen.

Im Vergleich zu anderen mittelalterlichen Texten enthält die *Navigatio* eine Vielzahl spezifischer Angaben: über die Größe der Besatzung auf den verschiedenen Etappen der Reise, über die auf einem bestimmten Kurs zurückgelegte Entfernung, über Ankunfts- und Abfahrtszeiten. In einem Fall wird sogar die Meterzahl zwischen einem Ankerplatz und einem Kloster angegeben. Manchmal sind die Zahlen rein symbolisch zu verstehen, so zum Beispiel im Falle der Zahlenangaben Drei oder Zwölf, die auf die heilige Dreifaltigkeit bzw. die zwölf Apostel zurückgehen, oder die »vierzig Tage«, die St. Brendan häufig zwischen einzelnen Stationen unterwegs ist – was nichts weiter heißt als »eine sehr lange Zeit«. Für den historischen Detektiv sind aber all jene Zahlen aufschlußreich, die offensichtlich keinen symbolischen Ursprung haben, sondern als präliterarisches Fachwissen in die Legende Eingang fanden.

An der Westküste Irlands, dort, wo St. Brendan gelebt hat, benutzen die alten Fischer bis heute sogenannte »curraghs«, kiellose Boote, deren Außenhaut aus geteertem Leinen besteht, das über das Holzgerüst des Rumpfes gespannt wird. Die Konstruktion entspricht der in der St. Brendan-Geschichte beschriebenen, nur daß man damals gegerbte und gefettete Rinderhäute statt des Leinens benutzte.

Nach Art einer Bauanleitung ist in der *Navigatio* zu lesen, daß die Mönche »eisernes Werkzeug nahmen und ein leichtes Boot mit Spanten und einem Rahmen aus Holz bauten, wie es in dieser Gegend üblich ist. Darüber zogen sie Ochsenhäute, gegerbt in einer Lohe aus Eichenrinde, und verschmierten die Nahtstellen der Häute von außen mit Fett. Ins Boot brachten sie Häute für zwei weitere Boote, Vorräte für vierzig Tage, Fett zur Präparierung der Häute und andere Dinge, die man zum Leben braucht. In der Mitte des Bootes befestigten sie auch einen Mast und ein Segel und die übrigen Dinge für das Steuern des Bootes.«

Tim Severin baute sich nach monatelanger, mühevoller Recherche mit der Unterstützung traditioneller Bootsbauer und Gerber ein Schiff, wie es St. Brendan gehabt haben könnte, und stach am 17. Mai 1976 in See. Ausgangspunkt war der nach dem Heiligen benannte Brandon Creek am Fuße des Mount Brandon auf der Halbinsel Dingle an der Westküste Irlands, genau der Ort, von wo auch der Heilige vor fast fünfzehnhundert Jahren sich auf die weite Reise gemacht haben soll.

Severin und seine vierköpfige Mannschaft nahmen zunächst Kurs nach Norden, auf die Aran-Inseln, wo St. Brendan zu Beginn seiner Reise Station machte, um sich von dem berühmten heiligen Enda für seine Unternehmung segnen zu lassen. Hier befindet sich auch die Burg von Dun Aengus, eines der bedeutendsten Werke keltischer Baukunst. Die Burg wurde in den ersten Jahrhunderten nach Christus von irischen Clans erbaut, lange vor der Ankunft christlicher Mönche, und zeugt heute noch von der Größe keltischer Kultur, die sich einst über die Küsten Europas und vielleicht sogar bis nach Amerika erstreckte. Keltische Traditionen haben an der Westküste Irlands in christliche Glaubensvorstellungen Eingang gefunden, und es ist durchaus möglich, daß St. Brendans Seefahrt von keltischen Sagen, die über ein paradiesisches Land jenseits des westlichen Ozeans berichten, inspiriert wurde.

Die christlichen Mönche jedenfalls, die vor den politischen Wirren auf dem Kontinent im 5. und 6. Jahrhundert nach Irland flüchteten, waren aufgrund ihrer wissenschaftlichen Bildung am ehesten in der Lage, solche Berichte von fernen Ländern in einen größeren geographischen Zusammenhang einzuordnen. Über die Handschriften in ihren Klöstern hatten sie Zugang zu dem Wissen der Antike. Ihnen war das ptolemäische Weltbild vertraut, und sie wußten, daß die Erde rund war. Was lag näher, als das Gelobte Land auf der von den keltischen Dichtern besungenen Westroute zu suchen?

Daß die Westfahrt St. Brendans bereits ein Vorbild hatte, geht aus dem ersten Kapitel einer lateinischen Fassung der *Navigatio* hervor. Dort heißt es, St. Brendan erhielt eines Tages Besuch in seinem Kloster Clonfert von einem Mitbruder namens Berrind. Dieser erzählte ihm von St. Mernoc, einem Eremiten, mit dem er eine Schiffsfahrt zum »verheißenen Land der Heiligen« unternommen habe. Sie seien in westliche Richtung gefahren und hätten, nach einer Reise durch dichten Nebel, ein Land voller Früchte und Blumen erreicht. Als sie an einen Fluß kamen, der von Osten nach Westen floß, trafen sie einen Mann, der ihnen erklärte, daß dieses Land schon seit ewigen Zeiten existiere und daß es hier keinen Mangel gebe. Er habe sie zu ihrem Boot zurückgeleitet und sie aufgefordert, wieder in ihre Heimat zu fahren.

Von Mernoc aber heißt es, er sei wiederholt in dieses Land gefahren und habe sich jeweils längere Zeit dort aufgehalten.

Einige Wissenschaftler sehen hier bereits Anhaltspunkte für eine Entdeckung Amerikas durch irische Mönche noch vor St. Brendan, aber insgesamt ist dieser Teil der *Navigatio* noch so sehr von der symbolischen Ausdrucksweise geprägt, daß sich keine Übereinstimmungen mit wirklichen Orten finden lassen. Anders verhält es sich mit den Angaben über St. Brendans eigene Reise.

Die Route des heiligen Brendan: Irland, Hebriden, Färöer

St. Brendan und seine Mönche fuhren zunächst von ihrem Heimathafen auf der Halbinsel Dingle fünfzehn Tage lang nach Westen. Dann kamen sie, nach einer Windstille, von ihrem Kurs ab und wurden in nördliche Richtung auf eine Insel zugetrieben, deren hohe, direkt aus dem Meer aufsteigende Klippen zunächst keinen Platz für eine Landung ließen, bis sie schließlich doch eine winzige Bucht zwischen den Felsen für ihr Boot fanden.

Die nächsten Inseln nördlich von Irland sind die Hebriden vor der Westküste Schottlands. Auch hier hatten sich schon sehr früh irische Mönche angesiedelt. Das Kloster des heiligen Columban auf der Insel Iona, das im Jahre 563 gegründet wurde, entwickelte sich zu einem

Zentrum der Christianisierung für ganz Nordeuropa, bis es Anfang des 9. Jahrhunderts dem Ansturm der Wikinger zum Opfer fiel. Die Beschreibung einer Insel mit schroffer Felsküste und nur einer Bucht ist zutreffend für die äußerste der Hebrideninseln, St. Kilda, wo auch heute Schiffe nur bei ruhiger See ankern können. Eine St.-Brendan-Kapelle erinnert an den möglichen Besuch des Seefahrer-Mönches.

Die Insel der Schafe

Die Fahrt auf den Spuren St. Brendans führte Tim Severin und seine Besatzung weiter zu den Färöer-Inseln, das nächste Ziel auf der Route nach Amerika, auf halbem Wege zwischen Schottland und Island. In der *Navigatio* heißt es, St. Brendan sei nach Verlassen der Felseninsel auf einem Zickzackkurs zu einer fischreichen Insel gekommen. Auf ihren Weiden tummelten sich das ganze Jahr über Herden riesiger weißer Schafe. Hier werden die Mönche von dem »Verwalter« eines Klosters begrüßt, der ihnen ein Osterlamm schenkt und ihnen erklärt, daß die Schafe hier so prächtig gediehen, weil sie nicht gemolken würden und wegen des milden Klimas Tag und Nacht auf der Wiese sein könnten.

Die Schafsinsel hat man vielfach mit Stremnoy, der Hauptinsel der Färöer, identifiziert. Tatsächlich sorgt der Golfstrom hier für verhältnismäßig milde Winter und damit für ein ideales Klima für die Schafzucht. Der Name »Färöer« ist etymologisch mit dem dänischen Wort für Schafe verwandt. Wahrscheinlich haben die Wikinger, als sie im 9. Jahrhundert die Iren von hier vertrieben, den Namen beibehalten.

Der »Verwalter«, von dem in der *Navigatio* die Rede ist, wird einer jener irischen Mönche gewesen sein, die schon vor St. Brendans Zeit von Irland aus die Inseln im nördlichen Atlantik bevölkerten. Darauf weist auch die im Jahre 825 am Hofe des Frankenkönigs Ludwig des Frommen geschriebene Chronik des irischen Mönches Dicuil hin. Er spricht von Inseln weit im Norden von Schottland, die lange Zeit von irischen Einsiedlern aufgesucht wurden, jetzt aber, nach der Plünderung durch die normannischen Piraten, nur noch von Schafen und Vögeln bevölkert seien. Auch auf den Färöern erinnern Namen wie Brandansvik und Brandon Creek an den seefahrenden Heiligen.

Der »Verwalter«, der im Laufe der *Navigatio* zum Berater und Wegweiser von St. Brendan wird, da dieser auf seiner neunjährigen Reise mehrfach zur Schafsinsel zurückkehrt, weist ihnen den Weg zu einem Vogelparadies jenseits einer Meerenge westlich der Schafsinsel. Damit ist wahrscheinlich die Insel Vagar gemeint, die heute noch für die Artenvielfalt ihrer Vögel berühmt ist und deren Lage am Vestmanna-Sund, der »Meerenge der Westmänner«, an ihre Besiedlung durch die westirischen Mönche erinnert.

Der Wald auf dem Walfisch

In der Nähe der Vogelinsel spielt eine Episode der St.-Brendan-Geschichte, die oft als Beweis für ihre Unglaubwürdigkeit herangezogen wird. St. Brendans Mannschaft landete auf einer bewaldeten Insel und machte ein Feuer, um sich ein von der Schafsinsel mitgebrachtes Lamm zu braten. Plötzlich begann der Boden zu beben, und die Mönche stürzten in Panik zurück auf ihr Boot. Die Insel setzte sich in Bewegung und verschwand mitsamt Wald, Feuer und angesengtem Lammbraten in der Weite des Atlantiks. Die Mönche hatten nicht bemerkt, daß sie ihr Picknick auf dem Rücken eines Wals veranstalten wollten, dem das Feuer wahrscheinlich zu heiß geworden war. Nun ist uns zwar durch die Geschichte von Jonas im Bauch des Wals das merkwürdige Verhalten von Seeungetümen vertraut, aber dieser Bericht erscheint doch zu phantastisch, um darin einen realen Kern erkennen zu können.

Tim Severin sieht das aufgrund seiner Erfahrungen in den Gewässern des Nordatlantiks anders. Tagelang wurde sein Lederboot von Walen begleitet, die oft zum Berühren nahe herankamen und manchmal auch direkt unter dem Boot schwammen, so als wollten sie es tragen. Sie taten dies nur, wenn kein anderes Boot in der Nähe war, und Severin vermutet, daß die Wale, vielleicht wegen der Form des Lederbootes, in ihm ein verwandtes Wesen sahen. Jedenfalls wird die

Begegnung mit den Walen für die irischen Mönche ein ähnlich überwältigendes Erlebnis gewesen sein wie für ihre modernen Nachfahren. Aus dieser Perspektive gesehen, ist die Walgeschichte eher dazu geeignet, die Glaubwürdigkeit der *Navigatio* zu erhöhen.

Island – die »Insel der Schmiede«

Eines der stärksten Argumente für die Wirklichkeitsnähe der *Navigatio* ist die Beschreibung der »Insel der Schmiede«. Eines Tages, so heißt es, wurde Brendan mit seinem Boot von einem südlichen Wind auf eine steinige Insel getrieben. »Die Insel war sehr rauh, felsig und voll Schlacke, ohne Bäume und Gras und voll von Schmelzöfen ... Als sie an der Insel vorbeifuhren, einen Steinwurf entfernt, hörten sie bellende Geräusche, laut wie rollender Donner, und den Klang der Hämmer auf Eisen und Amboß ... Einer der Bewohner kam aus seiner Werkstatt heraus und trug in der Hand eine Zange mit einem lodernden Klumpen Schlacke, groß und glutsprühend. Er warf den Schlackeklumpen den Gottesdienern hinterher, aber es tat ihnen keinen Schaden. Der Klumpen flog zweihundert Meter über sie hinweg. Dort, wo er ins Wasser fiel, begann das Meer zu kochen, wie wenn ein Vulkan kocht, und aus dem Meer stieg Rauch auf wie aus einem Feuerofen.« Schließlich kamen noch weitere Schmiede gerannt und warfen nach den Mönchen mit der glühenden Schlacke. Es sah aus, als ob die ganze Insel in Flammen stünde, und das Meer kochte auf wie ein Fleischkessel, wenn man die Glut unter ihm entfacht. Den ganzen Tag über hörten die Mönche das Getöse von der Insel. Und noch als sie die Insel längst nicht mehr sehen konnten, drang das Geschrei der Einwohner an ihr Ohr, und der Gestank stieg ihnen in die Nase. St. Brendan sprach seinen Mitbrüdern Mut zu, denn sie glaubten sich offensichtlich am Eingang zur Hölle zu befinden.

Die meisten Wissenschaftler sind sich darüber einig, daß hier ein Vulkanausbruch beschrieben wird. Die Frage ist nur: Handelt es sich dabei um einen Erlebnisbericht, oder hat der Autor der *Navigatio* aus einer antiken literarischen Beschreibung eines Vulkanausbruchs zitiert, die er in einem Manuskript seiner Klosterbibliothek fand? Beides wäre möglich.

Tim Severin in seinem Lederboot mit Kurs auf Island votiert für den Erlebnisbericht. Er bemerkt, daß, gerade wenn man sich, wie St. Brendan, Island von Süden her nähert, die Seekarte eine ganze Reihe vulkanischer Kegel auf dem Meeresboden verzeichnet. Auch der Reykanes-Gebirgszug, der südwestlich von Keflavik in das Meer ragt, ist weitgehend vulkanischen Ursprungs. Mindestens sechs unterseeische Vulkanausbrüche sind in historischer Zeit für diese Gegend belegt. Einem solchen Ausbruch verdankt die Insel Surtsey, die 1963 aus dem Meer aufstieg, ihre Existenz. Von anderen Inseln weiß man, daß sie, noch bevor sie formell in Besitz genommen werden konnten, wieder in den Fluten verschwanden. 1973 öffnete sich vor der Insel Vestmanna eine Erdspalte und hätte beinahe den einzigen Ort der Insel in sich begraben. Auch hier findet sich wieder der Name »Westmännerland«, der auf die Begegnung der Wikinger mit den Iren zurückgeht, die aus der Perspektive der skandinavischen Neuankömmlinge »Westmänner« waren.

Der isländische Vulkanologe Sigurd Thorarinsson, der den Ausbruch des Surtsey miterlebte, sieht in der Beschreibung der *Navigatio* eine realistische Wiedergabe der Begleiterscheinungen eines unterseeischen Vulkanausbruchs. Sie läßt außerdem erkennen, daß sich St. Brendan und seine Mönche in unmittelbarer Nähe der Ausbruchsstelle befunden haben müssen – was bei einem Vulkanausbruch an Land nicht möglich ist.

Die *Navigatio* enthält ein weiteres Detail, das darauf schließen läßt, daß St. Brendan und seine Mönche sich tatsächlich in der vulkanischen Region Islands befunden haben. Kurz nach der Episode mit den unfreundlichen »Schlackewerfern« kamen sie in Sichtweite eines »hohen Berges mitten im Meer, nicht weit gegen Norden, mit seinem Gipfel scheinbar in Wolken gehüllt, in Wahrheit aber in Rauch«. Sie wurden mit ihrem flachen Boot an Land getrieben, einer der Mönche stieg aus, um ein Stück den Hang hinaufzugehen. Plötzlich rief er um Hilfe: »Er wurde«, so heißt es, »von Dämonen ergriffen, die ihn vor den Augen seiner Mitbrüder packten und in

Flammen aufgehen ließen.« Hier hatte sich offenbar einer der Mönche zu weit vorgewagt und war in die Kruste eines nur an der Oberfläche erkalteten Lavastroms eingebrochen. Aufgrund der in der *Navigatio* angegebenen Landschaftsbeschreibung glaubt Tim Severin, daß sich dieses Unglück in der Region der heute noch gelegentlich tätigen Vulkane Hekla und Katla ereignet haben müßte.

Am 15. Juli 1976 erreichte der moderne Nachbau des »curragh« die isländische Hauptstadt Reykjavik. Etwas über zwei Monate hatte die Reise von Irland bis hierher gedauert, und das Leder des Bootes war, anders als befürchtet, noch vollkommen intakt. Schlechtes Wetter zwang die Mannschaft, den zweiten Teil ihrer Reise auf das folgende Frühjahr zu verschieben. Auch St. Brendan war ja in Etappen nach Amerika gefahren.

Die Säule aus Eis

Eine der Hauptgefahren der Nordatlantikroute, sogar für große Schiffe, wie man spätestens seit dem Untergang der Titanic weiß, sind die Eisberge, die sich im Frühjahr aus dem Packeisgürtel Grönlands lösen und nach Süden treiben. Einem solchen Eisberg scheint auch St. Brendan begegnet zu sein: »Eines Tages sahen sie eine Säule in der See, die nicht weit entfernt schien. Dennoch brauchten sie aber drei Tage, um sie zu erreichen. Als der Gottesmann herangekommen war, schaute er nach oben, konnte aber ihre Spitze nicht sehen, so hoch war sie. Die Säule war umgeben von einem offen-maschigen Netz. Die Öffnungen waren groß genug, um das Boot hindurchzulassen. Sie wußten nicht, woraus das Netz gemacht war. Seine Farbe war Silber, aber es schien härter als Marmor zu sein. Die Säule selber war klar wie Kristall.« Nachdem sie sich durch die »Maschen« des Treibeises einen Weg zum Eisberg gebahnt hatten, nahm St. Brendan sogar Messungen vor. Fast siebenhundert Meter, stellte er fest, maß eine Seite des Eisbergs.

Auch Tim Severin und seine Mannschaft gerieten mit ihrem Boot in das Packeis und bestätigten die Beobachtungen St. Brendans, daß das Eis um einen Eisberg herum wie ein silbriges Netz aus Marmorstücken aussieht. Ihre Fahrt beweist aber auch, daß ein Lederboot die Begegnung mit dem Packeis überstehen kann. Kurz nachdem sie über Funk gehört hatten, daß ein Schiff der kanadischen Küstenwache nach einem Zusammenstoß mit einem Eisberg unweit ihrer Position gesunken war, rammten auch sie einen Eisberg und schlugen leck. Sie hatten sich schon auf ein Verlassen des Bootes eingerichtet, da gelang es ihnen, mit letzter Anstrengung den knapp unterhalb der Wasserlinie entstandenen Riß in der Haut zu flicken, indem sie von außen ein Stück Leder darübernähten. Ein Boot aus Holz oder Kunststoff hätte sich nicht so einfach reparieren lassen. Nachdem Tim Severin den Eisgürtel um Grönland umschifft hatte, geriet er vor Neufundland in die berüchtigten Nebelbänke, die auch den mittelalterlichen Mönchen zu schaffen machten, bevor sie endgültig das ihnen »verheißene Land« erreichten.

Am 26. Juni 1977, nach 50 Tagen auf offener See zwischen Island und Kanada, erreichten Tim Severin und seine Crew die kleine Insel Peckford vor der Ostküste Neufundlands. Der Beweis, daß die Überfahrt nach Amerika mit einem mittelalterlichen Lederboot auf der nördlichen Route möglich gewesen ist, war erbracht.

Spuren im Bermudadreieck

Es gibt allerdings noch Stationen auf St. Brendans Reise, für die sich auf der Nordroute keine Entsprechungen finden lassen. So zum Beispiel die Fahrt auf dem Klebermeer, in dem sein Schiff steckenzubleiben drohte – worin man die Sargassosee erkannt hat, in der ein dichtes Geflecht von Algen die Schiffahrt behindert. Ein anderer Reiseabschnitt führte sie acht Tage lang über glasklares Wasser, in dem Fischschwärme auf dem sandigen Grund wie auf einer Wiese zu grasen schienen. Hier denkt man an das durchsichtige, türkisfarbene Meer zwischen den Inseln der Bahamas vor der Ostküste Floridas. Und die Beschreibung einer ganz flachen, kaum über den Meeresspiegel ragenden Insel mit lila-weißen Früchten paßt auch am ehesten auf eine der vielen flachen Inseln in der Gruppe der Bahamas. Schließlich wird noch eine Insel mit einer »Quelle, umgeben von

Früchten und Wurzeln, und einem Fluß, in dem man die Fische auf ihrem Weg zum Meer beobachten kann«, genannt. Vom Genuß des Quellwassers wurden einige von St. Brendans Mönchen so krank, daß sie in einen tiefen Schlaf fielen, aus dem sie erst nach Tagen erwachten. Die Azoreninsel São Miguel ist mit dieser Episode in Verbindung gebracht worden, weil sich dort, bei dem Ort Furnas, heiße schwefelhaltige Quellen befinden, deren Wasser ungenießbar ist. Die *Navigatio* ist also, auch wenn sich aufgrund ihrer Angaben die Nordroute als die plausibelste herausstellt, ein zur Legende ausgeschmückter Bericht, der wahrscheinlich die Erinnerungen an verschiedene transatlantische Fahrten zusammenführt.

Einen wichtigen Hinweis auf die frühe Seefahrertätigkeit irischer Mönche verdanken wir ihren Nachfahren, den Wikingern, die bisher als die Hauptkonkurrenten von Kolumbus in der Entdeckungsgeschichte Amerikas galten. In dem berühmten »Landnamabook«, das von einer ihrer Fahrten nach »Vinland« berichtet, wird erzählt, daß sie bei ihrer Ankunft in Island »Männer vorfanden, welche die Nordmänner ›Papar‹ nannten. Es waren Christen, und man nimmt an, daß sie aus dem Westen übers Meer gekommen waren, denn man fand bei ihnen Bücher, Glocken und Kruzifixe.« Außerdem gibt es dort den Bericht über einen gewissen Ari Marsson, der auf einer Fahrt nach Grönland in seinem Boot abgetrieben wurde und das »Weißmännerland« erreichte, wo er getauft worden sein soll. Dort soll es, laut dem Bericht zweier Indianerjungen, die der Normanne Thorfinn Karlsefni im Jahre 1023 nach seinem dreijährigen Aufenthalt in Amerika mit nach Hause gebracht hatte, Menschen gegeben haben, »die in langen weißen Kleidern einhergingen, laut sangen und Stangen vor sich hertrugen, an denen Tücher befestigt waren«. Ja, es gibt sogar eine Theorie, die die »weißen Götter« der mexikanischen Mythologie auf die Missionarstätigkeit jener unerschrockenen irischen Seefahrer zurückführen will.

Bis jetzt fehlen eindeutige archäologische Beweise für die Präsenz irischer Mönche in Amerika. Daß sie aber in der Lage gewesen sind, mit ihren »curraghs« Fahrten dorthin zu unternehmen, ist nicht zuletzt durch die Expedition Tim Severins bewiesen worden. Ob sie

sie auch tatsächlich unternommen haben, ist eine andere Frage. Die Hinweise, die wir in der Seefahrerlegende von St. Brendan gefunden haben, sprechen dafür. Severin ist davon überzeugt, daß sich eines Tages weitere Indizien finden werden, die dem Anspruch der irischen Mönche, Entdecker Amerikas zu sein, Nachdruck verleihen.

Für ihn ist die *Navigatio* das Zeugnis der kollektiven Erfahrung einer frühen christlichen Seefahrerkultur, deren regelmäßige Fahrten im Nordatlantik spätere Fahrten inspirierten und erst möglich machten. Während die Fahrten der Wikinger im Mittelalter kaum bekannt waren, wurde durch die Popularität der Seefahrerlegende des St. Brendan das Bewußtsein der Europäer für eine neue Welt im Westen geschärft. Andere nach ihm brauchten sie nur noch einmal zu entdekken.

Wikinger auf Westfahrt

»... noch von einer anderen Insel berichtete er mir, die von vielen in jenem Meer entdeckt wurde. Die wurde Vinland genannt aus dem Grund, daß dort Wein von selbst wächst und bester Wein entsteht. Und daß dort wildes Getreide heranreift, ist nicht verwegene Phantasie, sondern verläßliche Auskunft der Dänen.« (*Bischof Adam von Bremen nach einem Gespräch mit dem König von Dänemark im Jahr 1070*)

Die Drachensegler

Es war ein strahlender Spätsommertag im Jahr 1960, als der Norweger Helge Ingstad an der Küste Neufundlands am Ziel seiner Reise angekommen war. Er war mit dem Überlandbus wochenlang die Küste Ostkanadas entlanggefahren. Er hielt an geschützten Buchten, dort, wo man mit einem Boot anlegen würde. Wo er ausstieg, stellte er den Leuten immer die gleiche Frage: »Gibt es hier in der Nähe irgendwelche Reste alter Behausungen oder Hinweise auf frühere Siedlungen?« Dann hatte er Glück. An der äußersten Spitze Neufund-

Leif Eriksson gründete um das Jahr 1000 die erste Kolonie bei L'Anse aux Meadows auf Neufundland. Die grasgedeckten Langhäuser sind Rekonstruktionen.

lands, wo kaum ein Fremder hinkommt, wies ihn ein alter Fischer auf die kleinen, unnatürlichen Bodenerhebungen hin, die seit alters bekannt waren, um deren Ursache sich aber nie jemand gekümmert hatte. Auf der Suche nach europäischen Siedlungsspuren aus der Zeit um das Jahr 1000 hatte Ingstad endlich Erfolg. Er hatte »sein« Troja gefunden: Reste einer Wohnanlage von Wikingern. Wie häufig in solchen Fällen stieß Ingstad, der kein Archäologe ist, zuerst auf Ablehnung, und es dauerte Jahre, bis seine Arbeit international respektiert wurde. Der Fund war eine Sensation, wenn auch, flüchtig betrachtet, sehr wenig zu sehen war. Erst die mühselige Kleinarbeit der Wissenschaftler brachte die Fakten an den Tag. Es gab keinen Schatz zu heben, keine Tempel auszugraben und keine Grabkammern zu öffnen. Leichte Erhöhungen wie Grasnarben auf wildwachsenden Kuhweiden, bei dem kleinen Fischerdorf L'Anse aux Meadows, waren alles.

Das Klima ist rauh. Oft liegt bis Anfang Juni Schnee, Eisberge treiben die Küste entlang nach Süden. Nebel verhüllt die ohnehin selten klare Sicht. Wenn man Glück hat, zeigt sich vor der kleinen Bucht ein Wal. Und Nordlicht bringt gelegentlich den grauen Nachthimmel im wunderschönsten Farbenspiel zum Leuchten. Im September, als wir das erste Mal nach L'Anse aux Meadows fuhren, herrschte schon Frost, und auf Labrador, auf der anderen Seite des St.-Lorenz-Stromes, fiel der erste Schnee. Wir fragten uns, warum die Wikinger in dieser kargen Region siedelten. Aber vor einigen hundert Jahren war die Vegetation üppiger. Pollenanalysen haben ergeben, daß das Klima damals milder war.

Seit Jahren hatte Ingstad – wie Schliemann ein Amateur und besessen von seiner Vorstellung – daran geglaubt, daß das, was die alten Sagas erzählten, auf wirkliche Orte und Begebenheiten zurückgehen müsse. Er hatte die Lebensweise und Geschichte der Wikinger in Norwegen, Island und Grönland studiert. Jahre seines Lebens widmete er den altnorwegischen Sagen, die ein faszinierendes Bild von der Geschichte der Wikinger geben.

Barbaren aus dem Norden

Als das 9. Jahrhundert in Europa eingeläutet wurde, ahnte man noch nicht die Schrecken, die das fremde Volk aus dem hohen Norden über den gesamten Kontinent bringen würde. Die Nachrichten über die Greueltaten bei der Plünderung und Brandschatzung des Klosters Lindisfarne in England, das 793 mitten im Frieden überfallen wurde, gingen wie ein Lauffeuer durch das Land.

Man berichtete von den furchterregenden Drachenschiffen, die aus dem Nichts erschienen waren. Starke, große Männer, schwer bewaffnet und gepanzert, gingen bei Morgengrauen des Ostersonntags an Land und machten alles nieder, was sich ihnen in den Weg stellte. Dann legten sie Feuer. Und noch bevor sich eine Gegenwehr formieren konnte, waren die heidnischen Banden zurück auf hoher See.

Die Britischen Inseln, wo sich dieser Überfall ereignet hatte, schienen von Europa weit entfernt zu sein. Eine schützende See lag

Mystery Hill in New Hampshire ist eine der vielen ostamerikanischen Fundstätten, deren Ursprung nicht geklärt ist.

Steinzeitliches »Schiffsgrab« auf Öland, Schweden.

dazwischen. Eine Gefahr für das Festland ahnte man nicht. Daß aber gerade die See es war, die es dem Nordvolk leichtmachte, andere Länder zu erobern, wurde bald mit Entsetzen erkannt. Die kleinen, wendigen Boote mit Rudern und Segel konnten im Kampf, ohne manövrieren zu müsen, vor- wie rückwärts fahren. Meere und Flüsse waren die »Straßen« der Wikinger. Und wenn es sein mußte, wurden die Drachensegler auch über Land transportiert. Rollen aus Holz wurden unter den Kiel geschoben, der Mast wurde niedergelegt, bis schiffbare Gewässer erreicht waren. Der kriegerische Erfolg machte die Wikinger innerhalb kürzester Zeit zu einer Vormacht in Nord- und Mitteleuropa.

Fahrten in der Steinzeit

Seit der Jungsteinzeit hatte sich in den Gebieten des heutigen Dänemark, Schweden und Norwegen ein Seefahrervolk herangebildet. Die Steinzeichnungen von Tanum im schwedischen Bohuslän und im benachbarten Grenzgebiet von Südnorwegen bezeugen die jahrtausendealte Tradition. Ihre Ähnlichkeit mit Steinzeichnungen in der Nähe der heutigen Stadt Petersborough im kanadischen Ontario hat sogar Vermutungen aufkommen lassen, es habe in der Endphase der Jungsteinzeit, also etwa um 2000 v. Chr., transatlantische Kontakte gegeben. Befürworter dieser Theorie ist der Amerikaner Barry Fell, der in seinem Bestseller *America B.C.* die Frage der Besiedlung Amerikas vor Kolumbus behandelt. In der Tat sind die Parallelen der steinzeitlichen Zeugnisse auf beiden Seiten des Ozeans verblüffend. So sind die Darstellungen von Figuren und Schiffskörpern geradezu identisch. Auch die Steinlegungen von Gungywamp und Mystery Hill in Neuengland, die an megalithische Kultstätten wie Carnac in der Bretagne oder Newgrange in Irland erinnern, gehören in diesen Zusammenhang. Die Argumentation beschränkt sich auf den Vergleich ähnlicher Phänomene beiderseits des Ozeans. Auf ein »missing link«, das Beweiskraft für die tatsächliche Verbindung hat, darf man warten.

Die Eroberung der Alten Welt

In der Zeit der Völkerwanderung begannen die Nordmänner auf ihren Schiffen den Fernhandel, für den sie einen eigenen Schiffstyp, »Knorr« genannt, entwickelten. Dieser war bauchiger als die Kriegsschiffe und konnte rund dreißig Personen fassen, dazu Vieh, Trinkwasser und Verpflegung. Die etwa zwanzig Meter langen Schiffe konnten mehr als vierzig Tonnen Ballast und Ladung aufnehmen. Die Segel bestanden aus doppelt gewebter Rohwolle oder Leinen, ihre rote Farbe war weithin sichtbar. Mit einer Segelfläche von hundert Quadratmetern waren die Drachenschiffe ausgesprochen schnell und konnten vier bis fünf Knoten erreichen. Ragnar Thorseth erreichte auf der nachgebauten »Saga Siglar« bei heftigem Wind sogar mehr als das Doppelte dieser Geschwindigkeit.

Noch im 6. oder 7. Jahrhundert war das westliche Skandinavien mit seinen reichen Fischgründen, den unendlichen Wäldern und den für Ackerbau so geschützten Tälern dünn besiedelt. Klimatische

Illustration aus »St. Brendans wundersame Seefahrt« in einer mittel-hochdeutschen Handschrift von 1460. Bibliotheca Palatina, Heidelberg.

Steinzeitliche Schiffsdarstellungen an den Felswänden im Nordosten Brasiliens geben Anlaß zu der Spekulation, daß Amerika bereits von Phöniziern und Ägyptern entdeckt worden ist.

Rechte Seite: Tim Severins »curragh« vor der Küste Labradors. Ein Besatzungsmitglied harpuniert einen Wal. Das keltische Kreuz auf den Segeln erinnert an die Seefahrt des irischen Heiligen.

Anschauliches Zeugnis aus der Welt der mittelalterlichen Seefahrt ist der Teppich von Bayeux. Die in Frankreich »Normannen« (»Nordmänner«) genannten Wikinger benutzten die gleichen Schiffe wie ihre grönländischen Landsleute. Bayeux, Frankreich.

Rechte Seite: Begegnung mit einer Meerjungfrau. Illustration aus »St. Brendans wundersame Seefahrt« (1460). Bibliotheca Palatina, Heidelberg.

Dolmen bei New Salem im Staat New York und bei Salvatierra in Portugal.

Rechte Seite:
Oben: Steinzeitliche Felszeichnungen von Bohuslän in Südschweden bezeugen eine jahrtausendealte Tradition der Seefahrt in Skandinavien.
Unten: Vielleicht haben sich die Wikinger bei der Überfahrt nach Amerika auf die Spuren ihrer Vorfahren begeben. Die »Saga Siglar«, Nachbau eines Drachenseglers, vor der Küste Grönlands.

Oben: Kapitän Thierslund vom Schiffahrtsmuseum Kronborg, Dänemark, demonstriert den Wikingerkompaß.
Unten: Der Archäologe C. L. Vebaek fand auf Grönland das Fragment einer Holzscheibe mit Kerben und Ritzungen, die er als Bestandteil eines Kompasses identifizierte. Er funktioniert nach dem Prinzip der Sonnenuhr und diente den Wikingern zur Orientierung auf See lange vor Erfindung des magnetischen Kompasses.

Erwärmungen, die die gesamte nördliche Halbkugel betrafen, machten seit dem 7. Jahrhundert Ackerland ertragreicher. Die Bevölkerung wuchs. Als das Land knapp wurde, begann man sich nach außen zu orientieren. Dabei gingen die Wikinger geschickt vor. Sie wollten sich nicht alle Welt zum Feind machen, wenn sie auch mit dem Gegner nie zimperlich umgingen. Wo es sich anbot, wurden Handelsverträge geschlossen. Wo dies nicht gelang, entschied das Schwert. Nachdem die Britischen Inseln das erste Beuteland geworden waren, begann ein erbarmungsloser Eroberungszug über den Kontinent. In allen Ländern Europas waren Kirchen wie Klöster Horte von Gold und Silber. Die Stadt Nantes wurde 843 geplündert. Weiter ging es nach Südfrankreich, um den wichtigsten Handelsweg, die Salzstraße, zu kontrollieren. Von dort war es nach Spanien nicht weit: Cadiz und Sevilla wurden verwüstet. Nordafrika blieb nicht verschont. Im Norden Europas übernahmen die Wikinger die Herrschaft über das Weiße Meer. Murmansk wurde dort ihr Stützpunkt. Im Osten schließlich eroberten sie die Gebiete des heutigen Rußland und der Ukraine. Die Stadt Kiew erblühte unter der Herrschaft der Wikinger. Byzanz und Bagdad waren die Städte, in denen Seide und Gewürze aus Asien angeboten wurden. Hier errichteten die Wikinger Handelshäuser.

Archäologen fanden eine Buddha-Figur aus Kaschmir an einem ehemaligen Handelsplatz in Schweden. Sie stammt aus dem 7. Jahrhundert. Silber aus Nordafrika füllte die Taschen der Kaufleute im skandinavischen Birka. Arabische Münzen fand man in der Wikingerstadt Haithabu bei Schleswig. Haithabu war einer der bedeutendsten Sklavenmärkte Europas, eine Tatsache, die mit dem germanischen Norden kaum in Verbindung gebracht wird.

Die Expansion brachte es mit sich, daß das Schiff nicht mehr einziges Transport- und Verkehrsmittel blieb: In Osteuropa und Asien bediente man sich des Pferdes. Magyaren, ungarische Söldner, bildeten das militärische Rückgrat zu Lande. Um das Ende des 1. Jahrtausends erstreckte sich die Herrschaft der Wikinger über den gesamten europäischen Kontinent bis nach Nordafrika und Kleinasien. Und noch immer war der Wille, die Herrschaft auszudehnen, lebendig. Als sei ihnen dieses Europa zu eng, setzte zunächst eine Auswanderungswelle nach Island ein. Und hier in Island begann ein neues Kapitel in der Entdeckungsgeschichte Amerikas.

Land unter dem Polarstern

In den Flateyjarboken, den isländischen Sagas, wird erstmals von der Reise des Kaufmanns Bjarne Herjulfson im Jahr 986 berichtet, der von seiner Route zum gerade entdeckten Grönland abgekommen war. Ein Sturm, der etwa zehn Tage anhielt, hatte sein Schiff nach Westen getrieben. Wahrscheinlich ist er dort in die Strömungen vor Grönland und Labrador geraten, die ihn rasch nach Westen trugen. Dort sichtete er unbekanntes Land. Die Beschreibungen legen die Vermutung nahe, daß Bjarne in die Gegend um Cape Cod beim heutigen Boston verschlagen wurde. Bjarne entschied, gegen den Willen der Mannschaft, nicht an Land zu gehen. Er hatte Ladung für Grönland und zudem genügend Trinkwasser und Nahrung an Bord. Sie segelten daraufhin nach Norden, entlang der Küste des heutigen Bundesstaates Maine, dann wahrscheinlich um das kanadische Neuschottland (Nova Scotia) herum, bis sie nach weiteren vier Tagesreisen Neufundland erreichten. Da der Wind aus Südwest günstig und so kräftig war, daß Bjarne einen Teil des Segels reffen lassen mußte, entschied er sich für einen Nordostkurs. Nach etwa vierzehn Tagen legte er sicher in Grönland an. Die Nachricht von dem neuen Land im Westen erreichte den norwegischen Hof. Bjarne soll von seinem König gescholten worden sein, weil er nicht »entdeckte«, was schon vor seinen Augen gelegen hatte: ein Land reich an Wäldern. Die »Entdeckung« Bjarnes wurde nicht vergessen. Es vergingen aber noch vierzehn Jahre, bis Leif Eriksson eine Reise an die neuen Gestade ausrüstete. Er war der Sohn von Erik dem Roten, der einen Mord begangen hatte und daher seine Heimat verlassen mußte und nach Grönland gegangen war.

Die Besiedlung Grönlands durch die Wikinger hatte erst eine Generation zuvor begonnen. Die Gewässer waren reich an Robben, Walrossen, Walen und Fischen; das Land dagegen hatte wenig zu bieten. Wenngleich das Klima bis in das 15. Jahrhundert hinein auf

Grönland freundlicher gewesen ist als heute, war der Sommer doch nur kurz. Und eins fehlte völlig: Holz. Für die Feuerung und den Hausbau konnte man sich mit Torf und Treibholz behelfen, nicht aber für den Schiffsbau, von dem das Überleben abhing.

Die Verheißung vom Land im Westen

Wer, wie die Wikinger auf Grönland, so existentiell von der Holzversorgung abhing, mußte nach bequemeren und näher gelegenen Ressourcen suchen. Das Mutterland Norwegen war weit entfernt, und der Schiffsverkehr lief zwar regelmäßig, aber doch sehr selten. Erik der Rote plante zusammen mit Sohn Leif die Expedition ins Unbekannte. Die Sage berichtet, daß Erik, als er zum Schiff ritt, vom Pferd

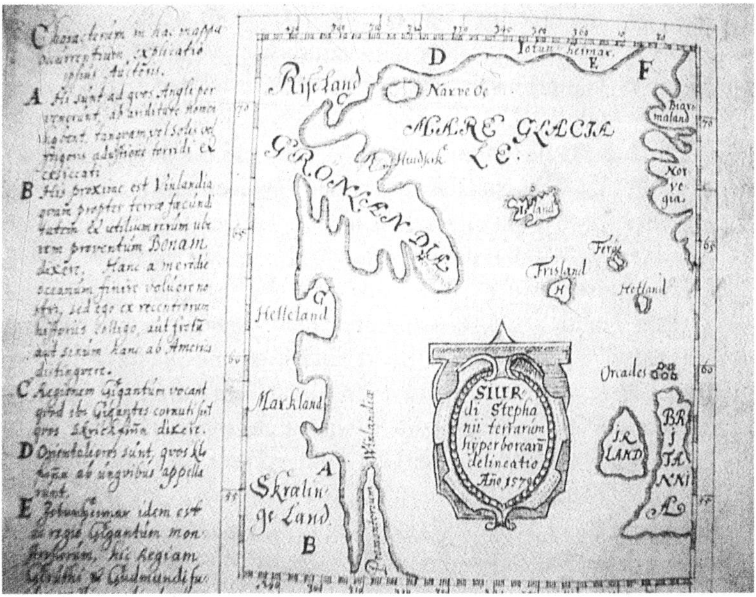

Die älteste bekannte isländische Karte (1570) geht auf die Angaben der Wikinger zurück. Grönland und Amerika sind eine Landmasse. Leif Eriksson nannte die Küsten von Labrador und Neufundland »Helluland«, »Markland« und »Vinland«. Königliche Bibliothek, Kopenhagen.

fiel und sich dabei ein Bein brach. Das nahm er als Warnung der Götter und blieb daheim. Leif, der gerade zum Christentum bekehrt worden war, machte sich mit fünfunddreißig Mann auf die Reise. Versorgt war er mit Proviant für eineinhalb Jahre. Sein Schiff war etwa fünfundzwanzig Meter lang und bot Platz für sechzehn Ruderpaare. (Im Vergleich dazu: Die »Santa Maria« von Kolumbus war nur vier Meter länger.)

Leif folgte den Reisebeschreibungen Bjarnes und gelangte ohne Schwierigkeiten über die Davis-Straße, die Grönland von Nordamerika trennt, nach Labrador. Und so liest sich der erste schriftliche Bericht von der Entdeckung Amerikas: »Sie segelten nahe ans Ufer und warfen Anker, dann setzten sie ein Landungsboot aus und gingen an Land. Es gab kein Gras, und das Hinterland war bedeckt mit Gletschern, und zwischen Gletschern und Ufern war das Land wie ein riesiger Fels. Es schien nutzloses Land zu sein. Dann sagte Leif: ›Nun haben wir mehr erreicht als Bjarne, was dieses Land betrifft, wir haben es wenigstens betreten. Ich will diesem Land einen Namen geben und nenne es Helluland.‹«

»Helluland« bedeutet Steinland. Sie setzten die Reise fort und kamen an einen Sandstrand, hinter dem Wälder lagen. Auch hier legten sie an und erforschten die nähere Umgebung. Sie nannten es »Markland«, Waldland. Und wieder ging es weiter nach Süden, zwei Tagesreisen, wo sie ein Land mit Wiesen und freundlicher Vegetation fanden. »Sie beschließen, hier zu wintern, und bauen große Häuser . . . In diesem Land sind Tag und Nacht eher von gleicher Länge als in Grönland oder Island. Am kürzesten Tag des Jahres war die Sonne bereits um 9 Uhr aufgegangen und ging nicht vor 3 Uhr am Nachmittag unter. Leif nannte dieses Land nach seinem Reichtum ›Vinland‹.«

»Vinland« heißt Weinland. Der Sage nach hatte Leifs Ziehvater, ein Sklave aus Deutschland namens Tykir, sich für zwei Tage vom Lager entfernt. Als er zurückkehrte, berichtete er aufgeregt: »Ich habe Wichtiges zu erzählen. Ich habe Wein gefunden. Ich weiß, wovon ich spreche, denn dort, wo ich herstamme, gibt es Wein im Überfluß.« In der Tat wuchs nicht nur in Neuengland, sondern sogar im weit nördlicher gelegenen Neuschottland Wein, wo er heutzutage kultiviert wird.

Der Fund von L'Anse aux Meadows im östlichen Kanada wurde seit seiner Entdeckung 1960 acht Jahre lang jeden Sommer gründlich untersucht. Ob es sich allerdings, wie Ingstad vom ersten Moment an glaubte, dabei um die Häuser des legendären Leif Eriksson handelt, ist fraglich. Gemessen an der historischen Bedeutung war das, was aus dem Boden in harter Arbeit ans Tageslicht befördert wurde, mehr als bescheiden: eine Kleiderspange, Teile von Hausgerätschaften, Pfeile, Holzspäne von den Zimmerleuten, ein wenig Eisenschlacke. Kein christliches Kreuz, kein heidnischer Hammer, keine Waffen, kein Schmuck. Die Lage an der nördlichen Spitze der Insel Neufundland, gegenüber der markanten Insel Belle Isle, zeugt davon, daß die Siedler bewußt einen Anlegeplatz gesucht haben, der bei einer Annäherung an die Küsten nicht zu verfehlen war.

Die Rekonstruktion der nur noch in Anzeichen vorhandenen Fundamente ergab drei für die Wikinger typische Langhäuser sowie kleinere »Werkstattgebäude«, wie zum Beispiel eine Schmiede. Auch ein abgetrennter Raum mit einem besonders großen Ofen wurde entdeckt, der als Sauna gedient haben mag. Im Vergleich mit ähnlichen Anlagen in Grönland oder Island entsteht der Eindruck, daß die Siedlung in Neufundland nicht für ständige Benutzung gebaut worden war. Die Hausgruppe, die etwa hundert Personen beherbergen konnte, ist möglicherweise nur ein Stützpunkt gewesen.

Wer heute die weite Reise an die äußerste Spitze von Neufundland nicht scheut, kann bei L'Anse aux Meadows die rekonstruierte Wohnanlage besichtigen. Ein kleines, gutgeführtes Museum gibt einen Einblick in die Lebensweise der Wikinger in Amerika und vermittelt sehr anschaulich ihre »Entdeckungsgeschichte«.

Brigitta Wallace, Archäologin und langjährige Mitarbeiterin von Helge Ingstad, vertritt die Ansicht, daß L'Anse aux Meadows ein Winterquartier und eine Basis darstellt. Hier wurden Schiffe instand gehalten und Geräte repariert. Der erwartete Handel sollte von hier kontrolliert werden. Man lebte wohl in genauer Arbeitsteilung. Danach hatten einige die Aufgabe, das Quartier zu unterhalten, Feuerholz für den Winter zu schlagen, Eisen in der Schmiede zu verarbeiten und Vorräte für die Lagerung oder den Transport vorzubereiten. Andere waren unterwegs, Tiere zu jagen und die in Europa begehrten Felle bei den Indianern gegen Tuch und Waffen einzutauschen oder Bäume für den Schiffsbau zu fällen. Eine Spindel und Nähnadeln unter den Grabungsfunden verraten, daß Frauen mit auf den neuen Kontinent gekommen waren. Und die kleine Pfeilspitze eines Kinderspielzeugs deutet auf die mögliche Anwesenheit von Kindern.

Bei den Grabungen sind Archäologen auf »butternuts« gestoßen, eine Art Walnuß, die in Neufundland nicht vorkommt. Man muß schon weit fahren, bis man in Gegenden kommt, in denen diese Pflanzenart heimisch ist: am südlichen Ufer des St.-Lorenz-Stromes. Dies ist auch das Gebiet, in dem wilder Wein wächst. Es gibt also eine Bestätigung für die Tatsache, daß die Wikinger von L'Anse aux Meadows aus Fahrten entlang der amerikanischen Küste und ins Inland unternommen haben. Brigitta Wallace kommt zu dem Schluß, die Siedlung von L'Anse aux Meadows sei nicht gleichbedeutend mit »Vinland«, stelle aber wohl die Pforte zu dem legendären Land der Sagas dar. Von hier aus war die Zufahrt vom Meer unter Kontrolle zu halten. Und von hier aus konnte durch den St.-Lorenz-Strom oder entlang der südlichen Küsten von Neufundland und Neuschottland das neue Land erforscht werden.

Die Kolonie von »Vinland«

Leif Eriksson hatte die Grundlagen für überseeische Kolonien geschaffen. Ihre Geschichte ist in der Grönland-Saga und der Saga von Erik dem Roten plastisch dargestellt. Die Expedition Leif Erikssons vom Jahre 1000 war die erste Fahrt der Wikinger nach Amerika. Nach der Überfahrt wurden Häuser aus Torf und Holz gebaut, eine Schiffswerft wurde angelegt und eine Schmiede eingerichtet. Stolz berichtete Leif nach seiner Rückkehr von Grönland vom neugefundenen Paradies im Westen.

Im Jahr darauf überquerte Leifs Bruder Thorvald die Davis-Straße und bezog Quartier in den von Leif erbauten Häusern, »Leifsbudir«

genannt. Er benutzte dasselbe Schiff und fuhr mit dreißig Mann. Ein Jahr blieben sie, erforschten die Umgebung und legten, wie Leif, Vorräte an. Im folgenden Sommer überraschten sie eines Tages neun schlafende »Skrälinger«, wie die Indianer von den Wikingern genannt wurden. Sie lagen unter drei mit Tierhäuten bespannten Booten, möglicherweise Kajaks, wie die Eskimos sie benutzten. Thorvald und seine Leute töteten alle bis auf einen, der entfliehen konnte. Die Rache blieb nicht aus, sie wurden von den Einheimischen überfallen. Thorvald wurde im Kampf durch einen Pfeil getroffen. In Panik floh die Mannschaft, Thorvald starb. Sein Grab war das erste eines Europäers in Amerika. Demoralisiert traten die Überlebenden die Reise nach Grönland an.

Ein weiterer Bruder Leifs, Thorstein, rüstete das Schiff erneut aus und begann eine dritte Reise. Vom Pech verfolgt, mußten er und seine fünfundzwanzig Gefährten vor dem Ziel die Reise abbrechen und nach Grönland zurückkehren.

Den zweiten großen Versuch zur Kolonisierung »Vinlands« startete Thorfinn Karlsefni im Jahr 1011. Er nahm etwa sechzig Männer, fünf Frauen und erstmals Haustiere sowie landwirtschaftliches Gerät mit. Im Jahr darauf erlebte Amerika ein historisches Datum: Thorfinns Frau Gudrid brachte den ersten weißen Amerikaner zur Welt. Er erhielt den Namen Snorri.

Im zweiten Sommer kam es wieder zu einem Konflikt mit den »Skrälingern«. Einer von ihnen schlich sich in das Lager der Wikinger, um Waffen zu stehlen. Dabei ertappte und tötete man ihn. Erneut entbrannte der Kampf zwischen Wikingern und Indianern. Es gab Tote auf beiden Seiten. Als die Schlacht verloren schien, sprang Eriks Tochter Freydis vor die Indianer. Sie riß sich das Kleid auf und schlug die flache Klinge des Schwertes gegen ihre Brust, als wollte sie das Eisen schärfen. Die Feinde liefen in Panik davon. Thorfinn entschloß sich dennoch zum Rückzug. Sie alle wußten, daß sie einen erneuten Überfall nicht überleben würden. Im Sommer darauf, nach drei schweren Jahren, verließen die erfolglosen Kolonisten Amerika und gingen zurück nach Grönland.

Zwei Jahre später unternahm jene mutige Freydis den letzten in den Sagas erwähnten Versuch, »Vinland, das Gute«, wie es genannt wurde, zu halten. Sie schloß einen Vertrag mit zwei Brüdern aus Island. Zwei Schiffe, ihr Schiff und das der Brüder, stachen in See, mit etwa je dreißig Personen, darunter auch Frauen. In »Vinland« nahmen sie Quartier in Leifs Lager. Die Brüder ließ Freydis nicht ins Haus, sie mußten sich ein eigenes bauen. Darüber gab es den ersten handfesten Krach. Das Lager war in zwei Parteien gespalten. Eines Nachts schlich sie sich zu den Brüdern, sprach mit ihnen über den Verkauf ihres Schiffes und kehrte zu ihrem Mann ins Bett zurück. Der bemerkte ihre kalten Füße und fragte, warum sie so durchgefroren und naß sei. Sie antwortete, die isländischen Brüder hätten sie in ihr Haus gelockt und ihre Ehre verletzt. Der verschlafene Ehemann wollte davon nichts wissen und drehte sich zur Seite. Da machte sie ihm eine Szene: Wenn er nicht Rache nähme, würde sie ihn, den Feigling, verlassen. Er holte daraufhin seine Leute aus dem Bett und erschlug die schlafenden Brüder sowie deren Gefährten. Als nun die Frauen der Ermordeten zu klagen begannen, forderte Freydis auch ihren Tod. Aber die Männer wollten sich nicht an Frauen vergreifen. Bewaffnet mit einer Axt, machte sich Freydis daraufhin selbst zur Blutrichterin und erschlug sie, eine nach der anderen. Jedem, der verraten sollte, was in jener Nacht geschah, schwor sie den Tod. In Grönland aber kam die Schandtat ans Tageslicht, und ein Fluch lag von nun an auf Freydis und ihren Nachkommen.

Der Wikingerkompaß

Eines verwundert beim Lesen der Sagas: Die Überfahrten werden als selbstverständlich und gefahrlos geschildert. Ein Schiff fährt in Grönland oder »Vinland« los, hat gute oder widrige Winde, kommt aber schließlich heil am Ziel an. Verirrt sich eines in den Weiten des Atlantiks und kommt vom Kurs ab, findet es dennoch sicher in den Heimathafen. Weder Seenot noch das ausweglose Packeis werden erwähnt.

Wir befragten Wissenschaftler im Schiffahrtsmuseum von Schloß Kronborg bei Helsingör in Dänemark sowie im Nationalmuseum von

Die Hafenstadt Bergen in Norwegen. Der Drachensegler »Gaia« vor der Abfahrt nach Amerika auf den Spuren der Wikinger.

Kopenhagen zu der nautischen Seite der Überfahrten vor eintausend Jahren. Der Archäologe C. L. Vebaek, der Ausgrabungen in Grönland geleitet hat, war auf die zerbrochene Hälfte einer etwa zehn Zentimeter großen Holzscheibe mit eigenartigen Ritzungen und Kerben gestoßen. Es ist der einzige Fund dieser Art und nach Meinung des dänischen Schiffahrtsexperten Sören Thierslund der Schlüssel zur Navigationskunst der Wikinger. Diese Scheibe war Teil einer Art Taschenkompaß, der ähnlich funktioniert wie eine Sonnenuhr. Die Sonneneinstrahlung zu bestimmter Zeit und auf bestimmter Breite ist immer gleich. Hat man sie einmal erfaßt, kann man mit Hilfe von Tageszeit und Sonneneinstrahlung die Himmelsrichtung und damit den Kurs bestimmen, auf dem man segelt. Erstmals bei einer neuerlichen Atlantiküberquerung auf dem Wikingerschiff »Gaia«, im Sommer 1991, hat Ragnar Thorseth eine Rekonstruktion des Wikingerkompasses auf seine Brauchbarkeit hin überprüft. Damit ist eines der Rätsel der mittelalterlichen Atlantiküberquerungen gelöst.

Wikinger in Südamerika

Die Sagas geben keine genauen Auskünfte, aus denen hervorgeht, entlang welcher Küsten des amerikanischen Kontinents die Wikinger segelten und wie weit ins Inland sie vorgestoßen sind. Der in Argentinien lebende Franzose Jacques de Mahieu hat versucht nachzuweisen, daß Runeninschriften in Brasilien und Paraguay auf Feldzüge der Wikinger zurückzuführen sind. Die mittelalterlichen dänisch-deutschen Kolonisten stammten angeblich aus der Gegend um Schleswig und sollen in Südamerika ein ganzes Imperium aufgebaut haben. Laut Mahieus Ausführungen segelte um das Jahr 1250 ein in Südamerika stationiertes Schiff der Wikinger über den Atlantik und in den Hafen von Dieppe in der Normandie. Bildhauer aus der Vor-Inkazeit sollen in der Andenstadt Tiahuanacu Motive vom 1236 fertiggestellten Hauptportal der Kathedrale von Amiens imitiert haben. In dieser Epoche hätten die Wikinger auch mit dem Export von Brasilholz aus dem Amazonasgebiet begonnen. Ihr Wissen wurde, so schreibt Mahieu, in den Hafenstädten der Normandie geheimgehalten, um Konkurrenz auf den profitablen Routen auszuschalten. Einer allerdings soll auf obskuren Wegen Kenntnis davon erhalten und darauf seinen Entdeckerruhm aufgebaut haben: Christoph Kolumbus. Diese Theorie, so spannend sie auch sein mag, ist stark zu bezweifeln. In den Sagas finden sich keinerlei Hinweise auf Fahrten in die südliche Hemisphäre.

Zu einem der umstrittensten historischen Bauwerke auf nordamerikanischem Boden gehört der nach der gleichnamigen Stadt benannte Newport Tower im Bundesstaat Rhode Island. In seiner architektonischen Struktur erinnert er an die Kapelle des Heiligen Grabes von Jerusalem. Der im Grundriß wie ein Gebäude aus der Zeit der Tempelritter angelegte Turm von etwa fünfzehn Meter Höhe und etwa acht Meter Durchmesser gilt als markanteste Hinterlassenschaft der Wikinger. Aber sosehr diese Annahme in die Theorie der weit über Neufundland hinausgehenden Besiedlung Amerikas durch die Wikinger passen mag, sie wird durch keinerlei Funde gestützt, die dieses Bauwerk als eines der Wikinger ausweisen.

Ein ebenso fragliches Indiz für die Expansion der Wikinger ist der berühmt-berüchtigte Kensington-Stein. Er wurde 1898 nahe dem Städtchen Kensington, Minnesota, von einem Farmer bei der Feldarbeit gefunden. Seine Inschrift in altnorwegischen Runen berichtet von dem verzweifelten Überlebenskampf einer kleinen Gruppe versprengter Wikinger, die sich nach einem Überfall durch Indianer dem Tod geweiht glaubten. Auch ein Datum wird auf dem Stein angegeben: 1362. Man kann sich des Eindrucks nicht erwehren, jemand habe Historikern und Archäologen einen Streich spielen wollen. Denn wie bei Funden sonst üblich, war kein einziges noch so unbedeutendes Artefakt in der näheren Umgebung zu finden, das die Echtheit der Inschrift bestätigen könnte. Andererseits muß man sich fragen: Wer unterzieht sich ernsthaft der Mühe, Inschriften in einen Stein zu meißeln und ihn dann so unter einem Baum zu vergraben, daß er erst Generationen später per Zufall gefunden wird? Nur um sich einen Spaß zu erlauben, wäre das ein unbegreiflicher Aufwand. Im Spiel der Argumente wird der Runenstein alle paar Jahre erneut auf seine Echtheit überprüft.

Wenn auch die auf dem Runenstein angegebene Jahreszahl 1362 nicht in Zusammenhang mit der Entdeckungsgeschichte um Leif Eriksson und dessen unmittelbare Nachfolger zu bringen ist, so liegt es durchaus im Bereich des Möglichen, daß die Wikinger bis in das Gebiet der Großen Seen, vielleicht sogar bis in das heutige Minnesota gelangt sind.

Kolumbus auf den Spuren der Wikinger

Der Norweger Kare Prytz hat in einer gerade erschienenen Untersuchung nachgewiesen, daß 1362 eine schwedisch-englische Expedition »Vinland« gesucht hat. Kurz darauf, während der Amtszeit von Papst Urban V. (1362 bis 1370), soll dem Heiligen Stuhl eine Karte übergeben worden sein, auf der Inseln im westlichen Atlantik mit dem Vermerk »neu entdecktes Land« eingezeichnet waren.

Kolumbus sollen die geographischen Umrisse Amerikas durch jene Karte bekannt gewesen sein. Eine Kopie davon ist möglicherweise die Karte, von der Kolumbus in seinen Tagebüchern spricht und die er auf seiner großen Entdeckungsfahrt bei sich hatte. Kolumbus soll, so behauptet der Autor, 1477 auf der von seinem Sohn Ferdinand beschriebenen Nordreise bereits in das »neu entdeckte Land« der verlorengegangenen Karte gelangt sein. Er wäre, wenn diesen Angaben Glauben zu schenken ist, auf einem Handelsschiff gereist, das Elfenbein (Walroßzähne) von den Küsten der Ungava Bay im Norden Kanadas abholte. Hier hätte Kolumbus dann erstmals amerikanischen Boden betreten. Prytz unternimmt den Versuch, die in den Sagas beschriebenen Orte zu identifizieren, und kommt zu dem Schluß, daß Leifs Bruder Thorvald bei einem der indianischen »mounds« beerdigt worden ist. Die »mounds«, riesige aus Erdreich aufgeschüttete Heiligtümer, finden sich nur südlich der heutigen Neuengland-Staaten.

Er stellt die Behauptung auf, daß Kolumbus 1492 diese Gegend als Ziel vor Augen hatte. In der Tat wäre er auf seiner weltberühmten Entdeckungsfahrt 1492 direkt dorthin gelangt, hätte er sich nicht nach einer gerade noch abgewendeten Meuterei von Alonso Pinzon, dem Kapitän der »Pinta«, beeinflussen lassen. Der nämlich hatte eine Kursänderung nach Südwest vorgeschlagen, so daß die drei Karavellen geradewegs auf die Bahamas zusegelten. Guanahani war die erste Insel, die er am 69. Tag seiner Reise sichtete. Die Gegend des heutigen Florida und Georgia, die Kolumbus ursprünglich angepeilt hatte, war das eigentliche Ziel, von dessen Existenz und Lage er durch die Fahrten der Wikinger gewußt haben soll.

Eine andere Kolonie der Wikinger soll an der Bucht in der Nähe der heutigen Stadt Boston gelegen haben. Wo sich jetzt der internationale Flughafen Logan befindet, sollen sie ihr Vieh gehütet haben. Eine während der frühen englischen Kolonialzeit gefundene Fischreuse aus vorkolonialer Zeit deutet auf ein mögliches Lager der Wikinger an der Mündung des Charles River hin. Die Inseln, der

Flußverlauf und die Vegetation entsprechen durchaus den Landschaftsbeschreibungen in den Sagas. Damit würde das Herzland von »Vinland« viel weiter im Süden liegen als bisher angenommen.

Wahrscheinlich geht die Annahme, daß Kolumbus bereits einmal vor dem berühmten 12. Oktober 1492 amerikanischen Boden betreten hat, zu weit. Zumindest aber läßt sich annehmen, daß Kolumbus auf seiner Reise nach Island vom Land im Westen, der Insel Grönland und dem »Vinland« der Wikinger, erfahren hat.

Daß die Versuche der Wikinger, Nordamerika zu kolonisieren, fehlschlugen, hatte verschiedene Ursachen, vor allem aber klimatische. Noch bis in die zwanziger Jahre des 15. Jahrhunderts gab es Verbindungen zwischen Norwegen, Island und Grönland. Eine um 1200 einsetzende »kleine Eiszeit«, die zweihundert Jahre später ihren Höhepunkt erreichte, begann den Siedlern im gesamten Norden das Leben schwerzumachen.

Von »Vinland« war die Entfernung zum nächstgelegenen Mutterland, Grönland, beträchtlich; die Siedlungen in der Wildnis blieben nur klein. Die Sagas scheinen ein verzerrtes Bild zu geben, denn die Zustände waren nicht paradiesisch. Der Bedrohung durch die zahlenmäßig weit überlegenen »Skrälinger« war nicht auszuweichen. Und schließlich war die Erhaltung der lebensnotwendigen Schiffe eine schwierige Aufgabe in der Fremde: Es gab keinen Ersatz für verschlissenes oder zerbrochenes Werkzeug. Während der Handel zwischen Grönland und Europa gut funktionierte, fehlte »Vinland« ein regelmäßiger Nachschub an Waren aus Europa, wie Werkzeuge aus Eisen oder Waffen, Kleidung und bestimmte Nahrungsmittel.

Im Jahre 1347, der Wikinger-Stützpunkt »Leifsbudir« auf Neufundland war längst verlassen und zerstört, fand die letzte verbürgte Fahrt von Wikinger-Nachfahren nach »Vinland« oder »Markland« statt. Holz wurde aus den Wäldern geholt. Dann folgte möglicherweise die doch etwas fragliche Expedition von 1362. Danach hörte man nichts mehr von dem »neu entdeckten Land«. Hundert Jahre später kapitulierten auf Grönland die letzten Kolonisten endgültig vor den harten Existenzbedingungen.

Prince Henry Sinclair – ein schottischer Tempelritter in Kanada

Das zerstörte Manuskript

Es war an einem warmen Frühlingstag des Jahres 1520 im Palast der Dogenfamilie Zeno in Venedig. Die Amme des kleinen Nicolo hatte ihn für kurze Zeit aus den Augen gelassen, und er war nebenan in die Bibliothek des Palastes gelaufen. In einem Regal fand der Vierjährige ein mit einem roten Band verschnürtes Päckchen. Er griff danach, es fiel zu Boden, er begann den Inhalt des Päckchens zu zerreißen. Als die Amme zurückkam, saß Nicolo neben einem Haufen von Papierschnipseln. Da der Vater nichts merken sollte, schnürte sie die halbwegs intakten Blätter wieder zusammen und warf den Rest aus dem Fenster in den Kanal.

So beginnt eines der spannendsten Kapitel in der Entdeckungsgeschichte Amerikas. Dem kleinen Nicolo waren die Briefe seines Ururgroßvaters Antonio in die Hände gefallen, die dieser hundertfünfzig Jahre zuvor an seinen Bruder Carlo, den berühmten »Löwen von Venedig«, geschrieben hatte. Darin berichtete er von seinen Fahrten auf dem Nordmeer, die er in den Diensten des schottischen Prinzen Zichmni unternommen hatte. Sie führten ihn bis nach Island, Grönland und noch weiter westlich bis nach »Estotiland«, in das heutige Kanada.

Zum Glück wurde aus dem kleinen Nicolo später ein verständiger Mann, dem klar wurde, was für einen Schaden er damals angerichtet hatte. Er versuchte ihn wiedergutzumachen, indem er die Briefe rekonstruierte und der Öffentlichkeit im Jahre 1558 in Buchform zugänglich machte.

Die enthielten tatsächlich eine Sensation: Ein gewisser Prince Zichmni hatte im Jahre 1398, mit Hilfe seines venezianischen Admirals Antonio Zeno, die Küste Neufundlands erreicht, um dort eine Kolonie zu gründen. Nach seiner Rückkehr fiel Prince Zichmni im Kampf gegen die Engländer, die sein Herzogtum Orkney vereinnahmen wollten. So geriet das Unternehmen in Vergessenheit, denn seine Erben kümmerten sich nicht um das transatlantische Vorhaben ihres

Vaters. Was blieb, waren zunächst nur die Briefe des Venezianers und eine Karte der entdeckten Länder, die eben leider erst über sechzig Jahre nach der sogenannten Entdeckung Amerikas durch Kolumbus veröffentlicht wurden.

Verständlich, daß viele Gelehrte sogleich eine Fälschung witterten. Venedig – einst eine große Seemacht, aber ohne Erfolg bei der jüngsten Serie von Entdeckungen – wolle sich nun nachträglich, so glaubte man, den Vorrang bei der Entdeckung Amerikas sichern und damit besonders Genua, der Geburtsstadt des Kolumbus, den Rang streitig machen.

In letzter Zeit sind aber, zusätzlich zu den Briefen, eine Reihe weiterer Indizien aufgetaucht, die den Anspruch der Venezianer und Schotten, vor Kolumbus in Amerika gewesen zu sein, unterstützen.

Die Briefe der Brüder Nicolo und Antonio Zeno

Venedig hatte im Jahre 1380 gerade eine größere Auseinandersetzung mit Genua erfolgreich überstanden. Einer seiner ruhmreichen Militärs, Nicolo Zeno, beschließt, »sich in der Welt umzusehen und die Sitten und Gebräuche der Menschen kennenzulernen, um so seinem Vaterland besser dienen zu können«. Er rüstet auf eigene Kosten ein Schiff aus, um Flandern und England zu besuchen. Auf dem Weg dorthin gerät er in einen Sturm und strandet in »Frislanda«. Dort wären er und seine Seeleute beinahe von einer Meute Soldaten ausgeplündert und umgebracht worden, wenn ihr Oberbefehlshaber, Prince Zichmni, die Venezianer nicht gerettet hätte. Prince Zichmni überredet Nicolo Zeno, in seine Dienste zu treten, und erobert mit seiner Hilfe die Shetland-Inseln. Zum Dank schlägt er ihn zum Ritter und ernennt ihn zum Admiral seiner Flotte.

Nicolo schreibt seinem Bruder Antonio nach Venedig, er solle ein Schiff ausrüsten und zu ihm stoßen. Gemeinsam versuchen die beiden Venezianer, die Färöer-Inseln für Prince Zichmni einzunehmen, dann kehrt Antonio nach »Frislanda« zurück, während Nicolo die Ostküste Grönlands erforscht. Kurz nach seiner Rückkehr auf die Orkney-Inseln stirbt Nicolo an den Folgen der Strapazen dieser

Reise. Sein Bruder Antonio übernimmt nun den Oberbefehl über die Flotte. Prince Zichmni, der den Ehrgeiz hat, sich zum Herrscher über alle Inseln des Nordmeeres zu machen, plant eine neue Unternehmung: Sie gilt der Erforschung des westlichen Atlantiks, wo ein Fischer neue, bisher unbekannte Länder entdeckt habe. Der Bericht dieses Fischers ist das Kernstück aus den Briefen des Antonio Zeno, die dessen Nachfahre 1558 publizierte.

Die Neue Welt des »Frislanda«-Fischers

»Vor sechsundzwanzig Jahren«, so heißt es darin (das war, je nach Datum des Briefes, etwa 1370), gerieten vier von den Orkney-Inseln stammende Fischerboote in einen Sturm und wurden nach Westen abgetrieben bis zur Insel »Estotiland«. Eines der Boote erleidet dort Schiffbruch, seine sechs Insassen aber werden gerettet und in eine Stadt geschafft, wo sie vor den König gebracht werden. Sie verständigen sich über einen Dolmetscher in lateinischer Sprache. »Estotiland« wird beschrieben als etwas kleiner als Island, aber fruchtbarer und mit einem Berg in der Mitte, von dem aus vier Flüsse das Land bewässern.

»Seine Bewohner sind sehr intelligente Leute, und man nimmt an, daß sie in früheren Zeiten mit uns Kontakt hatten, worauf die lateinischen Bücher in der Bibliothek des Königs schließen lassen, die allerdings heutzutage niemand mehr versteht, da sie ihre eigene Sprache und Schrift haben.« Das Land ist reich an Wäldern, Erzen und besonders an Gold. Die Fischer gelangen zu hohem Ansehen, da sie sich im Gebrauch des Kompasses auskennen, der den Leuten von »Estotiland« bis dahin unbekannt war.

Vom König werden sie deshalb auf eine Expedition zum südlich gelegenen Land »Drogio« geschickt. Auf dem Weg dorthin geraten sie in einen Sturm, der sie auf die Klippen eines unwirtlichen Landes treibt. Die meisten von ihnen fallen Kannibalen zum Opfer. Einer der Fischer macht sich bei den Wilden dadurch unentbehrlich, daß er ihnen das Fischen mit Netzen beibringt. Dreizehn Jahre lang soll er sich dort bei mehreren Stämmen aufgehalten haben. Er beschreibt das

Land als »quasi eine neue Welt«, deren Bewohner sehr wild seien. Je weiter man nach Südwesten in mildere Klimazonen komme, desto mehr Zivilisation treffe man an. Dort gebe es Städte und Tempel, in denen die Bewohner ihre Götter mit Menschenopfern verehrten. Auch finde man dort reichlich Gold und Silber.

Es gelingt dem Fischer schließlich, sich aus der Gewalt der Kannibalen zu befreien, er entkommt nach »Drogio«. Hier bringt er weitere drei Jahre zu, bis er ein Schiff findet, das ihn mit zurück nach »Estotiland« nimmt. Dort kommt er durch Handel zu Reichtum, rüstet ein Schiff aus und kehrt in seine Heimat »Frislanda« zurück. Prince Zichmni erfährt von den Entdeckungen des Fischers und beschließt, zusammen mit seinem venezianischen Admiral Antonio Zeno eine Expedition in diese fernen Länder zu unternehmen. Der Fischer, der sie führen sollte, war jedoch kurz vor der Abreise gestorben, so daß sie einige seiner Kameraden mit auf die Reise nehmen, die ebenfalls in den neuen Ländern dabeigewesen waren.

Die Expedition des Prince Zichmni

Die Reise führt von »Frislanda« aus zunächst westwärts zu einigen Inseln, die noch zum Herrschaftsbereich von Prince Zichmni gehören. Weiter auf Westkurs, gerät die Flotte in einen Sturm und verliert die Orientierung. Sie erreichen schließlich die Küste eines Landes, dessen Bewohner sie nicht an Land gehen lassen. Zehn Dolmetscher werden zu ihnen geschickt, aber sie verstehen nur einen, der angibt, aus »Islanda« zu stammen. Er erzählt den Ankömmlingen, daß sie sich vor »Ikaria« befänden, einem Land, das von den Nachkommen des Ikarus, des Sohnes von Dädalus, dem König von Schottland, bevölkert sei. Sie würden niemandem erlauben, ihr Land zu betreten, da sie sich vor ausländischen Einflüssen schützen und nur nach ihren eigenen Gesetzen leben wollten. Da die Ikarier entlang der ganzen Küste Wachen postiert haben, drehen die Schiffe Zichmnis ab und gehen auf einen Kurs »sechs Tage nach Westen und vier Tage nach Südwesten zu einem ihnen unbekannten Land mit einem ausgezeichneten Hafen«.

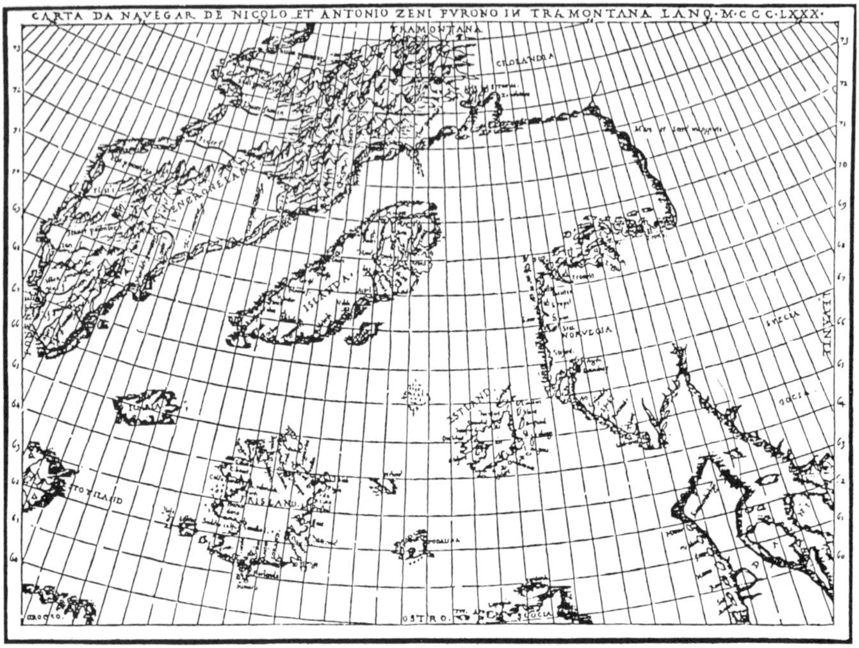

Karte aus dem 1558 in Venedig erschienenen Bericht über die Entdeckungsfahrten der Venezianer Nicolo und Antonio Zeno. Sie bereisten im Auftrag von Prince Henry Sinclair den Nordatlantik Ende des 14. Jahrhunderts.

Was anschließend geschieht, ist durch das Fragment eines dritten Briefes überliefert, in dem davon die Rede ist, daß Prince Zichmni sich in dem oben erwähnten Hafen ansiedelt und das umliegende Land gründlich erforscht. Eine ausführlichere Beschreibung und Würdigung der Taten des Prinzen, »der wie kaum ein anderer verdient, dem Gedächtnis der Menschheit erhalten zu bleiben, wegen seiner außerordentlichen Tapferkeit und Güte«, soll Antonio in einem Buch niedergeschrieben haben, das aber, ebenso wie die Mehrzahl seiner Briefe, der Zerstörungswut des kindlichen Nachfahren zum Opfer fiel.

Die Zeno-Karte

In den Fragmenten dieser Briefe gibt es viele Ungereimtheiten, die in der Tat den Verdacht einer Fälschung nahelegen. Unter anderem haben einige Wissenschaftler darauf hingewiesen, daß hier Teile aus anderen, bereits früher veröffentlichten Berichten über Fahrten in die Neue Welt eingearbeitet worden seien. Was dennoch für die Echtheit sprechen könnte, ist einmal eine dem Bericht beigefügte detaillierte Karte des Nordatlantiks und zum anderen die Erwähnung der Fahrten von Antonio und Nicolo Zeno nach »Frislanda« in einer Genealogie des Venezianers Marco Barbaro, *Discendenza Patrizie*, von 1536. Dort heißt es: »Antonio schrieb zusammen mit seinem Bruder Nicolo über die Reise zu den Inseln nahe des Nordpols und über ihre Entdeckungen im Jahre 1390 im Auftrage von Zichno, König von Frislanda. Er erreichte den Kontinent von Estotiland in Nordamerika.«

Die Karte ist wichtig, da sie – obwohl erst im Jahre 1558 veröffentlicht und ungenau in der Gesamtkonzeption des nordatlantischen Raumes – die bis dato genaueste Darstellung der Küsten Grönlands lieferte und dadurch auch noch späteren Kartenwerken als Grundlage diente. Auf ihr sind auch die Inseln »Estotiland« und »Drogio« verzeichnet, die in ihren Umrissen Neufundland und Neuschottland (Nova Scotia) entsprechen.

Wer war Prince Zichmni?

Die Zeno-Briefe werfen eine ganze Reihe von Fragen auf, deren Antworten bis heute umstritten sind. Zunächst, wer war Prince Zichmni, und wo war sein Herrschaftsbereich »Frislanda«? Gibt es weitere Hinweise auf seine Expedition nach Amerika, und warum blieb sie folgenlos für die weitere Entdeckungsgeschichte?

Johann Reinhold Forster, der Sohn des berühmten deutschen Revolutionärs und Naturforschers George Forster, behauptete als erster im Jahre 1786, Prince Zichmni müsse mit rince Henry Sinclair, Earl of Orkney, identisch sein. Ihm zufolge ist die Schreibweise

»Zichmni« auf eine italienische Verballhornung des Namens »principe d'Orkney« zurückzuführen, wobei sich durch die Ähnlichkeit der Buchstaben für d'O und Z und durch die Tatsache, daß im Italienischen dem Z immer ein Vokal folgt, k durch ch und y durch i wiedergegeben wird, beinahe zwangsläufig die Schreibweise »Zichmni« für »d'Orkney« ergibt.

Es gab auch am Ende des 14. Jahrhunderts niemand anderen in dieser Region, der als Prince Zichmni in Frage käme. Prince Henry Sinclair war zu der Zeit, als die Brüder Zeno sich in »Frislanda« aufhielten, der einzige Herrscher, der im hohen Norden Europas über eine bedeutende Seemacht verfügte. Seine Einsetzung als Earl of Orkney durch den norwegischen König Haakon im Jahre 1379 schuf ihm eine Machtbasis, die ihn eines Tages dazu befähigte, bis nach Amerika vorzustoßen. Sein Herzogtum umfaßte, einschließlich der Shetland-Inseln, 173 Inseln, wovon 53 bewohnt waren. Da die Inseln häufig von Piraten heimgesucht und von rivalisierenden schottischen Adligen beansprucht wurden, war Prince Henry gezwungen, sich eine schlagkräftige Flotte aufzubauen.

Die unverhoffte Begegnung mit Nicolo Zeno war für Prince Henry ein Glücksfall. Hier stand vor ihm – auf dem sturmgepeitschten

Das Wappen des Earl of Orkney aus dem »Amorial de Gelre«, (1369 – 1388), wahrscheinlich das Wappen von Prince Henry Sinclair. Brüssel.

Strand einer kleinen Insel im äußersten Nordmeer – einer der reichsten und erfahrensten Seefahrer der Republik Venedig, Bruder des großen Carlo Zeno, der 1379 die Genuesen bei Chioggia besiegt hatte. Nicolo und später Antonio konnten ihm die neuesten Techniken der Schiffahrt zeigen: zum Beispiel, wie man Kanonen am effektivsten an Deck verankert, damit sie im Gefecht das Schiff nicht aus dem Gleichgewicht bringen, oder wie man die Takelage mit Draht verstärkt. Außerdem besaßen die Venezianer eine jahrhundertealte Navigationskunst, die sich der expansionsfreudige Prince Henry mit Erfolg zunutze machte. »Ohne uns, die Venezianer«, so heißt es in Antonios Brief an seinen Bruder Carlo, »wäre Prince Zichmni bei seinem Versuch, die Shetlands einzunehmen, sicher gescheitert.«

Die geographischen Angaben des Zeno-Berichtes: »Frislanda«, »Estotiland«, »Ikaria«, »Drogio«

Dem früher oft gemachten Versuch, »Frislanda« mit Island oder den Färöer-Inseln zu identifizieren, muß entgegengehalten werden, daß sich dort am Ende des 14. Jahrhunderts kein Herrscher nachweisen läßt, auf den die Beschreibung des Prince Zichmni zuträfe. Einer der besten Kenner der Materie, Frederick Pohl, vermutet, daß der Name »Frislanda« einer italienischen Schreibweise des Namens für »Fer Island«, einer Insel zwischen den Orkneys und den Shetlands, entstammt, an deren Küste Nicolo Zeno Schiffbruch erlitt, gerade als Prince Henry im Begriff war, sie zu erobern. »F(e)rislanda« sei dann im Zeno-Bericht zur Bezeichnung für das ganze Inselreich der Orkneys und Shetlands geworden.

Das von dem Fischer beschriebene »Estotiland« dürfte, dem auf der Karte angegebenen Küstenverlauf entsprechend, mit Neufundland identisch sein, das südwestlich davon gelegene »Drogio« mit Neuschottland (Nova Scotia). »Ikaria« sei nichts anderes als ein anderer Name für »Estotiland«, wie die dort bereits ansässigen Iren das Land bezeichneten. »Scot«, die sprachliche Wurzel von »Estotiland«, war im übrigen ein alter Name für »Irisch«. Schottland erhielt seinen Namen aufgrund der dort früher eingewanderten Iren. Der

Annahme, daß Iren lange vor Kolumbus Neufundland erreicht haben, sind wir bereits begegnet.

Eine plausible Erklärung für den Namen »Drogio« für das spätere Nova Scotia ergäbe sich aus der gälisch-irischen Bezeichnung »drogha« für Angelschnur. Im Bericht des Fischers aus »Frislanda« wird davon gesprochen, daß er sein Leben dadurch retten konnte, daß er den Einwohnern von »Drogio« das Fischen mit Netzen beibrachte. Davor habe man nur mit Schnur oder Speer gefischt. So könnte die alte Methode, mit der »drogha« zu angeln, für die Namensgebung verantwortlich gewesen sein. Jedenfalls deuten archäologische Funde darauf hin, daß das Fischen mit Netzen in dieser Region erst im späten 14. Jahrhundert aufkam. Die zum Beschweren der Netze notwendigen Gewichte lassen sich erst seit dieser Zeit nachweisen.

Die erste schottische Kolonie in Nova Scotia

Es muß im Sommer des Jahres 1398 gewesen sein, als Prince Henry und sein Gefolge in einem Naturhafen vor der Westküste »Drogios« landeten. Das Klima ist mild, das Land fruchtbar, eine Bedrohung durch die Einwohner scheint nicht zu bestehen. Er beschließt zu bleiben. Seine Absicht, hier zu überwintern, wird daran deutlich, daß er die Flotte unter dem Befehl des Antonio Zeno nach Hause schickt und nur einige Ruderboote zur Erkundung der Küste und der Flüsse bei sich behält.

Topographische und geologische Gründe sprechen für Nova Scotia als der Neuen Welt des Prince Henry Sinclair. In dem Zeno-Bericht heißt es: »Von unserem Hafen aus sahen wir in der Ferne einen großen Berg, aus dem Rauch emporstieg.« In der Hoffnung, dort Bewohner der Insel anzutreffen, schickt Prince Henry einen Trupp von hundert Soldaten aus. Sie kehren nach acht Tagen zurück mit der Nachricht, daß der Rauch von einem Feuer aus dem Inneren eines Berges stamme, aus dem auch eine pechartige Masse austritt, die von dort ins Meer fließt. In der Nähe seien sie auf eine Vielzahl von Wilden gestoßen, die in Höhlen wohnen.

Es gibt nur einen Ort an der Ostküste Kanadas, wo beides vor-

Rosslyn Chapel in Midlothian, Schottland, nahe dem Stammsitz der Sinclairs. Die Kapelle aus dem 15. Jahrhundert wurde ein Zentrum der Templer. Hier ist Prince Henry beigesetzt.

kommt: natürlicher Asphalt und leichtentzündliche Kohle. Er liegt in Pictou County in Nova Scotia. Dort wird bei der Stadt New Glasgow schon seit Jahrhunderten Kohle gefördert. Der Rauch, der beim Abfackeln entsteht, ist an klaren Tagen von der Atlantikküste aus zu sehen. Die Spuren des flüssigen Asphalts, dessen verfestigte Überreste in den letzten hundert Jahren abgebaut wurden, lassen sich ebenfalls nachweisen. Auch Höhlen hat man gefunden. Wenn man annimmt, daß Prince Henry mit seiner Flotte in dem heutigen Guysborough Harbour an der Südwestspitze Nova Scotias an Land ging, klingt auch die Entfernungsangabe plausibel. Die hundert Soldaten könnten den Hin- und Rückweg von dort zur Asphaltgegend, an der Nordküste Nova Scotias, in acht Tagen bewältigt haben.

Sogar das Datum der Ankunft kann man mit ziemlicher Sicherheit festlegen. Im Zeno-Brief heißt es, Prince Henrys Schiffe landeten in dem Hafen, »als der Juni begann«, und man nannte den Ort »Trin Harbour«. »Trin« ist wahrscheinlich eine Kurzform von »Trinity« (Dreifaltigkeit). Damals war es durchaus üblich, neu entdeckte Orte nach dem Tag im Kirchenkalender zu nennen, an dem man dort ankam. So ist es vorstellbar, daß der Hafen seine Bezeichnung von dem Tag erhielt, auf den damals Trinitatis fiel. Für die Expedition kommt nur die Zeitspanne zwischen 1394, dem Jahr, in dem Nicolo Zeno starb, und dem Jahr 1404, in dem Antonio Zeno nach Venedig zurückkehrte, in Frage. Und das einzige Jahr in dieser Zeitspanne, in dem Trinitatis auf einen Tag Anfang Juni (und zwar auf den 2. Juni) fällt, ist 1398.

Da Antonio Zeno von Prince Henry mit der Flotte auf die Orkneys zurückgeschickt wurde und sein späterer Bericht nicht erhalten ist, gibt es nur den Hinweis, daß »Prince Zichmni sich in dem Hafen des neu entdeckten Landes niederließ und das Land gründlich erforschte«. Uns stellt sich die Frage: Hat die Expedition von Prince Henry Sinclair in Amerika Spuren hinterlassen?

Die Glooscap-Legende der Micmac-Indianer

Bei den Micmac-Indianern, die heute noch in Nova Scotia leben, gibt es die Legende von einem weißen Kulturbringer namens Glooscap, der von Osten her übers Meer kam und einen Winter bei ihnen verbrachte. Bevor er wieder davonfuhr, soll er versprochen haben, eines Tages wiederzukommen. Könnte es sein, daß die *Glooscap-Legende* an den Aufenthalt von Prince Henry Sinclair bei den Micmacs erinnert? Die Parallelen sind verblüffend.

Der indianischen Überlieferung zufolge soll Glooscap ein Prinz gewesen sein, der in einer Stadt auf einer Insel lebte. Er soll mit vielen Soldaten von Osten her, auf dem Weg über Neufundland, nach Nova Scotia gekommen sein, wo er mit den Micmacs an der Nordküste in Pictou Harbour zusammentraf. Als Waffen hätten die Weißen scharfe Schwerter mit sich geführt. Anhand der Route, die Glooscap während seines Aufenthaltes in Nova Scotia zurückgelegt hat und die heute als

»Glooscap Trail« für die Touristen markiert ist, hat man versucht, die Route von Prince Henry nachzuvollziehen. Danach hätte er am heutigen Cap d'Or, an der Nordküste der Minas-Bucht, überwintert und dort, beim heutigen Advocate Harbour, die Schiffe gebaut, mit denen er im Frühjahr darauf nach Europa zurücksegelte.

Aus der Sicht der Indianer fuhr Prince Henry davon, »auf steinernen Inseln mit Bäumen darauf«– für jemanden, der sich nur in Kanus aus Rinde fortbewegt, eine naheliegende Erklärung für die soliden, mit Planken gedeckten Zweimaster schottischer Bauart. In der *Glooscap-Legende* heißt es, daß der weiße Mann den Micmacs das Fischen mit Netzen beibrachte. Dies müßten sie allerdings schon von dem Fischer gelernt haben, der fast dreißig Jahre zuvor mehrere Jahre unter ihnen zugebracht hatte – und dessen Bericht der Anlaß für Prince Henrys Expedition gewesen war. Aber es ist ja oft so, daß in einer Legende verschiedene Fähigkeiten oder Ereignisse auf eine einzige Person projiziert werden.

Als der Tag der Abreise, im Frühsommer 1399, gekommen war, veranstaltete Glooscap ein großes Fest für die Indianer. Er versprach ihnen wiederzukommen, falls sie jemals Hilfe gegen ihre Feinde bräuchten. Er würde aber nicht kommen, um sie zu beherrschen. »Und als das Fest vorüber war, stieg er in sein großes Kanu und fuhr über das glänzende Wasser der Minas-Bucht davon.«

Schriftlich aufgezeichnet wurde diese indianische Überlieferung erst im vorigen Jahrhundert, noch bevor jemand über die möglichen Parallelen zwischen der Expedition des Prince Henry Sinclair und der *Glooscap-Legende* nachgedacht hatte.

Sinclair mußte, um die Minas-Bucht zu verlassen, erst Kurs nach Westen nehmen. Da die Schiffe der damaligen Zeit nur mit Rückenwind segeln konnten, ist es gut möglich, daß ihn der Westwind bis an die Küste von Massachusetts trug. Diese Vermutung legt ein für Nordamerika einzigartiger Fund nahe: der Grabstein eines Ritters mit Schwert und Rüstung auf einem Hügel nahe dem kleinen Ort Westford, etwa fünfunddreißig Kilometer nordwestlich von Boston.

Der Ritter von Westford

Schon seit dem Ende des vorigen Jahrhunderts war bekannt, daß sich auf einem Felsen neben der Straße zwischen Westford und Boston merkwürdige Felszeichen befinden. Die Einheimischen hielten sie für die Darstellung eines Indianers mit Tomahawk, und Kinder ritzten eine Friedenspfeife dazu. Ein Wissenschaftler in den vierziger Jahren unseres Jahrhunderts glaubte, in dem Tomahawk ein Wikingerschwert zu erkennen, und schickte eine Zeichnung davon zu einem Waffenhistoriker in England. Dieser antwortete ihm, es handle sich nicht um ein Wikingerschwert, sondern um ein typisches Schwert aus der zweiten Hälfte des 14. Jahrhunderts. Genauere Untersuchungen ergaben, daß auf dem Stein die Umrisse eines Ritters mit Helm, Schild und Mantel eingemeißelt waren, in der Darstellungsart der sogenannten »military effigy«,wie sie aus dem Europa des 14. Jahrhunderts bekannt ist. Der hohe Verwitterungsgrad des Steines läßt auf den ersten Blick jedoch nur das Schwert erkennen, und erst ein spezielles Abdruckverfahren bringt die Umrisse der ganzen Gestalt zum Vorschein. Das Alter läßt sich anhand der Meißelspuren auf etwa sechshundert Jahre schätzen.

Aber wer sollte, und aus welchem Grunde, diesen Ritter vor sechshundert Jahren in der Wildnis Nordamerikas eingemeißelt haben? Die Verfechter der Glooscap-Theorie glauben, daß hier einer von Prince Henrys Rittern zu Tode gekommen ist, möglicherweise sogar sein Bruder David, der nicht unter den Rückkehrern der Expedition nach Europa war. Auf dem Schild kann man in vagen Umrissen das Wappen der Sinclairs erkennen.

Westwärts mit den Tempelrittern?

Ein Fund in der Kapelle von Rosslyn, dem Stammsitz der Familie Sinclair in Schottland, eröffnet einen weiteren Ausblick auf die Entdeckungsgeschichte Amerikas. Auf einem Grabstein in der Krypta entdeckte man kürzlich den Namen »William Sincler« neben der

Oben: Die Autoren auf »Spurensuche« beim Westford Knight.

Links: Das Verfahren der Steinabreibung bringt die Konturen eines Ritters zum Vorschein.

Kleines Bild: Steinabreibung eines bei Westford gefundenen »Wegweisers«, der mit derselben mittelalterlichen Technik wie der Ritter gemeißelt wurde.

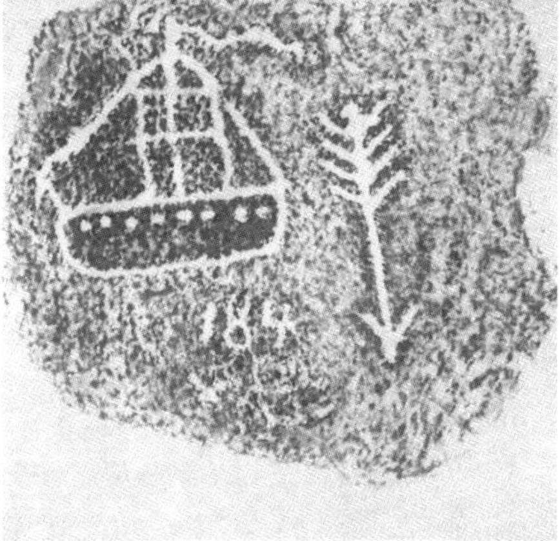

Darstellung eines Schwertes und einer Rose in einem Kelch, der auf drei Stufen steht. Das Schwert ist das der Templer, der Kelch repräsentiert den heiligen Gral, die Stufen den Tempel Salomons. William Sincler, der Großvater des Prinzen Henry, war offensichtlich ein Großmeister des Templerordens gewesen.

Die Tempelritter, die es sich zur Aufgabe gemacht hatten, den Tempel des Salomon in Jerusalem zu erhalten und die christlichen Pilger auf ihrem Weg ins Heilige Land zu schützen, waren 1244 von den Sarazenen aus Jerusalem vertrieben und somit ihrer eigentlichen Funktion beraubt worden. Ihre Organisation war aufgrund ihres Reichtums zu einer Art Staat im Staat herangewachsen und dadurch für Papst und König zur Bedrohung geworden. Im Jahre 1312 wurde der Templerorden verboten, und viele ihrer Mitglieder wurden – vor allem in Frankreich – hingerichtet. Einige konnten nach Portugal oder nach Schottland fliehen, Länder, in denen der Orden weiterhin geduldet war. Einer der Hauptsammlungsorte für die Templerbewegung wurde Rosslyn in Schottland, der Stammsitz der Sinclairs. Auf dem Friedhof des benachbarten Ortes Temple kann man heute noch Grabsteine mit den Insignien der Templer sehen. Rosslyn Chapel wurde – und ist auch heute noch – eines der wichtigsten Zentren der Templer- und der aus ihr hervorgegangenen Freimaurerbewegung. Sicher war Prince Henry ebenfalls ein Templer. Die Frage drängt sich auf: Sollte der neue Kontinent im Auftrag des verfemten Templerordens kolonisiert werden? Wollte man hier das Neue Jerusalem errichten? Diese Hypothese, die vor kurzem von dem kanadischen Historiker Michael Bradley veröffentlicht wurde, würde erklären, warum die Brüder Zeno sich so lange in den Diensten des Henry Sinclair aufhielten und wieso dieser eine Flotte von zwölf Schiffen ausrüsten konnte, während Kolumbus sich trotz jahrelangen Bemühens mit drei Schiffen begnügen mußte.

Prince Henry kehrte im Herbst 1399 oder vielleicht auch erst im Sommer des darauffolgenden Jahres nach Schottland zurück. Kurz darauf, im August des Jahres 1400, fiel er im Kampf gegen die Invasionstruppen des englischen Königs Henry IV., der Schottland erobert hatte und sich nun auch die Orkney-Inseln aneignen wollte.

Angenommen, Prince Henry hätte überlebt und es wäre ihm gelungen, in Amerika eine Kolonie zu gründen? Wäre die Geschichte Amerikas anders, friedlicher verlaufen? Die Erinnerung an ihn in den Legenden der Micmac-Indianer läßt es vermuten. Aber das sind Spekulationen. Prince Henrys Entdeckung Amerikas blieb folgenlos. Erst als der »eiserne Vorhang« des Islams Mitte des 15. Jahrhunderts den Landweg nach Indien endgültig versperrte, begann die gezielte Suche nach dem Seeweg nach Indien und damit das »Zeitalter der Entdeckungen«.

Seefahrer aus Mali

Die schwarzen Sklaven der Indianer

Als im März des Jahres 1493 Christoph Kolumbus von seiner ersten Atlantiküberquerung nach Europa zurückkehrte, ließ er es sich nicht nehmen, seinen Triumph an dem Ort auszuspielen, an dem er seine größte Niederlage erlitten hatte: am Hof des Königs von Portugal. Hier hatte man seine Pläne, Indien über den Westen zu erreichen, als undurchführbar zurückgewiesen und ihn der Lächerlichkeit preisgegeben. Jetzt kam er als Sieger, sogar als Vizekönig zurück. Er schwärmte von den neuen Inseln, die er vor Zipangu, dem legendären Land, das später Japan heißen sollte, entdeckt habe: von ihrer paradiesischen Schönheit und ihren unermeßlichen Reichtümern, und er präsentierte seine indianischen Gefangenen wie Tiere aus dem Wanderzirkus. Den Hofschranzen und Edelleuten wurde dieser Angeber so unheimlich, daß sie den König aufforderten, ihn kurzerhand zu liquidieren. Aber dieser ahnte, daß die Weltgeschichte mit der Reise des Kolumbus eine Wendung genommen hatte. Vor ihm stand kein Hanswurst, sondern der Stellvertreter Kastiliens, mit dem man sich klugerweise arrangieren sollte. Der König, ein eigensüchtiges Schlitzohr, beanspruchte die neuen Länder, gemäß eines alten Vertrages, für die portugiesische Krone. Kolumbus, im Hochgefühl seiner Macht, ließ sich nicht beeindrucken; er erkannte diesen Vertrag nicht an. Nun aber versuchte der König von Portugal Kolumbus das Maul zu stopfen: Er schmeichelte ihm, lobte seinen Mut und fügte dann hinzu, seine Angaben würden gut ergänzen, was er von den Schiffen wisse, die von Guineas Küste aus mit Handelsware nach Westen aufgebrochen seien, Schiffe von Einheimischen. Gegenüber Guinea liege ein ganzer Kontinent unter tropischer Sonne.

Unter Guinea verstand man damals die westafrikanische Küste vom Kap Verde bis zum Golf von Guinea. Kolumbus hatte selbst zehn Jahre zuvor an einer Handelsfahrt in die Region der Goldküste an Bord eines portugiesischen Schiffes teilgenommen. War es ein Bluff, oder war dem König die Existenz eines Kontinents auf der anderen Seite des Meeres wirklich bekannt?

Auf seiner zweiten Reise nach Amerika fand Kolumbus die Behauptung des Königs bestätigt. Indianer erzählten ihm, daß auf die Insel »Hispaniola« (das heutige Haiti bzw. die Dominikanische Republik) Schwarze gekommen seien, deren Speerspitzen aus einem Metall beschaffen sind, das »gua-nin« heißt. Kolumbus soll eine Probe zur Prüfung nach Spanien geschickt haben. Das Ergebnis lautete, daß es sich um eine Legierung aus Gold, Silber und Kupfer handelte. Sie entsprach genau der Zusammensetzung, aus der Waffen in Westafrika hergestellt wurden. Das Wort »gua-nin« soll westafrikanischen Stammessprachen entlehnt sein.

Kolumbus haben anscheinend Afrikaner auf »asiatischem Boden« (denn dafür hielt er ja seine Entdeckungen) nicht verwundert. Es gab zu seiner Zeit die feste Vorstellung, auf einem bestimmten Breitengrad existierten Pflanzen und Tiere gleicher Gattung. Warum sollte das nicht auch für die Hautfarbe der Menschen zutreffen?

Auf seiner dritten und vorletzten Reise über den Atlantik, auf der er den Kontinent erstmals betrat (wenn die Annahme, er habe Amerika auf den Spuren der Wikinger bereits auf seiner Nordreise 1477 betreten, verworfen wird), stieß Kolumbus auf einen weiteren Hinweis. Von ihm ausgeschickte Leute drangen in ein indianisches Dorf im Orinoco-Delta ein. Von dort brachten sie Baumwolltuch mit, das symmetrisch gewebt war und ein gleichmäßiges Muster aufwies. Baumwolltücher gleicher Webart und gleicher Muster sind aus Guinea bekannt.

Der Torre de Belem, Wahrzeichen für das Zeitalter der Entdeckungen, an der Hafeneinfahrt von Lissabon.

Auch Entdecker, die nach Kolumbus kamen, berichteten von Afrikanern in Amerika vor der Zeit des Sklavenhandels. Im Jahr 1513 überquerte der Spanier Vasco Núñez de Balboa beim Isthmus von Darien die mittelamerikanische Landenge. Fieberhaft drängte er mit seinen Soldaten durch den Urwald. Irgendwo im Süden sollte das Goldland, El Dorado, liegen. In einem Dorf traf er auf eine Gruppe Gefangener, große, starke Männer mit schwarzer Hautfarbe, die als Sklaven gehalten wurden. Balboa erfuhr, daß das Indianerdorf in kriegerische Auseinandersetzungen mit Schwarzen verwickelt war, die in der Nähe lebten und mit denen es schon länger Streit gegeben habe. Leider bietet das Geschichtswerk von López de Gómara, *Historia de Mexico* (1554), in dem diese Begegnung geschildert wird, keine weiteren Informationen.

Der Dominikaner Gregor Garcia, der im frühen 16. Jahrhundert

Matrosen richten den Mastbaum auf, Sklaven schöpfen Wasser, ein Passagier wird an Bord des arabischen Schiffes genommen, bevor der Kapitän, der unter dem Baldachin sitzt, ablegen läßt (Bagdad, um 1225 – 1235). Institut für orientalische Studien, St. Petersburg.

neun Jahre in Südamerika verbrachte, berichtete von einer Insel gegenüber der heutigen kolumbianischen Stadt Cartagena, auf der zum ersten Mal Spanier auf Afrikaner gestoßen waren. Auch bei ihnen soll es sich um Sklaven der Indianer gehandelt haben.

Der Skelettfund auf den Jungferninseln

Ein sensationeller Fund, auf den Wissenschaftler vor wenigen Jahren gestoßen sind, wurde auf geradezu sträfliche Weise behandelt. Mitarbeiter des Smithsonian Institute aus den USA fanden bei Grabungen auf den in der Karibik gelegenen Jungferninseln die Skelette von zwei negroiden Männern, deren Alter man auf etwa dreißig Jahre geschätzt hat. Die Zähne wiesen künstliche Verstümmelungen auf, wie sie bei traditionellen Stammesgesellschaften in Afrika heute noch zu finden sind. Am Handgelenk eines der Skelette war ein Schmuckstück aus Keramik befestigt, mit Ornamenten aus vorkolumbianischer Zeit. Es handelte sich also um Afrikaner, die in Berührung mit der einheimischen Bevölkerung gekommen sein mußten. Datierten Bodenproben zufolge waren die beiden Männer etwa um 1250 hier begraben worden.

Der amerikanische Historiker Ivan van Sertima ging der Sache nach. Er erfuhr, daß das fragliche Gelände vom Smithsonian Institute erworben worden war. Als er sich im Jahr darauf die Grabung ansehen wollte, fand er sie verlassen vor, ohne daß die Funde gesichert worden waren. Ein Abfallplatz war daraus geworden, in den Salzwasser eingedrungen war. Eine weitere wissenschaftliche Auswertung war nicht möglich. Van Sertimas Empörung wurde beantwortet mit der Feststellung, man habe einen Nagel aus Eisen in den Gräbern gefunden. Dieser beweise, daß die Grablegung erst in kolonialer Zeit erfolgt sei. Daß man in Nubien Eisen schon um 650 v. Chr. gewonnen hat – die nubische Stadt Meroe gründete hierauf ihren Reichtum – und in Westafrika Eisenschmiede ihr Handwerk ausübten, noch lange bevor Kolumbus nach Amerika aufbrach, wurde außer acht gelassen.

Auf unsere Anfrage beim Smithsonian Institute erhielten wir die Auskunft, es gebe zwar Behauptungen über Kontakte zwischen Afrika und Amerika vor 1492, aber es lägen dafür keine konkreten Angaben vor.

Das Land von Gold und Elfenbein

Wie sahen die Voraussetzungen aus, unter denen Westafrikaner auf den Gedanken kamen, über das Meer nach Westen zu fahren? Im Gegensatz zu den Ländern der orientalischen Hochkulturen fehlt eine Geschichtsschreibung für das frühe Westafrika völlig. Das änderte sich erst von dem Zeitpunkt an, als arabische Gelehrte nach Westafrika kamen. Westafrikas große historische Zeit begann gegen Ende des 12. Jahrhunderts. Sein Reichtum, Gold und Elfenbein, gelangte auf arabischen Handelswegen in den Orient und von dort nach Europa.

Die Ausdehnung des Islams, der weite Teile des schwarzen Afrika ergriff, hatte zur Folge, daß ein unbedeutender Handelsplatz wie Timbuktu sich zu einem Zentrum der Wissenschaft entwickeln konnte, einer Stadt wie Kairo ebenbürtig.

Ibn Battuta und Ibn Khaldoun sind die Geschichtsschreiber des 14. Jahrhunderts. Sie bereisten Afrika und Asien und hinterließen der Nachwelt ein genaues Bild vom Leben ihrer Zeit. Damals waren die westafrikanischen Königreiche so mächtig wie vergleichsweise England und Frankreich in Europa. Die prunkvollen Städte hatten Bevölkerungszahlen, die sich mit Paris oder London messen konnten. Der Herrscher von Mali gebot über zweihunderttausend Krieger. Es wird berichtet, er habe einen Goldklumpen besessen, der so groß war, daß er daran sein Pferd festbinden konnte. Kankan Mussa, ein König von Mali im 14. Jahrhundert, unternahm eine Wallfahrt nach Mekka, die den Zweck hatte, der arabischen Welt zu imponieren. Sechzigtausend Diener, die im Fußmarsch die Sahara durchquerten, führte er mit sich. Mit zwei Tonnen purem Gold, auf achtzig Kamele geladen, erschien der schwarze Triumphator in Kairo. El Omari, ein zeitgenössischer Chronist, schreibt: »Dieser Mann goß eine Woge von Großzügigkeit über Kairo. Es gab niemanden, ob Offizier des Hofes oder Inhaber eines sultanischen Amtes, der nicht von ihm eine Summe Goldes erhielt.« Er kaufte Waren in Mengen. Die Händler von Kairo überhöhten hemmungslos ihre Preise, und es heißt, der Wert des Goldes habe zwölf Jahre gebraucht, um sich wieder zu erholen.

Das Königreich Mali erlebte mit der Machtübernahme eines freigelassenen Sklaven einen großen Aufschwung. Sabkura, so hieß der Emporkömmling, eroberte Nachbargebiete, machte deren Herrscher zu Vasallen und brachte den Saharahandel mit Tripolis und dem Maghreb zur Blüte. Keine noch so weite Entfernung schreckte den unternehmungslustigen König. Auf der Rückkehr von einer Wallfahrt in das Tausende von Kilometern entfernte Mekka wurde er von Räubern ermordet. Seine Gefährten ließen den Leichnam von der Sonne trocknen. Dann nähten sie ihn in eine Rinderhaut ein und trugen den toten König in seine Heimat. Sein Nachfolger wurde Abubakaris II. War Sabkuras Expansionsdrang auf die Weiten Afri-

Leibwächter eines westafrikanischen Königs. Im späten Mittelalter erblühten die westafrikanischen Königreiche durch den Handel mit Gold. Abubakaris II. von Mali rüstete im 14. Jahrhundert eine Expedition von angeblich 2 000 Schiffen nach Amerika aus (englischer Stich von 1826).

kas gerichtet, so konzentrierte sich Abubakaris auf das Meer im Westen. Er wollte nicht glauben, daß es ohne Grenzen sei.

Eine der Vorbedingungen für eine erfolgreiche Schiffahrt ist die Orientierung auf See. Die Wüstenvölker boten hierfür gute Voraussetzungen, denn auch die Karawanen benötigten Führer, die die

Himmelsrichtungen erkennen konnten. Die arabische Astronomie hatte sich seit dem frühen Mittelalter zur Wissenschaft entwickelt. An den Sternen konnten sich die Reisenden in der Wüste orientieren. Durch die Wüstenüberquerungen war man gewöhnt, Proviant und Trinkwasser für Wochen mit sich zu führen. Aus den Aufzeichnungen des deutschen Afrikaforschers und Abenteurers Heinrich Barth wissen wir beispielsweise, daß er allein für den direkten Rückweg vom Tschadsee nach Tripolis drei Monate und achtzehn Tage benötigte. (Im Vergleich: Kolumbus brauchte neunundsechzig Tage für seine erste Atlantiküberquerung.)

Abubakaris, wie schon vorher Sabkura, war ein Abenteurer. Die Wüsten waren ihm bekannt, nicht aber das Meer. Er rüstete zweihundert Schiffe mit Proviant aus und schickte sie hinaus mit den Worten: »Kommt nicht zurück, ehe ihr nicht die äußerste Grenze des Ozeans erreicht habt oder ehe eure Lebensmittel und eure Wasservorräte erschöpft sind.«

Der arabischen Geschichtsschreibung zufolge geriet die gesamte Flotte in einen heftigen Sturm auf hoher See, der alle, bis auf ein Schiff, verschlang. Auf diesem rettete sich der einzige Überlebende und Zeuge der Katastrophe, der seinem König berichtete: »Fürst, wir sind lange gefahren bis zu einem Augenblick, da wir auf offener See eine heftige Strömung, wie einen Fluß, antrafen. Ich fuhr hinter der anderen Flotte her. Alle Fahrzeuge vor mir setzten ihre Fahrt fort, aber sobald eines von ihnen an diese Stelle kam, verschwanden sie, ohne daß wir erfahren konnten, was aus ihnen geworden ist. Ich selbst wollte mich nicht in das Abenteuer dieses Strudels stürzen und kehrte deshalb um.«

Abubakaris ließ sich nicht entmutigen. Er erhöhte seinen Einsatz und rüstete nun zweitausend Schiffe aus, allein die Hälfte davon mit Lebensmitteln und Trinkwasser. Als alle Vorbereitungen getroffen waren, übernahm der Wüstenkönig selbst das Kommando über die Armada, die im Jahr 1311 in See stach. Viele Monate hat man auf die Rückkehr gewartet, bis sein Nachfolger, der vor der Abreise bestimmt worden war, den verwaisten Thron übernahm. Niemals wieder hörten die Menschen aus dem Mandingoreich etwas über ihren mutigen Herrscher. Ist die Flotte, oder zumindest ein Teil von ihr, an der Küste des amerikanischen Kontinents gelandet? Für die geglückte Überfahrt könnten Darstellungen von Afrikanern auf amerikanischem Boden sprechen.

Die fremden Gesichter

Über nahezu ganz Mexiko verstreut fand der aus Deutschland stammende Amerikanist Alexander von Wuthenau archäologische Beweisstücke, die Afrikaner darstellen. Insbesondere hat er Tonfiguren vom Beginn der Olmeken-Zeit um 800 v.Chr. bis in die letzten Jahrzehnte des 15. Jahrhunderts untersucht. Ein Tongefäß mit einem geradezu klassischen Abbild eines Afrikaners aus dem Mandingoreich wurde in Oaxaca in Mexiko gefunden. Seine typischen Züge – volle, geschwungene Lippen, kräftiger Schädelbau, eine eher flache

Mixtekisches Gefäß in Gestalt eines Kopfes, der Charakteristika aufweist, die typisch für Westafrika sind. Josue-Saenz-Sammlung, Mexiko-Stadt.

Oben: Die Küste von Yucatan, Mexiko. Die rätselhafte Kultur der Maya hat Vermutungen über transatlantische Kontakte hervorgerufen.
Unten: Auf der rekonstruierten Wandmalerei eines Maya-Tempels von Chichén Itzá aus dem vorkolonialen Mexiko sind Menschen mit brauner, weißer und schwarzer Hautfarbe abgebildet. Peabody Museum, Harvard.

Nase mit breiten Nasenflügeln und schwarze Haut – deuten darauf hin, daß dem Künstler Afrikaner bekannt gewesen sein müssen. Die aus Bambus oder Elfenbein geschnitzten Ohrpflöcke und die flache Kopfbedeckung entsprechen traditionellen Schmuckformen aus Westafrika.

Für die Präsenz von Afrikanern in Mexiko seit dem Ende des 1. Jahrtausends, also schon vor der Expedition Abubakaris', sprechen die Kunstwerke der Maya in Yucatan. Im »Tempel der Krieger« in Chichén Itzá fanden sich beeindruckende Wandmalereien, auf denen Bewaffnete aus drei Kontinenten dargestellt werden: Indianer, Weiße mit blondem Haar und schwarze Afrikaner. Die schwarzen Krieger stehen bei den Indianern und scheinen ihnen bei der Opferung der Weißen Hilfe zu leisten. Sie nehmen eine wichtige Rolle in der Zeremonie ein. Es ist ungewiß, auf welche Ereignisse sich die Darstellungen beziehen. Erst die Klärung dieser Frage wird Aufschluß darüber bringen können, ob es sich bei den Dargestellten wirklich um Afrikaner handelt.

»Musa paradisiaca«

Ein Indiz, das für Kontakte zwischen Afrika und Amerika im 14. Jahrhundert spricht, ist eine Frucht namens »musa paradisiaca«. Das ist der lateinische Name für die Banane. Sie ist, obwohl tropisches Gewächs, in Amerika nicht heimisch. Als wertvolles Nahrungsmittel wurde sie während des Mittelalters, von Asien kommend, über den Vorderen Orient verbreitet, bis sie im 13. Jahrhundert nach Westafrika gelangte. Diese Frucht fand man in Gräbern der peruanischen Nekropole Ancon, wo die Inkakönige und deren Frauen, ihr Gefolge und ihre Beamten bestattet wurden. Guayanacapa war der letzte von ihnen, dem seine Angehörigen nach rituellem Mord ins Grab folgten. Die Schilderungen der Bestattungszeremonien sind erschreckend. Bis in die Tausende gehen die Zahlen derer, die beim Tod des Königs regelrecht geschlachtet wurden, um im Jenseits ihrem Herrn dienen zu können. Manche stiegen freiwillig in die Grube und ließen sich langsam mit Erdreich zuschütten, bis sie erstickten. Andere wurden unter Schreien in das Grab geschleppt und neben der Mumie gefesselt, bis die Totengräber auch ihr Leben ausgelöscht hatten. Aber nicht nur Menschen, auch Schmuck und Nahrungsmittel wurden den mumifizierten Königen beigegeben, damit sie auf ihrer Reise ins Jenseits nicht darbten. Archäologen sind beim Öffnen der Gräber auf »musa paradisiaca« gestoßen, eine afrikanische Frucht. Nach van Sertima gibt es keinen Zweifel daran, daß sie auf dem Seeweg von Westafrika nach Amerika gelangt ist. Daß sie im östlichen Küstengebiet, vom Amazonasbecken bis nach Mexiko, angebaut wurde, belegen Berichte spanischer Entdecker. Es kann angenommen werden, daß Expeditionen, wie die von Abubakaris im Jahr 1311, der Grund für die Verbreitung von »musa paradisiaca« waren. Wenn es auch erheiternd klingen mag: Die Banane ist der Beweis für die von Afrika ausgehende Entdeckung Amerikas.

Bretonen und Normannen im »Land des Kabeljaus«

Die geheime Reise des Jean Cousin

In der normannischen Hafenstadt Dieppe hält sich seit Jahrhunderten das Gerücht, einer ihrer Söhne sei der wahre Entdecker Amerikas gewesen. Jean Cousin war sein Name, und das Ereignis soll sich 1488 zugetragen haben. Cousin hatte sich im Kampf gegen die Engländer besonders hervorgetan und erhielt das Kommando über ein Handelsschiff, dessen Ziel Westafrika sein sollte. Hier beanspruchten die Portugiesen das Monopol. Ausländische Schiffe wurden von Portugiesen aufgebracht, die Ladungen konfisziert, die Mannschaften nicht selten füsiliert. Es war also kein ungefährliches Abenteuer, auf das sich Cousin einließ.

Aber sein Schiff scheint vom Kurs abgekommen zu sein. Jedenfalls wird berichtet, Cousin habe nach etwa zweimonatiger Fahrt über das Meer ein unbekanntes Land erreicht und sei dort auf einen gewaltigen Strom gestoßen. Diesen nannte er »Maragnon«, heute heißt er Amazonas. Cousin stach nach kurzem Aufenthalt wieder in See, um zu seinem eigentlichen Ziel, Westafrika, zu gelangen, das er

Die Karavelle war das Resultat der hochentwickelten arabischen und der europäischen Schiffsbautechnik. Ihre große Manövrierfähigkeit war eine Voraussetzung für die Entdeckungsfahrten des 15.Jahrhunderts (Joaquim Melo, 16. Jahrhundert). Kloster der Mutter Gottes, Lissabon.

diesmal nicht verfehlte. Nach erfolgreichen Handelsgeschäften kehrte er 1489 gesund nach Dieppe zurück, berichtet die Legende.

Nach der Entdeckung neuer Handelswege war jeder darauf bedacht, die Herkunftsorte seiner Waren geheimzuhalten. Die Konkurrenz war groß, und auch die Sorge, der Staat wolle sich neue, ergiebige Steuerquellen erschließen, ließ die Seeleute vorsichtig werden.

Zu den Fahrten, deren wahres Ziel geheim blieb, gehörte vielleicht die des Jean Cousin. Die Quellenlage ist mehr als dürftig, der große Brand von Dieppe 1694 zerstörte alle Stadtchroniken, Handels- und Seefahrtsbücher.

Drei Jahre nach Cousins Rückkehr stieg Frankreich in den Ring der europäischen Großmächte, um seine Ansprüche an den neu entdeckten Ländern durchzusetzen. Im Juni 1503 fuhr Paulmier de Gonneville als erster Franzose in staatlicher Mission nach Brasilien. In seinem Reisebericht äußert er seine Verwunderung darüber, daß die Indianer ihnen mit der Selbstverständlichkeit alter Bekannter begegneten – und das, obwohl die von ihm besuchten Gebiete als »jungfräuliches« Land angesehen wurden. Der Anblick der Schiffe versetzte die Indianer nicht in Erstaunen oder Schrecken, wie sonst von den Reisen berichtet wird. Sie kletterten an Deck, wußten, wie Werkzeuge zu benutzen sind, und kannten den Zweck der Bordgeschütze. Gonneville schreibt, sie hätten Waren aus Europa besessen.

Die Aufzeichnungen Gonnevilles legen europäische Kontakte nach Brasilien zu einem Zeitpunkt nahe, bevor Portugiesen und Spanier mit ihren Eroberungszügen nach Südamerika begonnen hatten. Es könnte sich also um frühe französische Kontakte handeln, wenn auch Gonneville hierzu nicht konkret wird.

Rechte Seite:
Oben: »Terra do Lavrador«, benannt nach dem portugiesischen Bauern (»lavrador«) João Fernandes, der von der Azoreninsel Terceira aus Labrador entdeckte. Das heutige Neufundland trägt den Namen »Terra dos Corte Realis« nach den Brüdern Cortereal. Ihr Vater, João Vaz Cortereal, soll schon ca. 1473 nach Nordamerika gesegelt sein (Karte des Fernao Vaz Dourado von 1576). Biblioteca Nacional, Lissabon.
Unten: Auf der Suche nach dem östlichen Seeweg nach Indien gelangten portugiesische Schiffe wahrscheinlich schon vor Kolumbus an die Ostküste Brasiliens (Detail aus der Cantino-Karte von 1502). Biblioteca Estense, Modena.

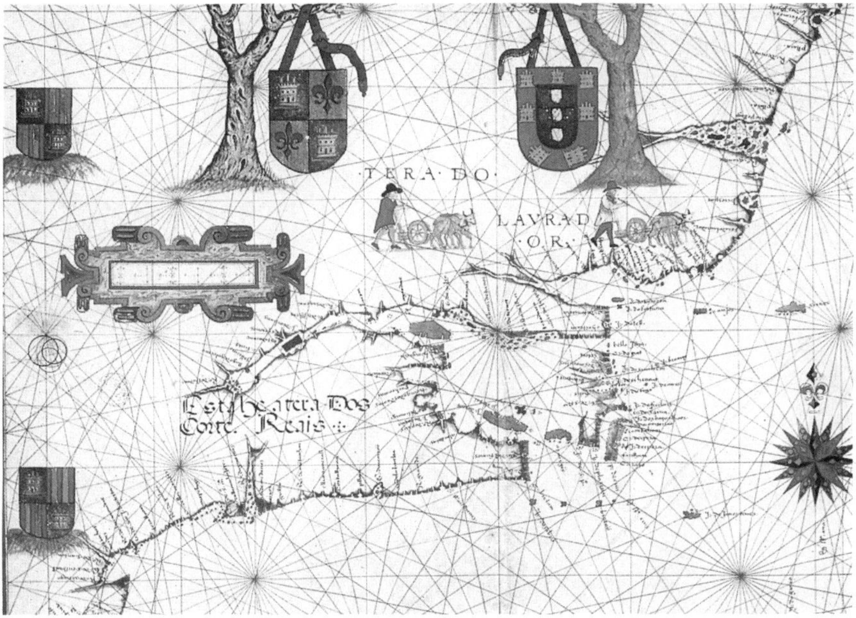
TERA DO
LAVRAD
OR
Esta he a tera Dos
Corte Reais

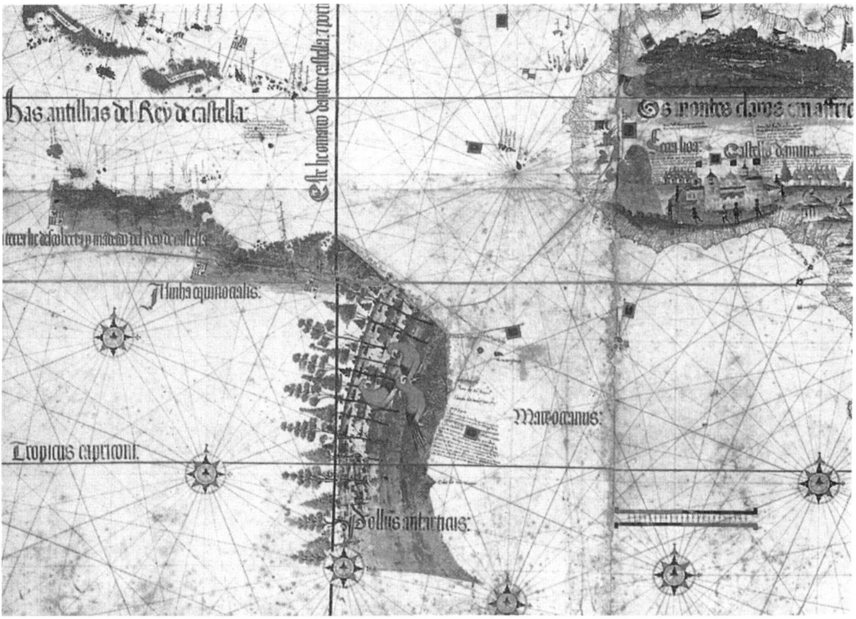
has antilhas del Rey de castella
Tropicus capricorni

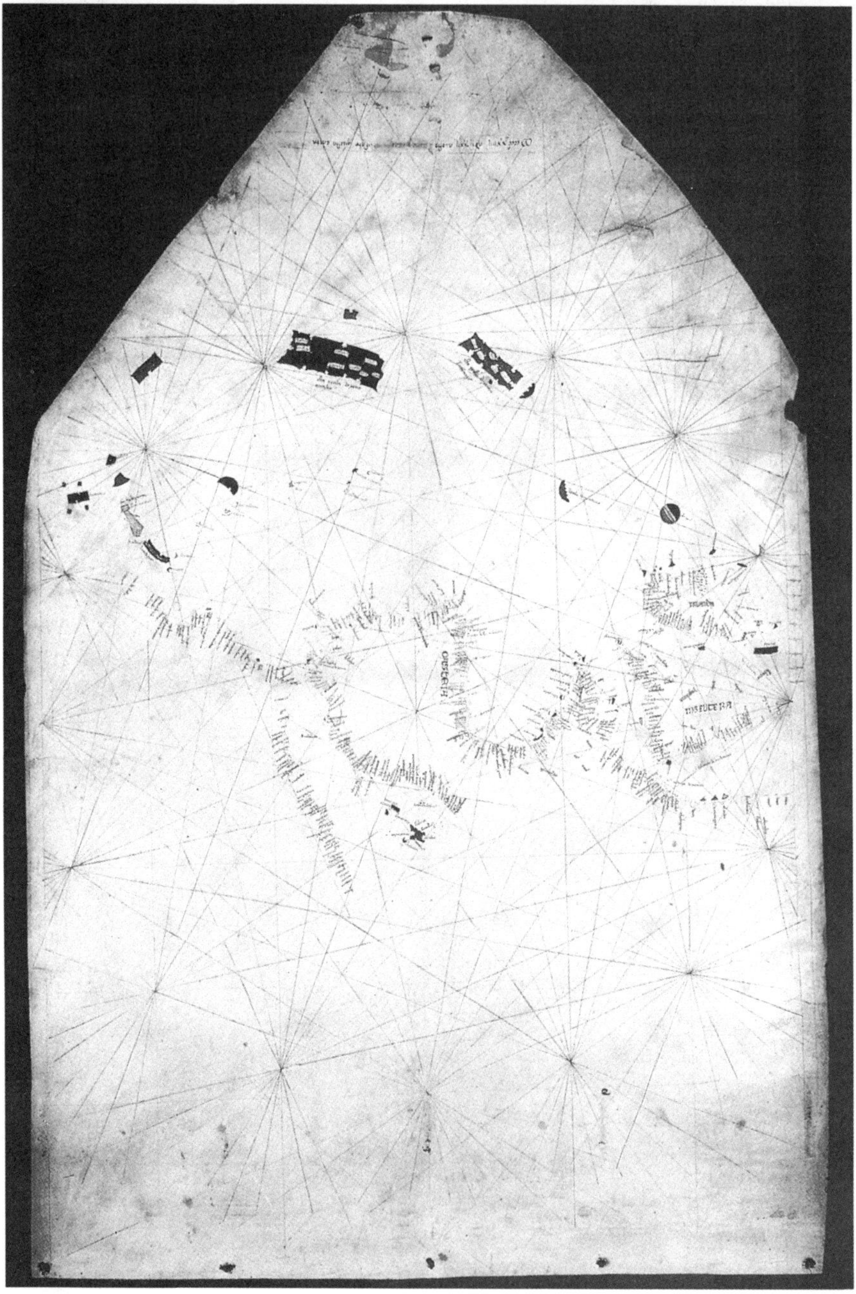

Die Dokumente aus der Bretagne

Ist die »Entdeckung« Südamerikas durch Jean Cousin vielleicht nicht mehr als eine Legende, so ist die frühe Entdeckung Kanadas durch baskische und bretonische Fischer schon eher zu belegen. Wie die Fischer aus der Bretagne sind auch die Seeleute aus dem Baskenland Hochseefischer gewesen und auf den Nordatlantik gefahren. Man darf annehmen, daß sie seit dem 12. Jahrhundert auf ihren Zügen gelegentlich bis zu der »Insel des Kabeljaus«, der »terra bacalhaos«, gelangt sind.

Die Walfänger vom baskischen Cap Breton gaben im 14. Jahrhundert den Walfang auf, da er nicht mehr ergiebig war. Sie gingen dazu über, verstärkt den Kabeljau zu fischen, der im Mittelalter vor der Atlantikküste Frankreichs reichlich vorkam. Vom 15. Jahrhundert an, wohl wegen einer Verlagerung des Golfstroms, zog der Kabeljau weiter nach Norden. Die besten Fischgründe lagen nun vor den Küsten Islands, Grönlands und Nordostkanadas. Bei den nur zwanzig bis hundert Meter tiefen Neufundland-Bänken, wo der kalte Labradorstrom vom Norden und der Golfstrom vom Süden aufeinandertreffen, sind die Lebensbedingungen für den Kabeljau ideal.

Bei der Suche nach Hinweisen für frühe Fahrten in den Nordatlantik recherchierten wir in der nordwestlichen Bretagne. An der malerischen Küste des Golfes von St. Malo liegen kleine Fischerorte, die im 15. Jahrhundert wohlhabende Städte waren. Einer dieser Orte ist Paimpol, heute ein gemütliches Hafenstädtchen, das mit Austernrestaurants und einem Segelhafen längst neue Einnahmequellen hat. Paimpol lebte im 15. Jahrhundert von dem Fang, der Verarbeitung und dem Verkauf des Kabeljaus. Er war Hauptnahrungsmittel vom

Linke Seite:
Diese Karte von Zuane Pizzigano aus dem Jahr 1424 enthält den ersten kartographischen Hinweis auf eine mögliche Entdeckung Amerikas durch portugiesische Seefahrer. Im westlichen Atlantik (auf der Karte oben) sind zwei größere Landmassen, »Antilia« und »Satanazes«, verzeichnet (siehe Seite 212). James Ford Bell Library, University of Minnesota, Minneapolis.

Eine »Biscine«, ein französisches Fischerboot, mit dem Portugiesen, Basken, Bretonen und Normannen schon Mitte des 15. Jahrhunderts zu den Neufundland-Bänken segelten, um Kabeljau zu fischen.

Mittelalter an bis ins 19. Jahrhundert und deshalb so begehrt, weil er sich getrocknet und gesalzen gut konservieren läßt. Handelsbücher belegen, daß er in ganz Frankreich verkauft wurde. Auch heute noch wird er als Klippfisch – so genannt, weil er auf den Klippen zum Trocknen ausgelegt wurde – in kleinen Geschäften angeboten.

In den Archiven der Departements und der Bürgermeistereien sowie anhand alter Schiffslisten versuchten wir uns ein Bild von der Fischerei zu Beginn des Zeitalters der Entdeckungen zu machen. Der Bericht über ein im 17. Jahrhundert verlorengegangenes Schiffahrtsverzeichnis von Honfleur bestätigte, daß die Seeleute dieser traditionsreichen Hafenstadt vor Neufundland fischten, noch bevor Kolumbus sich auf die Suche nach Indien begab.

Im Archiv des Departements von St. Brieuc ließ uns der Archivar alte Steuerdokumente einsehen. Darunter befand sich eine kleine Sensation: ein Steuerdokument aus der Abtei von Beauport aus dem Jahr 1514. Die Abtei von Beauport hatte das Recht, Abgaben zu erheben und einzutreiben. In dem Dokument werden die Abgaben geregelt, also der »Zehnte«, den jeder Erwachsene zu entrichten hatte. Dafür erhielten die Fischer aus Paimpol und der nahe gelegenen Insel von Brehat die Fischereirechte in verschiedenen Gebieten, die aufgezählt werden. Darunter findet sich die Bezeichnung »terre neuve«, Neufundland. Entscheidend für die Geschichte der Entdeckung Amerikas ist folgende Bemerkung in dem Dokument: Dieses Fischereirecht nahmen besagte Fischer »seit zwei, drei, vier, fünf, zwanzig, dreißig, vierzig, fünfzig, sechzig Jahren« wahr. Diese Aufzählung bedeutet so etwas wie »von alters her« und soll einen alten Tatbestand untermauern. Den Fischern der Bretagne ging es darum, daß ihre alten Rechte aufs neue festgehalten wurden, wohl, um eine mögliche Konkurrenz auszuschließen. Die offizielle Entdeckung Nordamerikas, die mit Giovanni Caboto 1497 begann, konnte den Fischern vor den Küsten des neuen Kontinents gefährlich werden. Sie bangten um die reichen Fischgründe der Neufundland-Bänke, die trotz Überfischung noch heute zu den besten der Welt gehören.

Das Dokument aus der Abtei Beauport gibt kein genaues Datum an. Die erwähnten sechzig Jahre vor 1514 würden die »Entdeckung« Amerikas durch die Bretonen auf ein halbes Jahrhundert vor Kolumbus ansetzen.

Noch ein weiteres Dokument, das die Fahrten der bretonischen Fischer nach Neufundland bestätigt, wird in dem Archiv von St. Brieuc aufbewahrt: ein Taufregister aus der Gemeinde Tréguier, einem kleinen Nachbarort von Paimpol. Darin heißt es: ». . . am Sonntag, dem 22. Tag des Monats Februar im Jahr tausendfünfhundertundelf, wurde ein Mann aus ›Terre neuve‹ getauft, ungefähr dreißig Jahre im Alter, getauft durch den Maître Henry de Kerguech, und wurde Tudgoal genannt, und waren mehrere Bürger und Bürgerinnen die Paten.« Dieser Text besagt eindeutiger als der erste, daß es schon vor Kolumbus Beziehungen zu Neufundland gegeben haben muß. Denn jener auf den Namen Tudgoal getaufte Bretone war etwa dreißig Jahre alt, das heißt, er war um 1481 geboren, und zwar auf Neufundland.

Der Kabeljau mußte, wegen der langen Fahrten auf See, konserviert werden. Die noch heute in Neufundland praktizierte Methode ist das Trocknen auf hölzernen Gestellen. Auf einem Anlegeplatz mit einem Steg mußten hölzerne Gestelle für die Lufttrocknung, sogenannte »chafauds«, und zumindest überdachte Unterstände errichtet werden. Das war die Voraussetzung, um den Fisch konservieren zu können. Die bretonischen Fischer werden wiederholt an gleichen Uferstellen angelegt haben, um die Fische zu trocknen und möglicherweise die Vorräte an Brennholz und Trinkwasser aufzufüllen. Eine solche Station kann also durchaus den Charakter einer frühen Siedlung gehabt haben. Es bleibt abzuwarten, ob man in Neufundland eines Tages auf Reste davon stößt.

Der Kampf um die Seekarten

Geheimdiplomatie im 15. Jahrhundert

Einer der unerklärlichsten Vorgänge am Beginn der Neuzeit, der bis heute ein Rätsel in der Geschichte der Entdeckungen ist, ereignete sich um das Ende des 15. Jahrhunderts in Lissabon, dem Zentrum der abendländischen Seefahrt. Nahezu sämtliche Globen und Karten sowie »Peripli« und »Portulane«, wie die Navigationskarten der Kapitäne genannt werden, verschwanden aus den Bibliotheken. Der Kampf um die Vorherrschaft über Meere, Inseln und Kontinente tobte auf See nicht weniger als in den Stuben der Kosmographen und Kammern der Archivare. Bestechung, Verrat, Diebstahl und Entführung standen auf der Tagesordnung, denn es ging um nichts weniger als um die Aufteilung der Welt. Selbst Kolumbus wurde nicht verschont von dem Vorwurf, in der besessenen Verfolgung seines Ziels auf illegale Weise Karten aus der streng bewachten »Tesouraria«, dem geheimen Staatsarchiv des Königs von Portugal, an sich gebracht zu haben. Geheimdiplomatie und Intrigen bestimmten die höfischen Umgangsformen in Europa.

Als 1291 das letzte christliche Bollwerk, die Stadt Akkon, den Mamelucken in die Hände fiel, kam der europäische Handel mit Asien über die Levante zum Erliegen. Der ökonomische Druck zwang zum Umdenken. Aber es dauerte noch mehr als ein Jahrhun-

Eine arabische Pilgerkarawane auf dem Weg nach Mekka. Mit der Notwendigkeit, sich auf Wüstenwanderungen orientieren zu können, entwickelten sich die Wissenschaften Geographie und Astronomie (Bagdad, 1237). Nationalbibliothek Paris.

Blick auf die Alfama, den ältesten Stadtteil Lissabons, der das große Erdbeben von 1755 überstand. In Lissabon hatte sich Kolumbus aufgehalten, als er nach Informationen über den Seeweg nach Indien suchte.

Rechte Seite:
Oben: Coimbra, im 11. Jahrhundert nach der Vertreibung der Mauren erste Hauptstadt Portugals. Mit ihrer 1308 gegründeten Universität war Coimbra jahrhundertelang geistiges Zentrum des Landes.

Unten: Sagres an der Südwestküste Portugals. Hier versammelte Prinz Heinrich der Seefahrer (1394 – 1460) die bedeutendsten Seeleute Europas um sich.

Oben: Amerika verdankt seinen Namen dem deutschen Kartographen Martin Waldseemüller, der auf dieser Karte von 1507 den Vorschlag machte, den neu entdeckten Kontinent nach Amerigo Vespucci zu benennen. Vespuccis gedruckte Reiseberichte hatten den Kontinent einem breiten Publikum bekannt gemacht. Das einzige erhaltene Exemplar dieser Karte aus St. Dié, Elsaß, befindet sich heute auf Schloß Wulfegg, Baden-Württemberg. Unten: Ansicht von Lissabon aus der »Cronica de D. Alfonso Henrique« von Duarte Galvao (Manuskript des frühen 16. Jahrhunderts). Museu-Biblioteca Conde Castro Guimarães, Cascais.

Oben:Rosette aus Stein in Sagres. Man vermutet, es handelt sich um eine Windrose aus der Zeit von Prinz Heinrichs »Seefahrerschule« auf Sagres.

Links: Portrait Prinz Heinrichs des Seefahrers. Er plante und finanzierte die großen Expeditionen der Portugiesen zu Beginn des Zeitalters der Entdekkungen (Nuno Gonzalves, ca. 1470). Museu Nacional de Arte Antiga, Lissabon.

dert, bis der Seeweg nach Indien als profitable Route erwogen wurde. Prinz Heinrich, Infant von Portugal, dem später der Beiname »der Seefahrer« gegeben wurde (obwohl er, bis auf eine einmalige Überfahrt von Gibraltar zum gegenüberliegenden Ceuta, sich nie auf See hinausgewagt hat), machte sich die Idee zu eigen. In dem von ihm eigens gegründeten Forschungszentrum in Sagres an der Südwestküste Portugals wurden Schiffahrtstechnik und Kartographie weiterentwickelt. Hier wurde die wendige Karavelle erfunden, das Astrolabium des Nürnbergers Martin Behaim verbessert und das Ergebnis jeder einzelnen Erkundungsfahrt ausgewertet und auf Karten festgehalten.

Im Jahre 1453 fiel die Stadt Konstantinopel. Die Türken blockierten den Handelsweg nach Asien. Damit trat der Wettlauf um den Seeweg nach Indien in eine entscheidende Phase.

Die Portugiesen waren auf dem Weg, Afrika zu umsegeln, schon ein gutes Stück vorangekommen. Bis zum Tode Heinrichs des Seefahrers 1460 drangen sie bis an die Küste von Sierra Leone vor. Aber sie kümmerten sich auch um die Atlantikroute. Madeira, die Kanarischen und die Kapverdischen Inseln wurden, ebenso wie die Azoren, Mitte des 15. Jahrhunderts bereits von ihnen kolonisiert. Kolumbus wurde am Hof von Lissabon mit seinen Plänen abgelehnt, weil möglicherweise vom portugiesischen König bereits andere Kapitäne mit dem Auftrag, die Westroute nach Indien zu finden, ausgesandt waren. Im Jahre 1474 hatte König Alfons V. den Seefahrer Fernan Telles auf eine Fahrt jenseits der Azoren geschickt, mit der Zusage, ihn als Gouverneur auf allen von ihm zu entdeckenden Ländern einzusetzen. Weitere Konzessionen dieser Art, zum Beispiel an Fernan Domingo de Arco aus Madeira 1484 und an Fernan Dulmo aus Terceira 1486, sind im portugiesischen Nationalarchiv erhalten.

Die Portugiesen segelten an allen Fronten. Schon 1473 hatte Alfons V. seinen Cousin, den König von Dänemark, gebeten, ein Schiff auf die Erkundung der Nordroute zu schicken. Als »Verbindungsoffizier« sandte er seinen Vertrauten João Vaz Cortereal mit auf die Reise. Unter der Leitung der deutschen Kapitäne Pining und Pothorst soll das Schiff im Jahre 1473 die Küste Labradors oder

Karavelle aus der Flotte Vasco da Gamas auf dem Weg nach Indien im Jahr 1497. Detail aus einem Manuskript des 16. Jahrhunderts. Academia de Ciencias, Lissabon.

Neufundlands erreicht haben. Vaz Cortereal wurde jedenfalls am 2. April 1474 zum Gouverneur der Azoreninsel Terceira ernannt, und zwar zur Belohnung für geleistete Dienste, die er der portugiesischen Krone durch eine Fahrt zur »terra bacalhaos«, das heißt nach Neufundland, erwiesen hatte. Für die Portugiesen gilt seither Cortereal als der eigentliche Entdecker Amerikas. Auf den frühesten noch erhaltenen portugiesischen Karten ist Neufundland als »Terra Corte Realis« eingezeichnet.

Auch die Briten hatten sich offenbar schon jahrelang für die im Westatlantik vermuteten Inseln interessiert. Aus einer Reisebeschreibung aus dem Jahr 1480 stammt folgende Nachricht: »Am 15. Juli 1480 trat das Schiff von John Jay d. J. von 80 Lasttonnen eine Reise von Kyngrode, dem Hafen von Bristol, zu der Insel Brasil westlich von Irland an. Es durchpflügte die See, und Thloyde, der Kapitän des

Schiffes, ist der erfahrenste Seemann von England. Und Nachrichten kamen nach Bristol am Montag, dem 18. September, daß das besagte Schiff ungefähr 9 Wochen lang segelte und jene Insel nicht fand, sondern durch Stürme zurückgetrieben wurde zum Hafen in Irland ...«

Aus dem Jahr 1498 stammt eine verschlüsselte Botschaft des spanischen Diplomaten Pedro da Ayala an Ferdinand und Isabella, daß »die Leute von Bristol seit sieben Jahren regelmäßig zwei oder drei Schiffe auf die Suche nach den Inseln ›Brasil‹ und ›Sieben Städte‹ ausgesandt hätten«. Wahrscheinlich hatte die Suche schon früher begonnen: Im Jahr 1484 soll ein bretonischer Pirat ein Schiff aus Bristol aufgebracht haben, das nach »der großen Insel« im Atlantik unterwegs war.

In Spanien und Portugal setzte schon lange vor der Aufteilung der Welt im Vertrag von Tordesillas (1494) ein Wettlauf um Seekarten ein, die wie Staatsgeheimnisse gehütet wurden. Und keiner, der sich auf illegalem Weg eine Karte beschaffte, konnte sicher sein, daß er nicht eine von den vielen in Umlauf gesetzten »cartes eroées« erworben hatte, die bewußt in die Irre führen sollten.

Amerika – auf einer Karte von 1424

Das Londoner Auktionshaus Sotheby veröffentlichte 1946 eine Karte aus dem Jahr 1424, die also fast siebzig Jahre vor der Entdeckungsfahrt des Kolumbus entstanden war. Auf ihr sind zum ersten Mal in der Geschichte der Kartographie zwei größere Landmassen im westlichen Atlantik verzeichnet, und zwar maßstabgerecht auf der Höhe von Florida und Kuba. Die größere der beiden Inseln ist etwa so groß wie Portugal und trägt den Namen »Antilia«, die etwas kleinere, weiter nördlich gelegene, den Namen »Satanazes«. Die Karte stammt von einem venezianischen Kartographen namens Zuane Pizzigano; sie scheint aber die Kopie eines portugiesischen Originals zu sein, was sich aus der Schreibweise der geographischen Bezeichnungen für die beiden neuen Inseln schließen läßt. War dies vielleicht die Vorlage der verschollenen Karte, die Kolumbus auf seiner ersten

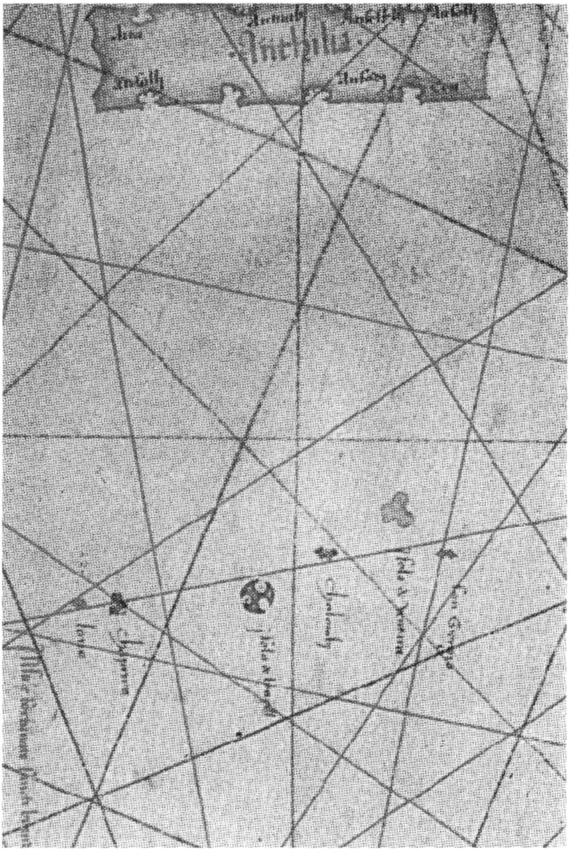

Auf der Portolan-Karte von Grazioso Benincasa, 1463, ist im äußersten Westen des Atlantiks (auf der Karte oben) die Insel »Antilia« eingezeichnet. The British Library, London.

Reise benutzte? Sein Sohn Ferdinand berichtet, daß er während seines Aufenthaltes in Lissabon »Informationen über eine Insel Antilia westlich der Azoren erhalten habe«.

Wäre es möglich, daß diese Inseln Teile des amerikanischen Kontinents repräsentieren, die von portugiesischen Seefahrern entdeckt wurden, deren Kenntnis aber wieder verlorenging? Oder bezeichnen sie nur einige der zahlreichen Phantasie-Inseln, die, wie die »St.-Brendan-Insel« oder »Hy Brasil«, noch bis ins 16. Jahrhundert auf vielen Karten des Atlantiks zu finden sind?

Armando Cortesão, einer der bedeutendsten Spezialisten auf dem Gebiet portugiesischer Kartographie, hat nachgewiesen, daß die Pizzigano-Karte die erste Darstellung von Amerika ist und auf eine portugiesische Entdeckung zurückgeht. In einer Naturgeschichte des Venezianers Giovanni da Fontana, eines Zeitgenossen des Zeichners der Karte von 1424, wird ebenfalls von einer »terra incognita« als der westlichen Begrenzung des Atlantiks berichtet.

Schriftliche Dokumente über eine Entdeckung aus dieser Zeit existieren allerdings nicht, so daß man allein auf die Karte als Beweis für eine portugiesische »Vor-Entdeckung« Amerikas aus dieser Zeit angewiesen ist.

»Antilia« ist daraufhin in vielen Karten seit der Mitte des 15. Jahrhunderts verzeichnet und wurde ein wichtiges Ziel für die Entdeckungsfahrten der folgenden Jahre. Kolumbus hat es schließlich wieder-entdeckt, und noch heute kennt man die Karibischen Inseln unter dem Namen Antillen.

Mit dem Schwert ins Paradies

»Seit langem wissen wir aus unseren Schriften, daß weder ich noch alle anderen, die heute unser Land bewohnen, aus diesem stammen, sondern daß wir Fremde sind und von weit gekommen. Auch haben wir Kenntnis davon, daß unser Volk ein Herr in dieses Land geführt hat, dem alle untertan waren, der in seine Heimat zurückkehrte ... Und da ihr sagt, ihr kommt von dort, wo die Sonne aufgeht, glauben wir, daß euer König unser natürlicher Herrscher ist ... Und mögt ihr befehlen nach Belieben, denn alles wird befolgt und getan werden, und über alles, was wir besitzen, könnt ihr verfügen ... Es wird euch kein Leid geschehen, denn ihr befindet euch in euerm eigenen Haus und Land.« *(Rede Moctezumas an Cortés)*

Welchem todbringenden Irrtum Moctezuma erlegen war, hat die Geschichte der Rückkehr der »weißen Götter« gezeigt. Sie raubten, plünderten, vergewaltigten, brandschatzten und mordeten. Auch da, wo die Errettung von Seelen das Motiv für die Eroberung gewesen

In der Universitätsbibliothek von Coimbra erläutert Professor Luis de Albuquerque, Spezialist für Navigationsgeschichte, den Beitrag der Portugiesen zur Entdeckung Amerikas.

sein soll, war es in Wahrheit ein unbändiger Goldrausch. »Gold ist höchst vortrefflich. Aus dem Gold wird ein kostbarer Schatz. Wer ihn besitzt, macht mit ihm in der Welt, was er will. Mit ihm kann er sogar Seelen in das Paradies bringen.« Das sagte kein anderer als Kolumbus. Mit ihm endet die Geschichte der »geheimen Entdecker«, und es beginnt die Geschichte der »offiziellen« Eroberung eines Kontinents und der »Zivilisierung« seiner Bewohner.

Es bleibt offen, warum die frühen Entdecker weitgehend unbekannt geblieben sind. Einige, wie vielleicht die Ägypter oder die Phönizier, brachten zwar ihre Kultur mit, ließen sich aber dennoch in die fremde Kultur integrieren. Die irischen Mönche, die den Atlantik befuhren, waren Einsiedler und keine Eroberer. St. Brendans Bericht wurde zwar im Mittelalter weit verbreitet, aber er galt als Erbauungsbuch und weniger als Tatsachenbericht. Die Wikinger scheiterten möglicherweise mit ihrem Siedlungsvorhaben am Widerstand der einheimischen »Skrälinger«. Prince Henry Sinclair wollte vielleicht im Einvernehmen mit den Indianern ein »neues Jerusalem« in Amerika gründen. Aber seine Entdeckung blieb folgenlos, weil er frühzeitig starb und die Zeit für sein Projekt noch nicht reif war. Die Bretonen und Normannen waren Fischer und nur zufällig Entdecker. Ein wichtiger Grund für das Vergessen war – und das betrifft vor allem die unmittelbaren Vorgänger des Kolumbus –, daß sie keine »Presse« hatten. Ihre Entdeckungen erregten kein Aufsehen, weil man deren Bedeutung nicht erkannt hatte oder weil man sie aus Konkurrenzgründen geheimhalten wollte. Erst als die Falschmeldung, Kolumbus habe Indien erreicht, in Europa angekommen war, begann der Wettlauf um die neuen Territorien.

Das Motiv war im wesentlichen materieller Natur: Man glaubte, Gold und Gewürze schneller und billiger aus dem neuen Kontinent als aus dem alten Indien beschaffen zu können. Die damit verbundene Unterdrückung der indianischen Bevölkerung wurde durch den Missionsauftrag der Kirche legitimiert. Auch die mythische Vorstellung vom Paradies im Westen des Ozeans mag bei vielen eine Rolle gespielt haben. Man ließ dabei außer acht, daß das Paradies seit dem Sündenfall im Jenseits liegt. Die Entdecker am Beginn der Neuzeit aber wähnten es greifbar vor Augen. Sie fuhren mit dem Schwert ins Paradies.

Wer weiß, wie viele Seefahrer es noch gegeben hat, deren Kontakte mit der Neuen Welt nicht bekannt wurden, weil sie keine Spuren der Gewalt hinterließen, weil sie »sanfte Entdecker« waren? Die Tat des Kolumbus markiert, von uns aus gesehen, den Beginn einer neuen Epoche. Aus der Perspektive eines späteren Historikers wird die Entdeckung Amerikas durch Kolumbus vielleicht nur ein Kapitel in der jahrtausendealten gemeinsamen Geschichte Europas und Amerikas sein.

ROLF PFLÜCKE

IRRFAHRT VOR GALAPAGOS

Mit Thor Heyerdahl auf den Spuren der Inka

Altperuanische Seefahrer

Im Jahre 1526 – drei Jahrzehnte nach der »Entdeckung« Amerikas – stieß eine spanische Karavelle aus der Flotte Francisco Pizarros vor der Westküste Südamerikas auf ein seltsames Gefährt. Kapitän Bartolomeo Ruiz traute seinen Augen nicht: Da fuhr ein etwa dreißig Tonnen schweres Floß unter vollen Segeln nordwärts. Seine Mannschaft bestand aus zwanzig Indios, unter ihnen mehrere Frauen und Kinder. Es war der erste »Kontakt« zwischen Peruanern und Europäern; und er endete zeitgemäß: Die Spanier kaperten das Floß, plünderten die wertvolle Ladung und warfen die Hälfte der Besatzung ins Meer. Fünf Menschen ließen sie auf dem Floß zurück, und die übrigen – zwei Männer und zwei Frauen – schleppten sie mit auf ihr Schiff, um die einen als Dolmetscher und die anderen als Konkubinen zu mißbrauchen. Das Floß überließen sie der See.

Es besaß eine gute Takelung aus Hanfseilen, baumwollene Segel sowie Anker, die aussahen wie Schleifsteine. Ruiz kehrte mit seinen Gefangenen zu Pizarro zurück. Und womöglich faßte dieser angesichts der Beute den Entschluß, das sagenumwobene Goldland Peru zu erobern. Pizarros Sekretär Francisco de Jeréz beschreibt die fatale Geschichte in allen Einzelheiten. Und er fügt hinzu, daß ihm diese und spätere Begegnungen auf dem Pazifik die Gewißheit gaben, daß die altperuanischen Küstenbewohner »großartige Seeleute« seien.

Fünfzig Jahre vor der Ankunft der Spanier unternahm der Inkafürst

Tupac Yupanqui einen Kriegszug nach Norden, in das Gebiet des heutigen Ecuador. Unterwegs begegnete er zahlreichen Handelsflößen, die von Westen her kamen. Die Kauffahrer erzählten ihm von Inseln weit draußen im Meer, auf denen es Menschen gebe und sehr viel Gold. Tupac Yupanqui ließ die Berichte »überprüfen« – ich vermute, mit Hilfe von heißen Foltereisen – und stellte fest, daß sie widersprüchlich waren. So rief er denn seine ganze »Flotte« zusammen – Hunderte von Flößen – und bestieg sie »mit zwanzigtausend Kriegern«. Dies berichtet der Chronist Pedro Sarmiento de Gamboa, dem die Geschichte später zu Ohren kam. Wie er schreibt, ist die Inkaflotte erst viele Monate später von ihrer Expedition zurückgekehrt. Und Fürst Tupac Yupanqui habe »gente negra«, Farbige, mitgebracht sowie eine Menge Edelmetall – Gold und Silber.

Die »Chimok« – ein Floß nach alter Bauart

Ich erinnerte mich oft an diese geheimnisvolle Geschichte, denn kein Forscher weiß bis heute mit Sicherheit zu sagen, wohin der Inka mit seinen Kriegern fuhr – etwa zu den Galapagos- oder zu den Kokos-Inseln? – und wo er die Farbigen gefangennahm.

Im August 1991 begannen wir, in Nordperu unser eigenes Binsenfloß zu bauen; wir wollten mit Thor Heyerdahls Hilfe den Spuren des Inkafürsten folgen. Die »Chimok« sollte fünfzehn Meter lang und zwölf Tonnen schwer sein und in ihrer Hütte sieben Männern Platz bieten. Wir suchten uns für den Bau des Floßes den kleinen Fischerort Pimentel in der Nähe des Rio Lambayeque aus. Die Fischer fahren dort wie vor zweitausend Jahren auf kleinen Binsenflößen, »Caballitos« (»Seepferdchen«), aufs Meer hinaus und stellen sie nach der Heimkehr zum Trocknen an den Strand. Das Hinterland am Rio Lambayeque war schon vor 1200 Jahren eine blühende Zivilisation. Die Moche oder Mochica verstanden sich nicht nur auf Ackerbau und künstliche Bewässerung; sie waren auch hervorragende Töpfer, Goldschmiede und – was noch wichtiger war – erfahrene Seeleute. In den Grabhügeln des nahen Sipán hatte unser Freund, der Archäo-

Ein »Tausendfüßler« nach dem anderen: Dutzende von Fischern tragen die Binsenrollen für den Floßbau heran.

loge Walter Alva, gerade einen sagenhaften Schatz entdeckt: das Mausoleum der Mochicafürsten aus den ersten Jahrhunderten unserer Zeitrechnung. Und am nördlichen Ende des Tals, in den Pyramiden von Tucumé, suchte der Norweger Thor Heyerdahl nach Beweisen für seine transpazifische Wanderungstheorie. Wenn man zudem noch irgendwo in Peru ohne Angst vor der Guerilla einen Film drehen konnte, dann hier im Norden, nahe der Sechurawüste.

Das geeignete Schilf für den Floßbau, »Totora« genannt, wächst freilich fünfhundert Kilometer weiter südlich in den Flußniederungen bei Chimbote. Und so rollte denn von Juli an Ladung über Ladung auf der Panamericana nordwärts. Der Landbesitzer wollte uns zunächst keine Binsen verkaufen, aber als er sah, daß wir »Gringos« waren, feilschte er einen hohen Preis aus. Wir mußten Tagelöhner anheuern, die das Schilfrohr schlugen; natürlich war das alles nur mit Genehmigung des Landwirtschaftsministeriums erlaubt. Es ist ja nicht alltäglich, daß jemand zwölf Lastwagenladungen Binsen kauft.

Wie konnten wir nur auf diese verrückte Idee kommen, so fragte ich mich mehr als einmal in den nachfolgenden Wochen, als uns Arbeit und Kosten über den Kopf wuchsen. Unser peruanischer

Die »Caballitos«, »Seepferdchen«, winzige Binsenflöße der Fischer, trocknen rings um den Bauplatz in der Sonne.

Produktionsleiter Pedro Neira, ein Hüne, der buchstäblich über allem stand und nie die Ruhe verlor, erinnerte mich dann daran, wie wir zusammen mit Thor Heyerdahl an einem Sommerabend unseren Plan entwickelt hatten. Wir saßen damals auf der Dachterrasse seines Hauses bei Tucumé und sahen dem Sonnenuntergang hinter den Pyramiden zu. Heyerdahl berichtete von seinen Erfahrungen. Er war 1947 mit dem Floß »Kon-Tiki« von Peru nach Polynesien gesegelt. Jahrzehnte danach hatte er mit der »Ra I« und der »Ra II« den Atlantik überquert und später mit der »Tigris« den Golf von Oman. Die Abenteuer dienten alle dem Zweck, seiner Theorie Nachdruck zu verleihen, nach der kühne Seefahrer schon in vorchristlichen Jahrhunderten auf einfachen Flößen ferne Gestade erreicht hätten.

Thor Heyerdahl versprach, uns zu beraten – vorausgesetzt, das Floß würde nach seinen archäologischen Erkenntnissen gebaut, um damit auch für ihn von wissenschaftlichem Nutzen zu sein.

»Und wohin segeln wir?« fragte ich Pedro.

»Polynesien liegt zu weit entfernt und kommt nicht in Betracht. Da ist Thor ja schon mit der ›Kon-Tiki‹ gelandet.«

Paulino Esteban schnürt die großen Schilfbündel zusammen. Er hat schon für Thor Heyerdahl die »Ra II« und die »Tigris« gebaut.

»Wie wäre es mit den Galapagos-Inseln? Da ist angeblich lange vor der Ankunft der ersten Spanier ein Inkafürst mit Tausenden von Soldaten gelandet. Sie waren auf Flößen unterwegs; der Humboldtstrom trieb sie geradewegs zum Äquator ...« Der Vorschlag war gut: Die Galapagos-Inseln sind mit einem Floß vom Festland her in vierzehn Tagen zu erreichen. Wir planten nicht, zehntausend Meilen zurückzulegen; unsere Idee war, auf den Spuren der Phönizier zu segeln und die Seetüchtigkeit eines nach alten Plänen gebauten Floßes zu erproben. Und – wir wollten einen spannenden Film drehen. Da waren die Galapagos das richtige Ziel.

Nun fehlten nur noch die Floßbauer. Thor Heyerdahl empfahl uns, zum Titicacasee zu reisen, zu Paulino Esteban. Der hatte 1970, nach dem Schiffbruch der »Ra I«, mit seinen Leuten in Marokko die »Ra II« gebaut, ein äußerst seetüchtiges Floß, mit dem Heyerdahl den Atlantik in siebenundfünfzig Tagen überquerte.

Die gescheiterte »Ra I« aber war seither vergessen: Die Konstrukteure vom Tschadsee im Inneren Afrikas vermögen zwar Schilfboote

Auf der bolivianischen Seite des Titicacasees. Die Bootsbauer Paulino und Braulio holen Totora-Binsen für ihre Flöße.

zu bauen, doch die wahren Meister, so zeigte sich, leben auf der bolivianischen Seite des Titicacasees.

Im Mai reiste ich mit Pedro Neira nach La Paz und von dort zur Insel Suriqui. Die Anden rings um den Titicacasee waren tief verschneit; der Winter hatte Einzug gehalten. Paulino Esteban und seine Schwiegersöhne Braulio und Celso interessierten sich für unseren Plan und wollten uns in Pimentel beim Floßbau helfen. Braulio war sogar fest entschlossen, an unserer Expedition teilzunehmen und mit nach Galapagos zu segeln.

Sie haben wenig Arbeit in dieser Jahreszeit. Im Hof hinter der Hütte Don Paulinos lagen die Gerippe zweier Schilfboote, an denen sie gerade flochten. Es waren vier Meter lange »Yampus«, nicht zu vergleichen mit den großen, stolzen Flößen, die man auf Suriqui noch vor zehn Jahren baute. Damals arbeiteten noch hundert Männer im Bootsbau; die allgemeine Wirtschaftskrise hat viele arbeitslos gemacht.

Am Tag vor unserer Abreise ruderten wir mit Braulio und Paulino über den aufgewühlten See zu einem »Curandero«, einem Schamanen, der ihrem – und damit auch unser aller – Vorhaben die Gunst der Geister sichern sollte. Der alte Zauberer hockte vor seiner Hütte in der Sonne; wir brachten ihm den Maisschnaps Chicha und einen Beutel Tabak mit. Nach längerem Palaver mit Paulino und Braulio erhob er sich und stapfte in die Hütte. Dann kehrte er mit einem Leinensack auf der Schulter zurück und ging wortlos zum Seeufer.

Im Windschutz einiger Felsblöcke begann er, Gras und Reisig aufzuschichten und ein Feuerchen zu machen. Wir kauerten in seiner Nähe; er hielt die Augen geschlossen und murmelte geheimnisvolle Sprüche und Gebete. Schließlich holte er aus dem Leinensack ein Bündel Kokazweige hervor, dazu den getrockneten Fötus eines Lamas und allerlei andere exotische Zutaten. Dann nahm er einen kräftigen Schluck Chicha aus der Kalebasse und spuckte den Schnaps ins Feuer. Am Ende warf er den Fötus und die Kokazweige in die Flammen, atmete den Rauch ein und verfiel in eine lange Trance. Damit endete offenbar die Geisterbeschwörung, denn als der Alte wieder zu sich kam, rappelte er sich ohne ein weiteres Wort auf und verschwand in der Hütte.

Paulino und Braulio wirkten zufrieden; wir packten unsere Sachen, bestiegen das Schilfboot und segelten zurück nach Suriqui. An diesem Abend sollte es ein festliches Abschiedsessen für die ganze Sippe geben. Und ich wußte, daß es wie immer mit einem großen Trinkgelage der Männer enden würde. Mit dem letzten Passagierboot setzten wir schließlich von der Insel zum Festland über. Bevor wir gingen, drückten wir den drei Floßbauern noch ihre Fahrscheine nach Lima in die Hand und eine Anzahlung auf das Honorar. In den ersten Augusttagen würden wir sie, wenn uns die Geister hold blieben, in der peruanischen Hauptstadt wiedersehen und gemeinsam nach Norden reisen.

In der Uferstraße des Fischerdorfs Pimentel mieteten wir später den dreien ein bescheidenes Haus und heuerten auch gleich eine Köchin an: eine alte Mulattin namens Elvira, die mit ihrem schallenden Gelächter die ganze Nachbarschaft in Aufruhr versetzen konnte. Die drei Floßbauer vom Titicacasee mit ihren wettergegerbten Gesichtern waren grundehrliche, schweigsame Arbeiter. Es konnte nicht ausbleiben, daß sie mit den geschwätzigen und albernen Fischern, die ihnen halfen, bald handfesten Krach bekamen. Die Fischer machten sich nämlich bei jeder Gelegenheit über die »einfältigen Indios« lustig. Die Floßbauer rächten sich, indem sie fortan untereinander nur Aymara sprachen, das keiner sonst verstand.

Als dann Celso beim sonntäglichen Spaziergang in Lambayeque überfallen und seiner Barschaft beraubt wurde, faßten die drei den trotzigen Beschluß, an den Titicacasee zurückzukehren. Pedro Neira mußte eilig von Lima nach Pimentel reisen und die Bolivianer beschwichtigen.

Die Fischer von Pimentel

An der peruanischen Küste waren kurz zuvor viele Menschen an der Cholera erkrankt; in den nahen Fischerdörfern Santa Rosa und San José starben Dutzende an der Seuche. Die meisten hatten verdorbenen oder mit Kloakenwasser zubereiteten Fisch gegessen. Inzwischen war die Cholera nach Brasilien und Mittelamerika weitergezogen; sie hatte viertausend Tote am Weg zurückgelassen. Den Touristen wurde weiterhin empfohlen, Peru zu meiden. Dabei benötigt das Land die Deviseneinnahmen aus dem Fremdenverkehr so dringend. Die Cholera schaffte, was selbst den Guerilleros vom »Leuchtenden Pfad« in ihrem zehnjährigen Kampf nicht gelungen war: Peru wurde zum Risikoland für Reisende erklärt.

Die Fischer von Pimentel hatten monatelang nichts mehr verkauft; sie fuhren nur noch zur eigenen Versorgung hinaus aufs Meer. Erst viele Wochen nachdem die Cholerawelle verebbt war, kam wieder Leben in die Fischerei. Und eines Morgens sahen wir sie ihre »Caballitos«, die kleinen Binsenboote, zum Strand tragen und hinauspaddeln. Ein stämmiger Bursche mit pechschwarzem Haar trieb es stets besonders kühn auf seinem »Seepferdchen«; er paddelte allen voran und machte mitunter vor Übermut einen Kopfstand auf dem winzigen Floß.

Die Fischer hatten, wie ich bald entdeckte, eine heimliche Schutzpatronin. Sie nannten sie respektvoll »Doña Perla«. Eine Dame in den Sechzigern, die – wie man munkelte – einst steinreich gewesen war, Besitzerin von Zuckerrohrplantagen und Mühlen. Unter der Diktatur General Velascos in den siebziger Jahren war sie offenbar enteignet worden und besaß nurmehr ihr kleines Ferienhaus am Strand. Doña Perla setzte sich über alle sozialen Unterschiede hinweg und kümmerte sich persönlich um das Wohl der Fischerfamilien. Als die Cholera wütete, ging sie von Haus zu Haus und säuberte die Küchen, wo die Epidemie zuallererst brütet. Und als die Todeswelle schließlich verebbt war, widmete sie sich wieder ihrem Hobby: Sie wollte unbedingt in der Gegend von Pimentel Schilfrohr vom Titicacasee anpflanzen. Und es gelang ihr, dank der großzügigen Hilfe des

Gouverneurs, mit ein paar Fischern nach Bolivien zu fahren, um sich vor Ort in den »Totorales«, den Binsenauen am See, umzuschauen.

In Nordperu wächst seit langem kein Schilf mehr; die Männer um Nicolas Galán mußten ihre »Seepferdchen« aus ortsfremden, teuren Binsen flechten. Da schien eine kleine Pflanzung im nahen Tal von Lambayeque außerordentlich nützlich. Die Flußniederungen sind dort weithin versandet. Seit den Tagen der spanischen Eroberung hat sich das Klima verändert. Künstliche Bewässerung und das Abpumpen des Grundwassers in die nahen Städte trugen dazu bei, daß die Wüste »wandert«. Wir wollten Doña Perla vor dem Stapellauf zur Patin der »Chimok« wählen und Thor Heyerdahl zum »Padrino«.

Der Floßbau ging zunächst zügig voran und half so mancher Fischerfamilie über den Winter, denn für das Ankarren der Binsen, das Entladen der Bündel, für das Flechten und Schnüren, Hochhieven und Festzurren wurden Hunderte fleißiger Hände gebraucht. Zeitweilig hatten wir zwei Dutzend Männer unter Vertrag. Wir zahlten ihnen den ortsüblichen Lohn sowie eine Prämie, und alle waren zufrieden. Der zuvor erwähnte Nicolas Galán war der Anführer der Fischer; er wohnte mit seiner Familie in einem Häuschen am Strand und kümmerte sich bald Tag und Nacht um den Fortgang unserer Arbeit. Das änderte sich erst an jenem Tag, als alle wieder zum Fang hinausfuhren.

Am Nachmittag kehrten sie mit ihrer Beute zurück; ich sah das Schauspiel zum erstenmal: Rund fünfzig Fischer näherten sich auf ihren »Seepferdchen« der Küste, wild rudernd und förmlich über die Wellenkämme springend, jeder ein Seiltänzer des Meeres. Und am Strand warteten schon Hunderte von Frauen und Kindern, um die Seedorsche und Rochen, die Thunfische und Bonitos, Sardinen und Aale nach Hause zu tragen. Die Fischer sind rauhe Burschen; wir beobachteten fröstelnd, wie sie, in kurzen Hosen und dünnem Hemd, völlig durchnäßt aus dem kalten Wasser kamen. Der Humboldtstrom spült zwischen Mai und September eisige Wellen an die Küste Südamerikas, und selbst in den hochsommerlichen Ferienwochen zum Jahreswechsel, wenn sich Hunderttausende an den Pazifikstränden von Chile und Peru tummeln, sieht man nur Unentwegte beim Schwimmen. Die übrigen bleiben am Strand in der Sonne.

Die Männer arbeiten täglich bis zum Sonnenuntergang. Zwölf Tonnen Schilfrohr werden aus Mittelperu für den Floßbau herangekarrt.

Im August liegt oft tagelang ein Nieselregen, »Garúa«, über der Küste und weicht die Schilfhütten der Fischer auf. Die Sonne setzt sich nur für Stunden durch und steht dann als fahle, runde Scheibe am Himmel, in die man bloßen Auges blicken kann. Den Fischern von Pimentel ging es besser als anderen Kollegen an der Küste, denn während die Genossenschaften von Santa Rosa oder San José oft ihre alten Kutter nicht mehr flottkriegten oder das Dieselöl fehlte, fuhren Nicolas und seine hundert Freunde mit ihren »Seepferdchen« hinaus, wann immer sie wollten. Und wer tüchtig war, konnte mit seinem Fang umgerechnet dreißig Mark am Tag verdienen. Das ist nicht schlecht in einem Land, wo der Mindestlohn bei rund fünf Mark am Tag liegt.

Unser Mentor Thor Heyerdahl

An unserem Bauplatz am Strand wuchs inzwischen eine behäbige, fette Schilf-»Ente« heran. Unter Anleitung der Bolivianer wurde eine Binsenwurst nach der anderen auf das Gerüst gerollt und in einen der beiden Schwimmkörper eingebunden. Jedesmal wenn die Männer im Gänsemarsch auf ihren Schultern eines der zwanzig Meter langen Schilfbündel anschleppten, hatte es den Anschein, als wäre ein Tausendfüßler unterwegs.

Die Dorfkinder umlungerten neugierig unsere abgeschirmte Baustelle und bohrten Gucklöcher in die Matten, um ja nichts zu versäumen. Dann und wann kreuzte auch ein Lokalreporter auf, um uns neugierig Fragen zu stellen.

Eines Morgens kam überraschender Besuch: Thor Heyerdahl war von seiner Vortragsreise aus Europa zurückgekehrt und hatte seine Tochter Bettina mitgebracht. Die Hälfte des Jahres widmet sich der Norweger seinen Grabungen in den Pyramiden von Tucumé; in der restlichen Zeit folgt er Einladungen an Universitäten in aller Welt. Nun wollte er sich ein Bild vom Fortgang unserer Arbeiten machen. Die Bolivianer oben auf dem Gerüst sahen ihn zuerst. Paulino Esteban kletterte in Windeseile herunter. Die beiden sind seit dem Bau

Thor Heyerdahl im Gespräch mit dem Autor und dem Bolivianer Paulino. Er rät, das Floß auf uralte Weise doppelschwänzig zu bauen.

der »Ra II« und der »Tigris« gute Freunde, und seit ihrer letzten Begegnung waren Jahre vergangen. Nun gab es ein herzliches Wiedersehen. »Damals in Marokko sprachen die Indios vom Titicacasee noch kein Wort Spanisch«, erzählte Heyerdahl lachend. »Ich mußte eigens einen Dolmetscher von Bolivien nach Nordafrika holen.«

Paulino und seine Schwiegersöhne waren für uns die beste Gewähr für die Seetüchtigkeit des Floßes. Sie gingen mit traumwandlerischer Sicherheit ans Werk. Und als die dritte Lage von Binsenwürsten hochgerollt wurde, nützte Heyerdahl die Gelegenheit: Er bedeutete den Bolivianern, daß nun der Augenblick gekommen sei, das Heck der »Chimok« zu formen.

»Je weiter ihr die beiden Heckflossen auseinanderbiegt, um so seetüchtiger wird das Floß; das Ruder ist vor Brechern geschützt, wenn einer ins Wasser fällt und an Bord klettern muß, dann kann er das hier am besten. Außerdem drücken die Wellen euch, wenn ihr landen wollt, geradewegs an den Strand.«

Ich fragte ihn, ob er denn seine »Kon-Tiki« 1947 ebenso gebaut hätte, wenn er damals die Vorteile des Binsenfloßes gekannt hätte.

»Sie wissen ja, daß es im alten Peru zwei Floßtypen gab. Wir bauten damals ein gewöhnliches Holzfloß. Und selbst die ›Ra I‹ war lange nicht so seetüchtig wie diese ›Chimok‹. Denn ich ließ sie nach altägyptischen Vorlagen fertigen. Dieses erste Doppelheck-Floß scheint mir allen bisherigen Typen überlegen; und ich beneide euch um diese wertvolle wissenschaftliche Erfahrung. Ich rate euch aber, ›Guaras‹ mitzunehmen, Kielschwerter; die könnt ihr nach Bedarf einsetzen; sie sind eine Garantie dafür, daß euer Floß besser auf Kurs bleibt.«

»Glauben Sie denn, Thor, daß dieses Schilfrohr aus Mittelperu die gleichen Eigenschaften hat wie das vom Titicacasee? Oder werden sich diese Binsen schnell mit Wasser vollsaugen und das Floß in die Tiefe ziehen?«

»Ich sehe da keinen großen Unterschied. Das bolivianische Schilfrohr ist zwar dicker und hat größere Hohlräume; das hier ist dünner und nicht ganz so tragfähig, aber machen Sie sich keine Sorgen – es wird schon schwimmen . . .«

Binsenflöße sind, wenn man sie gut flicht und verschnürt, seetüchtiger als hölzerne Flöße oder Kähne. Sie sind geschmeidig und flexibel, zerbrechen nicht in Wellentälern und liegen ausgezeichnet im Wind. Man muß hinzufügen: solange sie nicht zuviel Wasser aufsaugen. Das Schilfrohr trägt gewöhnlich nur wenige Monate lang. Kein Binsenfloß hat bislang mehr als ein halbes Jahr auf See zugebracht, nach ein paar Wochen wird es schwer und schwerer und muß zum Trocknen an Land gezogen werden. Das mag wohl auch der Grund dafür gewesen sein, daß die Seefahrer der Frühgeschichte ihre Binsenflöße irgendwann mit solideren Holzflößen vertauschten, die eine längere Lebensdauer haben.

Welchen Ursprung wohl das Totora-Floß einst an der peruanischen Küste hatte? Auch Thor Heyerdahl kann darauf keine abschließende Antwort geben.

»Man weiß«, so sagt er, »daß die altperuanischen Talkulturen schon zwei- bis dreitausend Jahre vor Christus ihre wachsende Bevölkerung nicht mehr allein mit Feldfrüchten ernähren konnten. Vor der Pazifikküste aber ließ sich jede Menge Fisch fangen, je weiter man hinausfuhr, um so besser. So mag sich aus der zunächst zaghaften

Paulinos Schwiegersohn Braulio ist ein Meister im Flechten und Schnüren der Schilfbündel.

Küstenfischerei im Laufe der Jahrhunderte eine florierende Hochseefischerei entwickelt haben. Und ihre ersten Flöße waren, wie die Forscher fanden, teils aus Rundhölzern, teils aus Schilf zusammengefügt.«

Bei Ausgrabungen an der Küste fand man Gegenstände aus der Zeit um 2500 v. Chr., die schon auf das Totora-Floß hinweisen. Und aus der sogenannten formativen Periode 800 bis 300 v. Chr. ist ein Floß erhalten, das aus vier Binsenbündeln zusammengeschnürt war. Am ausdrucksvollsten ist die Mochekultur, die mit ihren Keramiken gleichsam ein Lexikon der frühen Lebensformen hinterließ.

Noch heute sind an der Pazifikküste Perus und Ecuadors Flöße alten Zuschnitts im Gebrauch. Schilfboote wurden überall dort gebaut, wo es nicht genügend Holz, wohl aber Totora-Binsen gab. Die Forscher sind sich jedoch nicht darüber einig, ob die altperuanischen Seefahrer auf ihren Binsenbooten auch Segel benutzt haben. Nur eines weiß man: Die »Yampus« auf dem Titicacasee waren schon sehr früh damit bestückt.

Als die Spanier 1532 Peru eroberten und in Cajamarca, dem Sommersitz des Inka, einfielen, wurden sie Zeugen eines ungewöhnlichen Schauspiels. Francisco Pizarros Chronist berichtet darüber:

Der Inka Atahualpa ließ sich in einer Sänfte auf die leere »Plaza« tragen, ihm folgte in gebührendem Abstand ein zweiter Würdenträger – sein Freund, der Fürst von Chincha. Die Inkakrieger blieben in respektvoller Entfernung stehen. Als Pizarro nach dem Rang des Herrn von Chincha fragte, sagte ihm Atahualpa, daß dieser sehr mächtig sei, weil für ihn »100 000 Flöße auf dem Meer« fuhren. Man mag dieser Zahl Glauben schenken oder nicht: Fest steht, daß Zehntausende von Grabkeramiken Nachbildungen großer und kleiner Flöße sind.

Aus dem Jahre 1544 ist folgende Episode verbürgt: Danach wurde ein spanischer Vizekönig namens Blasco Núñez de Vela von aufmüpfigen Untertanen auf die vor Lima liegende Insel San Lorenzo depor-

Fischerfrauen zwirnen und weben die Fäden für das Großsegel der »Chimok«. Die Baumwolle wurde auf den küstennahen Plantagen geerntet.

tiert. Er mußte das Meer in einem Schilfboot überqueren, das so klein war, daß außer ihm nur noch ein Ruderer Platz fand. Der Spanier kam fahl vor Todesangst an.

Thor Heyerdahl entdeckte unter den altperuanischen Darstellungen zwei, die seine ganze Neugierde weckten. Sie zeigen riesige, mit Segeln bestückte und von Männern geruderte Schilfflöße. Beide haben an Bug und Heck Drachenköpfe – eine magische Anspielung auf Seeungeheuer – und ein doppelschwänziges Hinterteil. Genau diesen Floßtyp wollten wir nun mit Heyerdahls Hilfe erproben. Die beiden Schwanzflossen böten nämlich allerlei Vorteile, so versicherte uns der Norweger: Der Ruderbaum konnte an geschützter Stelle – gleichsam zwischen den Flügeln der schwimmenden Ente – angebracht und bedient werden. So würde uns das Schicksal der »Ra I« erspart bleiben, deren hölzerne Ruder schon zu Beginn der Fahrt brachen. Daß auch unser sieben Meter langer Ruderbaum auf hoher See wie ein Streichholz knicken würde, ahnte zu dieser Zeit keiner.

Das Ruder war aus Mangle, einem Edelholz, das in den Flußniederungen von Guayaquil, und zwar im Gemisch von Süß- und Salzwasser, wächst. Wir mußten eigens einen Lastwagen über die Grenze schicken, der uns die Ladung nach Pimentel brachte. Fünf Stämme, drei für den Mast und seine Querstreben – er sollte die Form eines umgekehrten V haben –, zwei weitere für den Ruderbaum und seinen Ersatz. Alle Holzteile mußten, wie das ganze Floß, originalgetreu und ohne Eisenteile, Nägel und Schrauben zusammengefügt werden.

Für das Großsegel mit seiner acht mal vier Meter Fläche ließen wir im Hinterland der Küste Baumwolle ernten. Und im Nachbardorf San José fand Pedro ein paar Fischerfrauen, die sich auf das Zwirnen mit der Spindel verstanden, ein Handwerk, das sonst nur noch Indianerinnen droben in den Kordilleren beherrschen.

Das Trinkwasser für die Floßfahrt nach Galapagos wollten wir auf Heyerdahls Rat hin in großen Tonkrügen mitführen. Er machte uns mit einem Töpfer aus dem Lambayequetal bekannt, der den biblischen Namen Isaias trug und sich auf die babylonische Kunst des Töpferns ohne Scheibe verstand. Isaias lebte mit seiner Sippe in einer abgelegenen Hütte, die von einem Wall riesiger roter Tonkrüge

Töpfer im Tal des Rio Lambayeque. Sie formen den Lehm mit bloßen Händen und brennen die Krüge so primitiv und doch geschickt wie vor Jahrtausenden.

umstellt war. Ringsum lag Wüste; allein die knorrigen Algarrobo-Bäume schienen der flimmernden Hitze zu trotzen – und ein paar Maulesel, die stoisch in ihrem Schatten standen. Ein vierzigjähriger Opel rostete hinter dem Haus und diente Isaias und seinem Sohn Osvaldo, die Ware zum sonntäglichen Markt nach Pimentel zu schaffen.

Der Alte hatte das Handwerk, wie er mir sagte, von seinem Großvater gelernt und der wiederum von dem seinen. Der Gründer dieser Töpferdynastie mag Stammvater Abraham selbst gewesen sein. In der Werkstatt standen rund dreißig fertiggeformte Krüge, ein weiteres Dutzend war gerade in Arbeit. Der Vater knetete geschickt eine Lehmschicht über die Form; der Sohn vollendete den Krug mit Hilfe einer weiteren Lehmwurst, die er zum Hals und Rand hochdrehte. Später trockneten die Gefäße in der Sonne und wurden, bevor man sie dem Brennofen überließ, in einem Gluthaufen erhitzt.

In der Hütte nebenan bereiteten die Frauen und Töchter der beiden ein Fischgericht mit Süßkartoffeln und Maniok zu, dazu gab es Maislimonade.

Die beiden Töpfer sollten uns, so wurde vereinbart, sieben brandneue Krüge anliefern.

Grenzstreit damals und heute

Der Tag des Stapellaufs stand seit langem fest. Am 19. Oktober 1991 sollte das Floß getauft und aus seinem Holzbett zum Meer hinuntergezogen werden. Einen Tag lang würde es dann in den Wellen dümpeln, damit sich das Schilfrohr dehnen und wasserdicht verschließen konnte.

Anfang Oktober reisten wir auf die Galapagos-Inseln, um nach einem ecuadorianischen Begleitschiff Ausschau zu halten, samt dem dazugehörigen Kapitän. Ich wußte, daß eine ordentliche Segelyacht über tausend Dollar am Tag kosten würde. Rechnete man mit fünf Tagen Hinfahrt und fünfzehn Tagen Rückfahrt, so ergab sich ein unbezahlbarer Charterpreis. Doch vielleicht fand sich auf den Inseln ein Idealist, der sich für unsere Expedition begeistern ließ.

Die Galapagos-Inseln wurden 1535 erstmals von Spaniern betreten. Damals geriet der Bischof von Panama, Tomás de Berlanga, auf der Fahrt nach Peru vom Kurs ab und landete auf einer der Vulkaninseln. Tagelang suchte er mit seinen Männern vergeblich nach Trinkwasser; zwei der Spanier und zehn Pferde verdursteten, die anderen tranken den Saft der Kakteen und erschlugen Robben und Riesenschildkröten, um sich von deren Fleisch zu ernähren. Schließlich entdeckten sie in einer Schlucht zwischen Felsen genügend Süßwasser, um ihre Fässer zu füllen und zum Festland zurücksegeln zu können.

Im 17. Jahrhundert wurden die »verwunschenen Inseln« ein Versteck der Seeräuber; vor allem britische Piraten wie William A. Cowley und John Cook machten die südamerikanische Küste unsicher. Es war ja sehr einträglich und verlockend, den spanischen Goldschiffen aus Mexiko aufzulauern, sie zu kapern und die Besatzung als Sklaven zu verschleppen. Von den Piraten erzählt man sich übrigens auch, daß sie bei ihren Schießübungen wahre Massaker unter den exotischen Tieren, den Leguanen und Riesenschildkröten, anrichteten.

1832 nahm der ecuadorianische General Villamil die Inselgruppe für sein Land in Besitz. Er taufte sie »Kolumbus-Archipel«, wie sie heute offiziell noch heißt. Später nutzte die Regierung in Quito die trostlosen Eilande als Strafkolonie.

Die Archäologen gingen stets davon aus, daß die Galapagos-Inseln wegen ihres lebensgefährlichen Mangels an Trinkwasser niemals ordentlich besiedelt wurden. Doch als Thor Heyerdahl 1953 mit Arne Skjölsvold und E. K. Reed Grabungen auf den Inseln Floreana, Santiago und Santa Cruz unternahm, da fand er zahlreiche Reste früher Niederlassungen und rund zweitausend Tonscherben, die sich alten peruanischen und ecuadorianischen Kulturen zuordnen ließen. Doch das gesammelte Material ist von geringem wissenschaftlichen Wert, denn es konnte sehr wohl von frühen Seefahrern bei Zwischenlandungen hinterlassen worden sein.

Unsere Hoffnung, einen ecuadorianischen Kapitän zu finden, erfüllte sich nicht. Wir kehrten unverrichteter Dinge nach Peru zurück. So aufregend unsere Expedition mit der »Chimok« auch schien, sie stand – trotz der Bittgebete des Schamanen – politisch unter keinem guten Stern.

Zwischen Peru und Ecuador schwelt seit Jahrzehnten ein Grenzkonflikt, denn beide Länder beanspruchen Dschungelgebiete auf der Ostseite der Anden. Alle paar Jahre kommt es zu Schießereien, zu einer Verschlechterung des politischen Klimas; die Militärs rasseln mit den Säbeln, und Gerüchte vom bevorstehenden Krieg machen dann die Runde. Genau das war nun wieder der Fall. Das kleinere Ecuador fühlte sich von seinem stärkeren Nachbarn bedroht, seine Grenzpatrouillen schikanierten Reisende aus Peru. Die peruanische Polizei nahm ihrerseits ein paar Ecuadorianer unter dem Verdacht der Spionage fest. Kurzum: Unsere Fahrt von Pimentel nach Galapagos bedurfte eines besonderen diplomatischen Schutzes. Das Auswärtige Amt in Bonn und seine Botschaften in Quito und Lima bemühten sich um die erforderliche Genehmigung. Die peruanische Regierung unterstützte das Projekt: Ihr lag daran, die alltäglichen Katastrophenmeldungen – Guerillaanschläge, Erdbeben, Cholera – endlich wieder einmal durch eine erfreuliche Nachricht zu unterbrechen.

Anfang September empfing uns Präsident Fujimori in Lima. Paulino Esteban überreichte ihm eine originalgetreue Kleinausgabe der »Chimok«. »CHI« – das war der Name der altperuanischen Mondgöttin, »MOK« ein Hinweis auf die Mochekultur, der die besten Seefahrer Altperus entstammten. Der Staatspräsident nahm sich mehr Zeit, als das Protokoll vorsah. Offenbar war auch er froh, die Krise für eine Stunde zu vergessen. Fortan berichteten die peruanischen Blätter fast täglich über den Floßbau an der Nordküste und veröffentlichten illustrierte Sonntagsbeilagen zum Thema. Unser Vorhaben stand immer mehr im Mittelpunkt des öffentlichen Interesses. Und das machte mir die meisten Sorgen: Wenn nun ein Guerillakommando des »Leuchtenden Pfads« einen Sabotageakt plante ... Jeden Tag flogen irgendwo im Lande Lichtmasten in die Luft, detonierten Bomben vor Polizeirevieren und Kasernen. Wir beschlossen deshalb, unseren Bauplatz am Strand von Pimentel durch Scheinwerfer zu sichern und zwei Nachtwächter anzuheuern.

Die Veröffentlichungen in der peruanischen Presse machten die ecuadorianischen Nachbarn stutzig. Und als die größte Tageszeitung in Lima meldete, unsere Floßfahrt nach Galapagos wolle unter anderem zeigen, daß die Inseln einst »zu Peru« gehörten, war für die Patrioten in Quito das Maß voll. Der »Souveränitätsausschuß« im Parlament schlug dem Außenministerium vor, der »Chimok« die Einreise zu verweigern. Die deutsche Vertretung in Quito reagierte zu spät: Wir saßen in der Klemme!

Wir ahnten auch nicht, daß die Ecuadorianer seit den Tagen, da Thor Heyerdahl mit seiner »Kon-Tiki« den Pazifik überquerte, auf den Norweger schlecht zu sprechen sind. Er hatte damals das Stammholz für sein Floß aus den Wäldern von Guayaquil geholt, Bau und Stapellauf aber nach Peru verlegt. Außerdem nennt Heyerdahl in seinen Büchern die frühen Seefahrer von der Westküste stets »die alten Peruaner«. Und bei seinen Grabungen auf den Galapagos-Inseln 1953 bezeichnete er Keramikscherben als »frühperuanisch«. Aber waren die »alten Ecuadorianer« nicht ebenso gute Seeleute wie die »alten Peruaner«?

Ein geheimnisvoller Fluch schien plötzlich auf unserem Vorhaben zu lasten. Als ich Anfang September von unseren Dreharbeiten nach Frankfurt zurückflog, fehlte mir nach der Zwischenlandung in Rom der Koffer. Vor dem Schalter der Fluggesellschaft wurde mir später auch noch das Handgepäck gestohlen – mitsamt den Filmen. Ein achtsamer Mann fand die Bildrollen und Tonbänder später zufällig auf einem Müllcontainer am Main. Die Diebe waren nach Auskunft der Polizei der »südamerikanischen Mafia« am Flughafen zuzurechnen, die mit besonders raffinierten Tricks vorging. Doch es sollte noch schlimmer kommen . . .

Eine Woche vor dem Stapellauf ließen uns die Ecuadorianer wissen, daß die »Chimok« in ihren Gewässern unerwünscht sei. Die Floßfahrt könne, so das Kommuniqué aus Quito, als Versuch betrachtet werden, die Galapagos-Inseln zu »peruanisieren«. Sie habe keinen wissenschaftlichen Charakter, und der Norweger Heyerdahl genieße in Ecuador »einen zweifelhaften Ruf«. Caramba!

Die peruanischen Zeitungen brachten die Meldung auf Seite eins: »Ecuador torpediert Floßfahrt« und »Ausfahrt der ›Chimok‹ gefährdet«.

Ganz Peru verfolgte das Abenteuer nun mit Spannung; die Erwartungen waren groß. Wir konnten den Stapellauf nicht einfach verschieben, ohne uns lächerlich zu machen. Der deutsche Vertreter in Lima war fieberhaft bemüht, den gordischen Knoten zu lösen; und selbst in Quito reagierte die Botschaft plötzlich hellwach. Vielleicht gab es doch noch eine Chance: Ein Spießrutenlauf begann. Die Ecuadorianer forderten Paßfotos und Lebensläufe, Bittbriefe und Gerätelisten, ein Drehbuch samt Übersetzung und sogar eine Bankgarantie.

Wir warnten die Behörden in Quito vor den Folgen ihres Boykotts, vor der »schlechten Presse« in aller Welt. Und wir erklärten: »Die ›Chimok‹ läuft trotz aller Schwierigkeiten wie vorgesehen nach Galapagos aus.«

Fürstengräber in den Pyramiden Nordperus

Für trübsinnige Gedanken war keine Zeit: Die Dreharbeiten mußten beendet werden. Wir fuhren am frühen Morgen nach Tucumé, um Thor Heyerdahl und seine Archäologen bei der Arbeit zu filmen. Ich hatte das Dorf am Fuß der Lehmpyramiden fünfzehn Jahre zuvor kennengelernt, bei einer Filmreise durch Nordperu. Damals gackerten noch die Hühner in den Straßen; sie waren mittlerweile wohl alle von Autos überrollt.

Der Ort hatte Strom und eine Kanalisation; und an der Plaza sah ich gar eine Bücherei und ein Postamt. Wie mir ein alter Mann erzählte, waren diese Errungenschaften auf Heyerdahl zurückzuführen, der den Männern Arbeit schenkte und dem Dorf eine Infrastruktur. Der Norweger hat ein ganzes Netzwerk von Tucumé-Hilfe in der Welt geknüpft.

Heyerdahl ging uns voran den Cerro Purgatorio hinauf; der »Fegefeuerberg« hat seinen Namen von den spanischen Inquisitoren bekommen, die im 17. Jahrhundert »verstockte«, taufunwillige Indios, Diebe und Ehebrecher von dort oben in den Tod stürzten.

Die Luft flimmerte vor Hitze; doch »Señor Kon-Tiki« eilte mit seinen achtundsiebzig Jahren wie ein Wiesel voran, Arne Skjölsvold, sein alter Freund aus Oslo, hatte Mühe, ihm zu folgen. Die beiden Forscher haben viel zusammen unternommen, Arne gehörte 1953 zur Galapagos-Expedition. Er hat lange das »Kon-Tiki«-Museum in Oslo geleitet, das die Gelder für die Grabungen in Tucumé gibt.

An den verkarsteten Hängen des »Fegefeuerbergs« legten zwei Dutzend Arbeiter unter der Leitung des Archäologen Daniel Sandweis gerade die Reste alter Festungsanlagen frei. Die ganze Gegend wird vermessen.

Von dieser luftigen Höhe hat man einen Blick über das ganze Tal von Lambayeque, die dreiundzwanzig Pyramiden sind im Laufe der Jahrhunderte in sich zusammengesunken, ihre Stümpfe aus Lehmziegeln erodiert. Welche Geheimnisse mögen sich wohl in ihrem Inneren verbergen?

Heyerdahl hofft die Antwort in ein, zwei Jahren zu finden: »Wir haben bislang noch keine Pyramide geöffnet; doch schon bei der ersten Grabung stellten wir fest, daß die relativ junge Schicht von Lehmziegeln über einer sehr viel älteren liegt, die aus den ersten nachchristlichen Jahrhunderten stammen mag. Die großen Überraschungen stehen also noch bevor.«

Thor Heyerdahl sucht in Tucumé nach den letzten noch fehlenden Gliedern in der Beweiskette seiner Wanderungstheorie. Mit der »Kon-Tiki«-Expedition 1947 von Peru nach Polynesien war ihm eine spektakuläre Tat gelungen: Konnten auf diese Weise – per Floß, Drift und Winde nützend – nicht schon vor tausend Jahren südamerikanische Seefahrer nach Polynesien gelangt sein?

»Ich hörte 1988 von den aufsehenerregenden Funden von Sipán«, erzählte Heyerdahl. »Mein Freund Dr. Alva, der dort wahre Königsgräber freilegt, lud mich ein und zeigte mir einen Teil des Grabschatzes. Als ich die goldenen Masken mit den eingearbeiteten Lapislazuli-Augen und den Zähnen aus Spondilus-Muscheln sah, war ich tief beeindruckt; mir war mit einem Mal klar, daß sich hier die Beweise für die weitreichenden Handelsbeziehungen der Altperuaner fanden. Ich fragte Walter Alva, aus welcher Epoche denn diese Gegenstände waren. Er hatte Altersbestimmungen der Gräber mit Hilfe der Radiokarbonmethode vorgenommen. Es zeigte sich, daß die frühesten Funde aus dem 3. Jahrhundert n. Chr. stammten.«

Die Spondilus-Muscheln kamen wahrscheinlich aus Mittelamerika, und Lapislazuli findet sich nur im dreitausend Kilometer südlicheren Chile. Für Heyerdahl steht außer Zweifel, daß die frühen Händler übers Meer kamen: Keinem Kauffahrer konnte im Ernst einfallen, mit seiner Ware so weit über Land, durch Feindesgebiet und durch Wüsten zu reisen.

Thor Heyerdahl und die Pyramiden von Tucumé: Das war eine Geschichte, die 1987 mit einem Mord begann. Am 27. Februar jenes Jahres erhielt der Archäologe Walter Alva vom Brüning-Museum in Lambayeque gegen Mitternacht einen Anruf: »Kommen Sie sofort, Doktor; wir haben einen unglaublichen Fund gemacht!«

Es war der Polizeichef der Stadt; er hatte bei einer Razzia unter Grabräubern dreiunddreißig wertvolle Goldarbeiten und Keramiken

Ein »Curandero«, ein Zauberpriester, beschwört die Geister der Toten. Die Grabräuber betäuben sich mit »San Pedro«-Schnaps, bevor sie an ihre nächtliche Arbeit gehen.

Grabräubern dreiunddreißig wertvolle Goldarbeiten und Keramiken aus der Mochekultur sichergestellt: goldene Nachbildungen von Früchten, zwei Jaguarköpfe und die lebensgroße Maske eines Mochekriegers, seine Augen waren aus Lapislazuli.

In den Flußoasen am Fuß der Anden hatten sich schon in vorchristlicher Zeit blühende Talkulturen gebildet, Chavín, Nazca, Vicus, Chan Chan und Moche sind einige der Zivilisationen, die sich vor allem durch ihre Grabbeigaben – Keramiken, Stoffe und Goldarbeiten – der Nachwelt erhielten. Die alten Peruaner bestatteten ihre Toten oberhalb der Täler, kein Hochwasser sollte die Gräber wegreißen. Ihren Herrschern und Adligen errichteten sie eigene »huacas«, Grabhügel, und – wie in Sipán – Lehmpyramiden. Der sandige Boden und das trockene Klima sorgten dafür, daß die Leichen mumifiziert und samt der Grabbeigaben erhalten blieben. Deshalb gehen jede Nacht Legionen von Bauern in den Küstentälern auf Schatzsuche. In der Nähe von Nazca, aber auch bei Chancay und Lambayeque sah ich

Trichtern, offene Gräber und, im weiten Umkreis verstreut, Totenschädel, Knochen und die Reste von Keramiken.

Die Grabräuberei ist eine uralte Nebenbeschäftigung der Talbewohner; je weniger die Bauern und Landarbeiter tagsüber verdienen, um so mehr versuchen sie ihr Glück bei Nacht. Dabei wissen sie, daß die Geister der Toten jeden bestrafen, der ihre Ruhe stört. Also bemühen die Diebe eigene Schamanen, Geisterbeschwörer, die sie vor dem Fluch schützen sollen.

Eines Nachts sahen wir in den Feldern nahe dem Fischerdorf San José seltsame Irrlichter; wir stellten unser Auto ab und näherten uns dem Spuk. Da kniete ein Schamane inmitten einer Gruppe von Menschen und sang sich mit monotoner Stimme in Trance. Dann und wann hielt er inne, setzte eine Schnapsflasche an und spie den Alkohol um sich, so als wollte er sich immunisieren. Die Männer im Kreis schöpften mit Muscheln Flüssigkeit aus einem Eimer und träufelten sie sich mit in den Nacken gelegtem Kopf in die Nasenlöcher. Es handelte sich dabei um »San Pedro«, eine Art Meskalin aus dem Saft des gleichnamigen Kaktus. Später übergaben sich alle.

Nach einer Weile erhob sich der Alte und ging schleppenden Schritts und mit geschlossenen Augen durch die Nacht. Plötzlich blieb er stehen und scharrte mit dem Fuß. Seine Begleiter begannen daraufhin, im schummrigen Licht einer Petroleumlampe an der bezeichneten Stelle zu schaufeln. Nach einer halben Stunde stießen sie auf ein Mumienbündel, und danach kam eine Keramik nach der anderen ans Licht. Nach meiner Rechnung hatte der Grabschatz, den sie dort plünderten, einen Sammlerwert von mehreren tausend Dollar.

In der Gegend von Batan Grande, oberhalb des Lambayequetals, grassierte vor Jahren ein richtiges Goldfieber. Da holten Diebe tausendjährige Totenmasken und goldene Brustschilde aus den Gräbern; und ein Landbesitzer setzte gar Baumaschinen ein, um das Gold der Vor-Inkazeit aus seinen Feldern zu baggern. Man glaubt es kaum: Viele Dentisten in Peru kaufen billiges Grabgold und schmelzen es ein, um Zahnplomben daraus zu fertigen.

Der Schatz, den Walter Alva in jener tragischen Februarnacht sah, schien aus einem wahren peruanischen Troja zu stammen. Dabei fehlten bereits wertvolle Teile; sie waren über Zwischenhändler in die USA gelangt. Für eine kleine Goldstatue aus Sipán wurden später auf dem nordamerikanischen Kunstmarkt sechzigtausend Dollar bezahlt.

Die Grabräuber hatten in wochenlanger Nachtarbeit die Lehmpyramide geöffnet und eine erste Fürstengruft freigelegt. Was sie nicht ahnten: Unterhalb der Nische befanden sich eine zweite und dritte Grabkammer. Die Archäologen um Walter Alva sollten später auf dem Grund der Pyramide ein Grab aus dem 3. Jahrhundert finden – aus den Anfängen der Mochekultur.

Als die Polizei im Morgengrauen einen der Diebe aus dem Bett holte und dieser zur Waffe griff, wurde er erschossen. Bei seiner Beerdigung spielten sich wütende Szenen ab. Die Dorfbewohner beschimpften die Archäologen und machten sie für den Tod ihres »compañero« verantwortlich.

Thor Heyerdahl kam kurz danach zum erstenmal ins Tal von

Thor Heyerdahl und seine Archäologen auf dem »Fegefeuerberg« von Tucumé. In den nahen Pyramiden hofft »Señor Kon-Tiki«, wie die Peruaner ihn nennen, die fehlenden Beweise für seine pazifische Wanderungstheorie zu finden.

Lambayeque. Als er die Grabfunde von Sipán sah, glänzten seine Augen: War das nicht der Schatz eines peruanischen Priamos?

Walter Alva und sein Team hatten bereits wertvolle Arbeit geleistet und Hunderte von Artefakten freigelegt und registriert, darunter die bereits erwähnten »nautischen« Gegenstände, die zeigen, daß die Moche hervorragende Seefahrer waren. Hier wollte Heyerdahl graben!

Die Peruaner boten dem Norweger ein eigenes Areal an – das Pyramidenfeld von Tucumé –, das bis dahin gänzlich unerforscht war.

Hätte die Welt die Fürstengräber von Sipán ohne die Grabräuber je zu Gesicht bekommen? Und war das nicht ein Teil unserer Filmgeschichte: Schamanen, nächtliche Séancen, Grabplünderei – und ein

Der Archäologe Dr. Walter Alva mit seinem Team bei Grabungen in der Totenpyramide von Sipán. Noch ruhen wahre Schätze unter dem Lehmboden

Floß, das sich anschickte, auf einer tausendjährigen Route zu den Galapagos-Inseln zu segeln?

An einem dieser sengend heißen Nachmittage bauten wir unseren Filmkran auf der Grabpyramide von Sipán auf. Walter Alva kauerte mit seinem Kollegen Luis Zurita in einem der Löcher; in chirurgischer Feinarbeit legten sie das Skelett eines Mochekriegers frei.

»Diese Gräber sind die Schatztruhe einer ganzen Kultur«, meinte Alva, »denn hier finden wir alles, was für die Menschen jener Zeit wertvoll und wichtig war; außerdem verraten die Funde eine Menge über die kulturellen Beziehungen mit anderen Völkern. Wenn ein europäischer König beigesetzt wird, dann gibt man ihm stets die Insignien seiner Macht mit ins Grab. Nicht anders im alten Peru; nur daß man hier auch noch exotische Beigaben findet, die auf Handelskontakte mit fernen Kulturen hinweisen.«

»Zu welcher Zeit«, so fragte ich ihn, »hat denn dieses Königsgeschlecht regiert?«

»Die ältesten Gräber – sechs in einer Reihe – stammen aus den ersten drei Jahrhunderten nach Christus. In diesem Lehmmausoleum wurde offenbar die ganze Königsdynastie der frühen Mochezeit bestattet. Und wie Sie wissen, hat es diese Kultur durch die Bewässerung ganzer Wüstenstriche zu einzigartigem Wohlstand gebracht. Aber nicht allein das: Die Mochica dürfen als Erfinder des ›Caballito‹, des Binsenfloßes, gelten, das sie offenbar im Laufe der Zeit in immer größeren Versionen bauten.«

Es war Nacht geworden; unsere Scheinwerfer gaben dem Grabhügel gespenstische Konturen. Einer von Alvas Männern holte eine Laterne und führte uns hinüber zu einem gut sieben Meter tiefen Schacht, in den eine Leiter hinabführte. Wir folgten ihm und standen wenig später vor einem atemberaubenden Bild. Da lag in einem hölzernen Sarg der jüngste »Herr von Sipán«, eben jener Fürst, dessen Gruft die Grabräuber gefunden hatten. Die Archäologen hatten originalgetreue Kopien der Toten und ihres Grabschmucks anfertigen lassen. Alles wirkte täuschend echt. An der Kopf- und Fußseite des »Herrn von Sipán« lagen die Skelette zweier junger Frauen, offenbar seine Lieblingskonkubinen; zu seiner Seite die Mumien zweier Leibwächter. Wer genau hinsah, bemerkte, daß man den beiden – vor oder nach dem Tod – die Füße amputiert hatte, wohl damit sie im Jenseits nicht fliehen konnten. Wie im alten Ägypten, so bestattete man auch hier die Könige samt einem Teil ihres Hofstaats. Man stelle sich vor, in welch ständiger Angst die Wächter und Mätressen lebten und wie rücksichtslos man sie beim Tod ihres Patrons ins Jenseits beförderte!

Die »Chimok« sticht in See

Bis zum Stapellauf fehlten nur noch vier Tage. Zwei Dutzend Männer arbeiteten fieberhaft an der »Chimok«. Noch fehlten der Mast und das Ruder; die Hütte mußte noch gebaut und die Reling aus Bambusrohren befestigt werden. Und dann fehlten zudem noch die Drachenköpfe, die den Bug und die beiden Heckflossen krönen sollten. Braulio und Celso, die beiden Bolivianer, hatten sie in nächtelanger Arbeit aus Schilf angefertigt. Als sie die zwei Meter hohen Köpfe dann vom Haus in der Uferstraße zum Strand hinuntertrugen, lief die Dorfjugend von Pimentel johlend nebenher. Mit Hilfe einiger Taue wurden die Fabelfiguren in die luftige Höhe des Gerüstes gezogen. Braulio und ein paar Helfer befestigten sie am »Bugspriet« und an den Schwanzenden der »Chimok«. Die Drachenköpfe sahen plötzlich ganz weiblich aus. Beiderseits sträubten sich ihre Binsenhaare, der Wind spielte mit ihnen, während die Arbeiter sie festzubinden versuchten. Ein Wunder, daß keiner von ihnen herunterstürzte.

Zwei Tage vor dem Stapellauf kam ein klappriger Kranwagen der peruanischen Elektrizitätsgesellschaft und half uns, den zehn Meter hohen Mast auf Deck zu heben. Er wurde fest im Schilfrohrboden verankert. Nach vorn sicherte ihn ein schwerer hölzerner Schuh, und nach hinten gab ihm die Hüttenkonstruktion Halt. Außerdem wurde er mit daumendicken Seilen an Bug und Heck vertäut. Kein Sturm sollte ihn knicken oder aus der Verankerung reißen.

Braulio und seine Helfer hatten inzwischen die Drachenköpfe an Bug und Heck befestigt und zimmerten danach die »Kajüte«. Sie

Die »Chimok« wird von den Fischern Schritt für Schritt über Holzrollen zum Meer gezogen.

sollte aus einfachen Schilfmatten bestehen und zwei Fensteröffnungen haben. Wir wußten, daß die ersten Tage auf dem Humboldtstrom bitterkalt sein würden. In der Hütte würden das Funkgerät und die Filmausrüstung, unser Proviant und die persönliche Habe Platz finden. Auf den einfachen Pritschen zu beiden Seiten konnten nachts die Schlafsäcke ausgerollt werden; fünf Männer fanden bequem Platz, die anderen beiden mußten im Vierstundenturnus am Ruder Wache stehen.

An diesem Nachmittag begannen unsere Helfer, die Holzpflöcke abzusägen, auf denen das Floß noch immer ruhte. Sie gingen so ungestüm ans Werk, daß die »Chimok« ächzte und zu kippen drohte. Pedro Neira ließ eilig eine Ladung Bohlen herbeischaffen, die wir wie Schlittenkufen unter die dicke »Ente« schoben. Mit Wagenhebern wurde sie dann um Zentimeter hochgewuchtet; zur selben Zeit sägten und klopften die Männer mit schweren Hämmern die Pflöcke ab – da saß das Floß nun plötzlich im Sand, es war geschafft!

Der nächste Morgen begann mit strahlendem Sonnenschein. Pimentel feierte seine Kirchweih; und wir warteten auf den Pfarrer, der die »Chimok« taufen sollte.

Gegen zehn Uhr nahte eine Blaskapelle, in ihrem Gefolge der Priester und der Bürgermeister sowie die Schönheitskönigin des Dorfes, geführt vom Polizeichef. Dahinter schritten Doña Perla und Thor Heyerdahl und eine Reihe weiterer Honoratioren; vorneweg liefen die Fotografen und Presseleute und die neugierige Meute der Kinder.

Beim Floß angelangt, legte der Pfarrer seine Stola um, bekreuzigte sich und tauchte den Weihwasserwedel tief in das heilige Naß; dann näherte er sich mit erhobenem Arm unserer »Riesenente« und rief: »Yo te bendigo . . . Ich weihe dich, ›Chimok‹!«

Alle bekreuzigten sich, nur der Wikinger Thor Heyerdahl nicht. Er tauchte ein Lorbeersträußchen in das Weihwasser und besprengte damit den Rumpf des Floßes und die Besatzung: »Möge die ›Chimok‹ dem Meer und seinen Stürmen trotzen. Sie ist das beste Binsenfloß, das es je gab. Für seine Erbauer lege ich meine Hand ins Feuer. Gute Fahrt der Mannschaft!«

Dann umarmte er uns herzlich: »Buen Viaje!« Die Umstehenden applaudierten, und die Blaskapelle stimmte eine lustige Marinera an. Thor Heyerdahl und Doña Perla kletterten auf das Floß, der Bürgermeister und seine Frau folgten. Da baumelte an der Takelage auf dem Vorderschiff ein Krug mit Chicha; das uralte peruanische Ritual verlangt, daß ihn jemand zerschlägt. Thor Heyerdahl griff nach einem Prügel, auch Doña Perla faßte zu – und mit vereinten Kräften zielten sie daneben. Erst beim zweiten Mal zerbrach das Gefäß in Scherben, lief der Maisschnaps über das Deck. Sie benetzten sich alle, wie sich das gehört, und tanzten dann die volkstümliche Marinera.

Die »Chimok« knarrte in allen Fugen. Kaum war die Taufe vorbei, die Gesellschaft verschwunden, legten sich hundert Männer in die

Seile. Auf Pedros Kommando glitt das Floß Schritt für Schritt vorwärts zum Wasser. Die fünfzig Meter langen Taue spannten sich, ein Pfiff und »Hauruck!«, zweihundert Beine stemmten sich in den Sand, zweihundert Arme zogen mit aller Kraft. Und kaum ließen sie locker, krochen ein paar flinke Burschen unter den Bauch des Floßes, um die hölzernen Planken und Rollen nachzuschieben. Es verging kaum eine Stunde, da stand das Floß am Ufer.

»Halt!« schrie Pedro, »nicht zu nah!«

Die Flut hätte das Floß bei Nacht erfassen und unbemerkt mit sich hinausziehen können. Noch hatten wir einen Tag Zeit, die »Chimok« sollte vorsichtig gewassert werden.

Am nächsten Morgen – die Flut kam gegen sechs – zogen die Männer noch einmal kräftig an den Tauen. Zuvor hatten sie den Ruderbaum zwischen den Heckflossen angebracht und vertäut. Wir versahen ihn nach der Ausfahrt mit einem dicken Querholz, an das vier kräftige Arme paßten. Noch einmal zogen alle kräftig, und schließlich glitt das Floß ins Wasser – und schwamm.

An diesem Morgen war auch der Navigator zur Mannschaft gestoßen; Rainer Bühner ist Funker und Bordarzt zugleich und ein passionierter Segler. Der bärtige Franke hatte nicht nur den Sextanten mitgebracht, sondern auch das elektronische Peilgerät, ein Wunderding, mit dem sich in Sekundenschnelle per Satellitenkontakt die genaue Position finden läßt. Der Sextant nützt ja nur, wenn die Sonne scheint; auf dem kalten Humboldtstrom aber mußten wir in dieser Jahreszeit mit einer dichten Wolkendecke rechnen.

Der Rest war pure Bürokratie. Wir mußten noch einmal zur Hafenpräfektur, Ausreisegebühren zahlen, Pässe in Ordnung bringen, Helfer entlohnen, Rechnungen begleichen, Proviant fassen – und immer wieder Abschied feiern, denn nach einem halben Jahr Mitarbeit hatten uns die Fischer von Pimentel in ihr Herz geschlossen. Da waren Freundschaften entstanden, die nun nicht einfach enden sollten. Doch – wo bis gestern die »Ente« lag, gähnte nun ein entsetzliches Loch. Der Bauplatz war leer, und ein paar beherzte Männer gingen daran, die Matten ringsum beiseite zu schaffen. Der Strand gehörte fortan wieder allein den »Seepferdchen« der Fischer. Nichts

Gruppenbild vor dem Auslaufen: Bordarzt Bühner, Autor Pflücke, Fischer Nicolas, Bauleiter Neira, Kapitän Mauricio, Kameramann Pfeiffer und Floßbauer Braulio.

erinnerte mehr an die »Chimok«. Sie dümpelte längst draußen auf der See und wartete auf ihre Jungfernfahrt.

In einiger Entfernung am Strand posierte die Mannschaft für ein Gruppenbild: unser junger Kapitän Mauricio Barbis, der Fischer Nicolas Galán, der Bolivianer Braulio Corani, der Spanier Pedro Neira, Bordarzt Rainer Bühner, Kameramann Florian Pfeiffer und meine Wenigkeit, der Regisseur.

Die Mole von Pimentel führt weit ins Meer hinaus. Sie wurde um die Jahrhundertwende gebaut, als der Fischfang und Guano-Handel in dieser Gegend noch ein lohnendes Geschäft waren. Seither rostet die Eisenkonstruktion und droht irgendwann in die See zu stürzen. Am Nachmittag unserer Ausfahrt drängten sich auf der Mole Hunderte von Menschen. Sie sahen zu, wie unser Proviant und das Filmgepäck auf halsbrecherische Weise in einen Kutter abgeseilt und zur »Chimok« hinübergebracht wurden. Und als wir selbst über die Eisenstreben hinunterkletterten (eine primitive Strickleiter hätte schon genügt), riefen die Leute »Viva!« und »Mucha Suerte . . . Viel Glück!«. Wir dankten ihnen winkend und hatten es auf einmal furchtbar eilig, mit der »Chimok« in See zu stechen.

Fast hätten wir Thor Heyerdahl vergessen. Wir holten gerade den Anker ein, da legte er in einem Fischerkahn an und kam an Bord. Wie sportlich er mit seinen knapp achtzig Jahren noch immer war! Und nicht nur das: Er wies jede Hilfe empört zurück. Mehr als einmal streckte ihm einer die Hand entgegen, um ihn an Deck zu ziehen. Doch der Norweger faßte sie nicht an, er war noch kräftig genug! Meine Bitte, mit nach Galapagos zu fahren, lehnte er lachend ab. Er hatte zu viele Termine und keine Zeit für unkalkulierbare Abenteuer. Doch die ersten Meilen wollte er mit dabeisein und noch einmal das Kribbeln verspüren, das jeder Floßfahrt eigen ist. Gegen Abend würde ihn das Begleitschiff an die Küste zurückbringen, wo seine Leute warteten.

Die erste Nacht auf See war zugleich die härteste. Die »Chimok« wurde von der starken Dünung wie Strandgut hin und her geworfen. Unser junger peruanischer Kapitän Mauricio lag mit grünem Gesicht in der Hütte, unfähig, ein Wort zu sagen. Ich selber mußte mich erst an die hohe See gewöhnen, und Braulio, der Bolivianer, saß mit aschfahlem Gesicht an der Luke und sah hinaus. Gegen Mitternacht nahm der kalte Nieselregen zu, ich kroch mit meinem Schlafsack unter den Hüttenboden und wachte im Morgengrauen völlig durchnäßt auf. Rainer, unser Bordarzt und Funker, hatte sich auf dem Vorderschiff ins Segel gerollt und als einziger gut geschlafen. In den folgenden Nächten tat ich es ihm gleich, das große Segel bot uns den besten Schutz vor Wind und Wetter. Doch wir banden uns zur Sicherheit vor Brechern fest.

Am nächsten Morgen nach dem Frühstück machten wir uns an die Arbeit, die große »guara« zu setzen, ein Kielschwert von fünf Meter Länge und einem halben Meter Breite. Die Küstenbewohner des alten Ecuador hatten damit ihren Flößen große Wendigkeit verliehen. Das Schwert erlaubt, in der Strömung zu bleiben und gegen den Wind zu kreuzen, obwohl doch die Segel herkömmlicher Flöße fest am Mast vertäut sind.

Kaum hatten wir es mit vereinter Kraft zwischen den Schwimmkörpern auf dem Vorderschiff hindurchgesteckt, gab es dem Floß auch schon spürbar Balance. Unter vollem Segel würden wir auf dem Humboldtstrom und mit günstigem Wind drei Knoten in der Stunde zurücklegen, runde einhundertzwanzig Kilometer am Tag.

Unser erstes Ziel waren die Guano-Inseln vor der peruanischen Küste. Es gibt zwei Archipele: die fernen Islas Lobos Afuera und die küstennahen Islas Lobos de Tierra; die ersten liegen weit draußen im Humboldtstrom, die letzteren in einer tückischen, küstennahen Strömung. Die Seekarte rät, jene Gewässer zu meiden. Am Morgen zogen immer wieder große Vogelschwärme an uns vorbei nach Westen, ein Zeichen, daß wir den »Seehundinseln« näher kamen. Die Temperatur war auf zehn Grad gefallen, die Wolken lagen fast auf dem Meer, die Sichtweite betrug etwa fünfhundert Meter. Eine ausgelassene Schar von Seelöwen folgte uns. Sie warteten wohl auf Abfälle aus der Bordküche. Braulio hockte in der Hütte und spielte stundenlang auf seinem Charango, einem winzigen Saiteninstrument aus einem Gürteltierpanzer. Und Nicolas, der Fischer, las angestrengt in der Bibel, die ihm der Dorfpfarrer vor der Abfahrt geschenkt hatte. So fuhren wir den ganzen Tag und erreichten gegen Abend die windstille Bucht Bahia Mansa, die ihrem Namen alle Ehre macht. Hier lagen bereits einige Fischkutter vor Anker.

Unser Funker versuchte stundenlang, Kontakt mit dem Festland herzustellen. Schließlich hörte ich ihn mit der Küstenwache von Pimentel palavern. Wir erfuhren, daß Thor Heyerdahl am Abend zuvor nicht mehr ausbooten konnte; die Ebbe und eine heftige See hatten es lebensgefährlich gemacht, an der glitschigen Mole anzulegen. So verbrachte der Norweger die Nacht auf unserem Begleitschiff.

Am zweiten Morgen erwachten wir gut ausgeschlafen. Pedro bereitete auf der Gasflamme heißen Tee zu und briet Rühreier mit Speck. Das weckte die Lebensgeister. Noch hatten wir frischen Proviant, Obst und trinkbares Wasser. Das Begleitschiff – eine siebzehn Meter lange Yacht mit dem freundlichen Namen »Simpatia« – hatte uns in der Nacht eingeholt. Nach dem Frühstück kam einer der

Eine Meute junger Seelöwen folgt dem Floß vor den Guano-Inseln. Der Humboldtstrom führt eisige Gewässer nordwärts.

beiden Matrosen mit dem »Dingi«, dem Schlauchboot, zu uns herüber. Wir stiegen mit Kamera und Tonbandgerät zu, um eine Erkundungsfahrt zu machen. Die Guano-Inseln sind über und über von Vögeln belagert. Hier brüten Millionen Pelikane, Möwen und Kormorane. Über der Bucht stehen drei ärmliche Hütten und ein blaugestrichenes Kirchlein. Als wir anlegten, kam uns sofort ein Mann entgegen und wies uns ab, denn niemand dürfe die Insel ohne Erlaubnis betreten. Ich erklärte ihm, daß wir nur zur Kirche wollten, um ein Weilchen zu beten. Da ließ er uns an Land.

Die peruanische Marine achtet streng auf den Tierschutz vor der Küste. In den vergangenen Jahrzehnten kamen immer weniger Vögel zum Brüten auf die Guano-Inseln.

Der Wächter war verärgert, als er uns hinter dem Kirchlein wiedertraf, denn am Abend zuvor hatten offensichtlich ein paar Fischer den Opferstock geplündert: »Gestern waren noch zweitausend Soles drin«, das sind umgerechnet drei Dollar, »heute sind es nur noch lumpige fünfhundert!«

Ich steckte drei Dollar »Ersatz« in den Opferstock, und der Alte war wieder glücklich.

Am Nachmittag lichteten sich die Nebel. Wir hißten das Segel und liefen aus; das Floß lag herrlich im Wind. An der Nordseite der Guano-Inseln passierten wir eine riesige Seelöwenkolonie. Die Tiere stürzten sich in Panik ins Meer; ein paar Hundert von ihnen verfolgten uns und führten dabei ein wahres Wasserballett auf.

Den Abend und die Nacht über hielten wir Kurs nach Norden. Am Morgen des dritten Tages stieg die Sonne wie frisch gebadet aus der See, eine kalte, silberne Scheibe. Nicolas hatte einen prächtigen Bonito gefangen. Er legte ihn in Salz ein und versprach für den nächsten Tag ein würziges »ceviche«.

An diesem Tag erfuhren wir von der Küstenwache, daß unsere Botschaften in Lima und Quito wieder Hoffnung hätten, der »Chimok« freie Fahrt zu den Galapagos-Inseln zu erstreiten. Die Ecuadorianer würden lediglich von uns erwarten, daß wir zunächst einen Hafen an ihrer Küste ansteuerten.

Wie stellten die sich das vor? Wir konnten doch unmöglich aus dem Humboldtstrom ausscheren und an die Küste zurückkehren! Mit eigener Segelkraft wären wir dann nie auf die Galapagos-Inseln gekommen. Jeder Seemann weiß das: Von Guayaquil führte keine Strömung, kein Wind nach Westen. Wollte man uns etwa eine Falle stellen und die »Chimok« als »schwimmendes Museum« in den Hafen von Guayaquil locken?

Landung verboten!

Die Behörden in Quito hielten, wie wir erfuhren, an ihrer Drohung fest: Sie würden uns nicht direkt nach Galapagos fahren lassen. Die Radionachrichten bestätigten dies: »Ecuador verweigert der ›Chimok‹ weiter die Einreise«, so hieß es. Die Expedition sei von keinerlei

Nutzen für das Land, und der norwegische Forscher Thor Heyerdahl, der die Patenschaft des Floßes übernommen habe, genieße in Ecuador traurige Berühmtheit . . .

So ging es Tag für Tag weiter. Und je näher wir den ecuadorianischen Gewässern kamen, um so größer wurde die Ungewißheit. Eines Abends hielten wir Kriegsrat in der »Kajüte«: Was tun? Wir wollten jeden Affront vermeiden, die Ecuadorianer würden uns am Ende die Filme und die Ausrüstung wegnehmen. Den Peruanern ihrerseits lag nichts daran, unsere Floßfahrt zu einem Politikum zu machen. Der Streit mit dem Nachbarland war schlimm genug.

Eine tiefe Depression überkam die Mannschaft. Wir mußten eine Entscheidung treffen: Fuhren wir weiter, so würde uns irgendwo der Weg versperrt. Gingen wir auf die ecuadorianische Forderung ein, Guayaquil anzusteuern, dann machten wir uns zum Gespött der Welt. »Ich schlage vor, das Floß auf hoher See zu verlassen, es anzuzünden und – gleichsam als flammenden Protest – allein nach Galapagos treiben zu lassen.«

»Mir täte es leid«, sagte Mauricio, der Kapitän. »Ich habe die ›Chimok‹ so liebgewonnen, als wäre sie mein eigenes Schiff. Und es geht mir so, als müßte ich einen Freund aufgeben. Es ist ein Jammer, aber ich sehe auch keinen Ausweg . . .«

Pedro Neira holte tief Luft; er hatte sich seit Tagen nicht mehr rasiert und machte ein gequältes Gesicht: »Ich bin sehr traurig, denn fünfhundert Jahre nach der Entdeckung Amerikas durch Kolumbus unternehmen wir dieses harmlose Abenteuer – und einige dumme Politiker bringen es zum Scheitern. Hat sich denn in all diesen Jahrhunderten nichts geändert?«

»Ich habe dieses Floß mit so viel Liebe gebaut«, sagte Braulio, »und es fährt so gut. Ich verstehe nicht, warum uns die Ecuadorianer solche Schwierigkeiten machen.«

»Wenn wir die ›Chimok‹ aufgeben«, so wandte Nicolas ein, »dann sollten wir zuvor die Taue kappen und alle Seile, die um die Schwimmkörper liegen; dann bricht das Floß auseinander, und niemand kann es jemals wieder benutzen.«

Braulio war dagegen: »Die Seile durchschneiden, das wäre für mich, als würdet ihr mir den Bauch aufschlitzen. Wenn wir sie schon aufgeben, dann lassen wir sie doch wenigstens am Leben . . .«

In der letzten Nacht schlief keiner von uns. Ich wußte, was in Pedros Kopf und in Braulios Seele vor sich ging. Die beiden hatten ein halbes Jahr für diesen Traum gekämpft. Nun, da er verwirklicht schien, passierte diese Katastrophe.

Das Floß hatte eine Lebensdauer von einem Jahr; wären wir auf den Galapagos-Inseln gelandet, so hätten wir es auch an Land schleppen müssen. Für die Ecuadorianer war das unannehmbar. Die »Chimok« zurück ans Festland zu ziehen war unmöglich. Das stand nicht im Drehbuch und hätte uns zusätzliches Geld gekostet. Vielleicht aber war es ein dramatisches Filmende, wenn die »Chimok« einfach davontreiben würde, so wie das Indiofloß damals im Jahre 1526, das die Spanier kaperten und deren Mannschaft sie ins Meer warfen.

Am nächsten Tag setzten wir unseren verzweifelten Plan wortlos in die Tat um: Wir bargen das Segel, packten den Proviant und das Gerät zusammen und verfrachteten alles mit Hilfe des »Dingi« auf das Begleitschiff. Nicolas kletterte im wogenden Meer noch einmal hinauf zur Mastspitze und holte die Flaggen ein, die Regenbogenfahne der Inka, die Wimpel von Peru und Ecuador, Deutschland und Bolivien. Dann kletterten wir selbst in das Schlauchboot und setzten zur »Simpatia« über. Die Sonne stand dicht über dem Horizont, in einer halben Stunde würde es Nacht sein.

Als wir gerade das Floß verließen, passierte es: Der Steuerbaum brach krachend in der Mitte auseinander, das tischgroße Ruder löste sich ab und trieb davon. Rainer, unser Funker und Bordarzt, starrte fassungslos auf sein Peilgerät. Die Batterien gaben ihren Geist auf; keine Positionsbestimmung war mehr möglich! Und der Matrose auf dem Begleitschiff kurbelte wild am Steuer: Die »Simpatia« reagierte auf kein Kommando, sie war nicht mehr manövrierfähig. Als wir in Panik nachsahen, stellten wir fest, daß die Schrauben der Kurbelwelle gebrochen waren . . . »SOS!«

Ein Geisterfloß und eine Segelyacht trieben ruderlos auf dem Pazifik. Es war, als hätte sich das Schicksal gegen uns verschworen.

Die »Chimok« auf ihrer Jungfernfahrt. So sind nach Abbildungen auf uralten Grabfunden die frühen Peruaner zur See gefahren.

Die Drachenköpfe werden auf Bug und Heck des Floßes gesetzt. Die Borsten des Ungeheuers sträuben sich im Wind.
Linke Seite:
Oben: Am Strand von Pimentel/Nordperu wächst eine fette Schilf-»Ente« heran – die »Chimok«.
Unten: An Bord des Floßes. Die Mannschaft vertäut das Querholz des Ruderbaums. Der sieben Meter lange Balken wird später bei hohem Seegang wie ein Streichholz brechen.

Oben: Der Bolivianer Braulio fährt zum ersten Mal zur See. Das Charangospiel hilft ihm, sein Heimweh zu vergessen.
Unten: In den Pyramiden von Sipán im Lambayequetal fanden Grabräuber den Totenschatz der Mochedynastien.

Braulio mit seinem magischen Weltbild hatte sofort eine Erklärung: »Da seht ihr es, die Geister der ›Chimok‹ rächen sich an uns!« Später erfuhren wir, daß in der kritischen Stunde ein Seebeben vor der Küste stattfand. Wir waren, ohne es zu ahnen, in sein Epizentrum geraten!

Die Nacht brach herein. Unser Floß zog westwärts davon, während wir fieberhaft bemüht waren, die Kurbelwelle zu reparieren. Aber es war unmöglich: Wir hatten keine Ersatzteile.

Einsam, dem rauhen Meer ausgeliefert, taten wir das einzige, was uns jetzt noch retten konnte; wir hißten die Segel. Zum Glück kam in der Nacht ein kräftiger Südwind auf, der uns mit sieben Knoten Fahrt durch die Dunkelheit trieb.

Irgendwann fielen alle in tiefen Schlaf, in Kojen und Betten und auf dem blanken Boden. Und als wir am nächsten Morgen erwachten, war schon die Küste zu sehen. In der nächstbesten peruanischen Hafenpräfektur erstatteten wir Meldung. Und dann saßen wir auch schon im Flugzeug nach Lima.

Braulio blickte stoisch aus dem Fenster; unter uns zog die Küste vorbei. Ich konnte mir denken, was in ihm vorging. Er wollte jetzt nur noch eines: zurück zum Titicacasee, nach Hause.

Zwei Tage später hockte er im Passagierboot, das vom Festland zur Insel Suriqui fährt. Als er dort anlangte, kamen schon seine beiden Kinder gerannt. Braulio lief ihnen entgegen, das Gepäck im Boot zurücklassend. Die beiden Buben stürzten jedoch an ihm vorbei zum Ufer, denn sie wollten sehen, was er ihnen mitgebracht habe. Braulios Frau war schüchtern gefolgt und gab ihm nur die Hand – beide verzichteten auf jede Umarmung, jeden Kuß; die Indios lernen von klein auf, Gefühle zu verbergen.

Ich erinnerte mich an jenen Abend, als wir dem Archäologen Walter Alva auf dem Grabhügel von Sipán bei der Arbeit zusahen. Er hatte einen Gesichtsschutz ausgegraben. Für Alva war diese »Maske« ein Beweis dafür, daß selbst die Adeligen im alten Peru jede Gemütsregung zu verbergen trachteten. »Als der Inka Atahualpa 1532 in Cajamarca den Spaniern gegenübertrat«, so erzählte Alva, »versuchte Pizarro, ihm dadurch zu imponieren, daß er ein schnaubendes Pferd vorführen ließ, für die Indios ein furchterregendes, fremdes Tier.

Atahualpa verzog keine Miene, aber einer der Sänftenträger wich vor Angst zurück. Ihn ließ der Inkafürst auf der Stelle töten.«

Nur der alte Vater weinte, als er Braulio wiedersah; fünf Monate sind eine lange Zeit. Gemeinsam gingen sie ins Dorf, zu ihrer Hütte. Dort standen die zwei halbfertigen Binsenflöße. Braulios Schwiegervater Paulino und sein Schwager Celso waren gerade dabei, die beiden »Yampus« zu vollenden. Auch hier hörten wir nur ein trockenes »Buenos dias!«.

Eine Stunde später tat unser bolivianischer Sindbad wieder das, was er sein ganzes Leben lang getan hatte: Binsen flechten. Hier auf der Insel Suriqui im Titicacasee hat sich seit der »Entdeckung« Amerikas nicht viel geändert. Was sind auch schon fünfhundert Jahre im Leben einer vieltausendjährigen Kultur . . .

VOLKER ARZT

PROTOKOLL EINER KATASTROPHE

Der Untergang der Azteken

Das Land der Hochkulturen

Zuerst geht er vorbei und riskiert nur einen Blick aus den Augenwinkeln. Aber offenbar wirken wir vertrauenswürdig, denn der kleine Junge kommt zurück, faßt sich ein Herz und fragt uns geradeheraus, was wir hier machen, ob wir Touristen seien.

»Nein, wir wollen einen Film über Hernán Cortés drehen, wie er nach Mexiko gezogen ist«, ob er weiß, wer Hernán Cortés war. »Nein.« »Und in der Schule? Habt ihr da nichts von Cortés gehört?« »Nein.« Und dann, als er das Erstaunen auf unseren Gesichtern bemerkt: »Aber er haben auch gerade Ferien.« Wir fragen weiter, ob er denn weiß, wer Cuauhtemoc war. »Na klar, der hat uns doch gegen die Spanier verteidigt!« Wie zum Beweis zeigt er in die Richtung, wo eines der zahlreichen Denkmäler für den letzten Herrscher der Azteken steht.

»Uns hat er verteidigt« – der mexikanische Junge sagt das so selbstverständlich, als wäre er dabeigewesen, als wäre es gestern passiert – und nicht vor einem halben Jahrtausend.

Am 13. August 1521 stand Cuauhtemoc als Gefangener vor Cortés und bat um seinen Tod: »Ich habe alles zur Verteidigung meiner Stadt und meiner Untertanen getan. Mehr kann ich nicht. Ich ergebe mich der Gewalt. Nimm den Dolch aus deinem Gürtel und töte mich.«

Zu diesem Zeitpunkt war von dem glanzvollen Zentrum des Aztekenreiches nichts mehr vorhanden. Die auf zwei Inseln gelegene

Doppelstadt Tenochtitlán und Tlatelolco – damals schon »Mexico« genannt – lag zerstört: nur Trümmer, Leichen, fliehende Menschen. Dabei hatte die Stadt als uneinnehmbar gegolten, denn sie war nur über schmale Dämme erreichbar, die zudem durch Zugbrücken gesichert waren. Wirksame Waffen, kampferprobte Truppen und durchdachte Militärstrategien dienten ihrem Schutz. Die Azteken, die sich selbst auch »Mexica« nannten, waren eine militärische Großmacht, respektiert und gefürchtet von allen anderen Staaten der Region.

Wie war es möglich, daß die Landung von wenigen hundert Soldaten und Abenteurern mit nur sechzehn Pferden unter ihrem Anführer Hernán Cortés zum endgültigen Untergang dieser Supermacht führen konnte?

Tatsächlich ist dieser Untergang von verschiedenen Autoren bis in alle Einzelheiten penibel dokumentiert worden – in Schriften, Bildern, sogar Gedichten. Cortés selbst hat in offiziellen Briefen an den spanischen König und Kaiser Karl V. berichtet. Oder Bernal Díaz del Castillo: Er war Augenzeuge, hat die Eroberung selbst mitgemacht und als Achtzigjähriger seine Erinnerungen zusammengefaßt – »ohne die Wahrheit in irgendeiner Weise zu verdrehen«, wie er schreibt. Es ist ein packender, detailgenauer Bericht geworden, der sich wie ein Reißer liest. Dem stehen die fast poetischen Schilderungen der Azteken gegenüber, die die Goldgier der Spanier oder deren Entsetzen über Menschenopfer nicht verstehen konnten.

Eigenartigerweise aber macht die Fülle der Fakten das Geschehen nicht einleuchtender, nicht zwingender. Im Gegenteil. Was sich damals abspielte, bleibt auf irritierende Weise unwahrscheinlich und unglaublich. Ein willkürlich erscheinendes Wechselspiel von Zufallsereignissen und taktischen Entscheidungen. Das haben die Akteure seinerzeit so empfunden, und uns geht es nicht anders, während wir, Etappe für Etappe, die Route verfolgen, auf der Cortés von der Küste in das Landesinnere zog.

Cortés handelte im offiziellen Auftrag der spanischen Krone. Er besaß eine Vollmacht des Statthalters von Kuba, die sagenhaften Goldreiche zu suchen, von denen frühere Expeditionen immer wieder berichtet hatten. Ziel sei dabei die Bekehrung der Indianer zum

Christentum, zudem sollten sie, wie es – mit kaum verhohlener Raffgier – hieß, den spanischen König mit schönen Geschenken an Gold, Perlen und Edelsteinen erfreuen.

Als Cortés am Gründonnerstag 1519 mit zehn Schiffen in der Nähe des heutigen Veracruz vor Anker ging, ahnte er nicht, daß er ein dichtbevölkertes Gebiet vor sich hatte. Es handelte sich um uraltes Kulturland, wo jedes Fleckchen Erde genutzt und bebaut war. Und er ahnte nicht, daß sich hier seit dreitausend Jahren – längst bevor es das Römische Reich, geschweige denn Spanien gab – eine Hochkultur nach der anderen entwickelt hatte.

Die Landung der Spanier im Jahre 1519 (Codex Florentino).

Die Olmeken meißelten im 2. Jahrtausend v. Chr. überlebensgroß die Gesichter ihrer Herrscher in Basalt. Es entstanden riesige, bis heute ausdrucksvolle Kolossalköpfe, deren mongolische Gesichtszüge unverkennbar sind. Etwa um Christi Geburt gewann der Stadtstaat Teotihuacan für Jahrhunderte Einfluß in ganz Mittelamerika. Über zweihunderttausend Einwohner muß die Stadt gezählt haben – weit mehr als Rom oder Babylon. Die riesigen Tempelanlagen im Norden von Mexiko-Stadt sind noch heute überwältigend. Zur gleichen Zeit errichteten die Maya ihre Städte im Urwald. Sie entwickelten die erste Schrift des Kontinents, beobachteten mit geradezu wissenschaftlicher Präzision die Bewegungen der Himmelskörper und leiteten daraus ein verblüffend genaues Kalendersystem her.

Als die Maya ihre Städte aufgaben und ihre Kultur zusammenbrach – bis heute weiß niemand, warum –, errichteten die Tolteken ihr Reich. Tula war ihre prächtige Hauptstadt, in der von 925 bis 947 ihr großer und legendärer Priesterkönig »Gefiederte Schlange« (Quetzalcoatl) residiert haben soll. Legendär war Quetzalcoatl vor allem für die nachfolgenden Azteken, die aus dem Norden in das fruchtbare Hochtal von Mexiko eindrangen. Sie verstanden sich so sehr als Erben der toltekischen Kultur, daß sie sogar ihre Geschichtsbücher »frisierten«, um als direkte Nachfahren der Tolteken gelten zu können. Und fünfhundert Jahre später, als Cortés vor der Küste auftauchte, sollte jene Erinnerung an Quetzalcoatl die aztekische Geschichte dramatisch mitbestimmen.

Von alldem, wie gesagt, konnte Cortés nichts ahnen. Er wußte nicht einmal, daß er von aztekischen Spähern beobachtet wurde und daß die Ankunft seiner Flotte längst an die Residenz gemeldet worden war. Fast ununterbrochen beriet sich dort Moctezuma, der Herrscher der Azteken, mit den Fürsten und Priestern seines Reiches: Wie soll man auf das Auftauchen der »schwimmenden Häuser« reagieren? Moctezuma selbst war hin und her gerissen. Er war Krieger und Priester. Als Krieger hätte er die Eindringlinge sofort angegriffen. Als Priester, der sich dem Willen der Götter verpflichtet weiß, war er unsicher: Da gab es seit Jahren immer wieder seltsam bedrohliche Vorzeichen, die nach einer Deutung verlangten: »Es war im Jahre

Bei den altindianischen Ballspielen wurde der Ball mit dem Unterarm oder der Hüfte geschlagen.

1510, als in vielen Nächten ein großes Leuchten auftrat ... wie ein Feuerbüschel, wie eine Feuerflamme, wie eine Röte, die in den Himmel stach.« Oder: »Das Wasser im See begann zu kochen, ein dreigeschwänzter Komet erschien, der Große Tempel brannte.« Die unheilkündenden Vorzeichen rissen nicht ab. Der König der Nachbarstadt Texcoco war überzeugt, daß der Untergang des Reiches bevorstehe. Moctezuma widersprach. Schließlich einigte man sich auf ein rituelles Ballspiel, in dem die Götter entscheiden sollten. Drei Punkte waren gefordert. Moctezuma schaffte auf Anhieb zwei – und verlor am Ende doch. Der Spielbericht endet düster: »Jeden Tag sah man neue Zeichen und Wunder, die den Untergang und die völlige Zerstörung der ganzen Erde und das Ende des Reiches ankündigten.«

Besonders schwer aber wog das Ankunftsdatum der Spanier, denn es schien direkt auf den göttlichen Quetzalcoatl hinzudeuten. Der toltekische Priesterkönig nämlich – so lautet eine der Legenden um seine Person – war seinerzeit mit einer Schar Getreuer aus dem Lande vertrieben worden und soll gen Osten aufs Meer gefahren sein. Aber dereinst, am Tage seiner Geburt, im Jahre 1 Rohr, werde er wiederkommen und sein Land zurückfordern.

Im Jahre 1 Rohr: Nach der aztekischen Kalenderzählung kehrt dieses Datum alle zweiundfünfzig Jahre wieder. Und 1519 war ein solches Jahr. Hatten die Fremden etwas mit Quetzalcoatl zu tun? Waren sie selbst vielleicht »Teules«, so etwas wie Götter?

»Ihre Hirsche tragen sie auf dem Rücken«

Moctezuma entschied sich, vorsichtig zu taktieren. Er schickte eine Delegation zur Küste – mit Geschenken und Lebensmitteln, um die Fremden freundlich nach ihren Absichten zu fragen. Als er hörte, daß Cortés ihn unbedingt in der Hauptstadt aufsuchen wolle, ahnte er Böses; er verfiel zunächst in tiefe Resignation: ». . . wie zog sich da sein Herz zusammen, es füllte sich mit großer Angst. Er war drauf und dran zu fliehen. Er sehnte sich danach, sich durch die Flucht zu verstecken.«

Aber dann entschloß er sich, den Wert der Geschenke zu steigern, verbunden mit der dringenden Bitte, von einer Zusammenkunft abzusehen und wieder weiterzuziehen – eine Strategie, die bei den goldhungrigen Spaniern genau das Gegenteil bewirken mußte. Jetzt erst wußten sie sich auf der richtigen Spur: In diesem Land mußte es Gold- und Silberminen geben, Reichtümer und Schätze – alles potentielle Beute.

Die Geschenke wurden von über hundert schwerbeladenen Trägern herbeigeschafft. »Dann breiteten sie Matten aus, legten darauf Baumwollstoffe und die prächtigen Geschenke ihres Gebieters. Das erste war eine außerordentlich schöne Arbeit, eine goldene, reich verzierte Scheibe in der Größe eines Wagenrades, die nach Meinung von Kennern ihre zwanzigtausend Goldpiaster wert war. Sie stellte die Sonne dar . . . Dazu kamen zwanzig sehr reizvoll nach der Natur geformte Enten, Figuren von Hunden, Tigern, Löwen und Affen, lauter besonders schöne Arbeiten aus reinem Gold.« Diese Gastge-

Vom Dach seines Hauses aus beobachtet Moctezuma einen unheilverkündenden Kometen (Codex Duran).

Rechts: Die Gesandten Moctezumas überreichen Cortés eine Sonnenscheibe aus Gold (Codex Florentino)

Tributforderung: Amatepapier. Das altindianische Papier wird heute noch aus gekochter und zerfaserter Rinde »geklopft«.

Links: Die Zeichner Moctezumas skizzierten die Pferde und Rüstungen der Spanier (Codex Florentino).

schenke, so erinnert sich Bernal Díaz weiter, sollten ausschließlich unter den »Teules« (Göttern) verteilt werden – was ihm sonderbar vorkam: »Die Indianer hielten also damals noch einige von uns für übernatürliche Wesen, vielleicht die Reiter.«

Cortés hatte einiges dazu getan. Schon bei der ersten Begegnung hatte er seine Reiter in voller Rüstung an den Gesandten vorbeigaloppieren lassen und im selben Augenblick donnernd das große Geschütz abgefeuert. Wild schnaubende Riesentiere, Eisenrüstungen und ohrenbetäubender Kanonendonner – was lag näher, als an übernatürliche Kräfte zu glauben. »Ihre Hirsche tragen sie auf dem Rücken, dachhoch macht sie dies. Und überall ist ihr Körper eingehüllt. Nur ihr Gesicht ist sichtbar, ganz weiß. Kalkgesichter sind es, mit gelbem Haar ... Lauter Eisen ist ihre Kriegstracht, in Eisen kleiden sie sich, mit Eisen bedecken sie ihren Kopf, aus Eisen besteht ihr Schwert ...« So lauteten die Berichte der aztekischen Späher und Gesandten. Es waren Bildberichte, denn gleichzeitig legten sie erste Zeichnungen von Pferden und Rüstungen vor, die sie vor Ort aufgenommen hatten.

Als Moctezuma erfuhr, daß Cortés seine Geschenke zwar annahm, aber um so entschlossener auf einem Treffen beharrte, änderte er seine Vorgehensweise. Er stoppte jegliche Unterstützung, stellte die Versorgung mit Lebensmitteln ein und zog seine Leute ab. Die Rechnung schien aufzugehen: »Unser Lager auf den Dünen wurde immer unerträglicher. Große und kleine Moskitos plagten uns Tag und Nacht, und unsere wenigen Lebensmittel wurden immer ungenießbarer.«

Cortés bekam Schwierigkeiten. Eine Reihe von Offizieren drängte auf Abbruch des Unternehmens. Sie wollten zurück nach Kuba. Und genau besehen wäre alles andere selbstmörderische Unvernunft gewesen. Wie sollte man in einem Lande Fuß fassen, seine Gold- und Silberschätze ausbeuten, wenn Millionen gutorganisierter Einwohner sich dagegen wehrten? Ohne Unterstützung, das hatte auch Moctezuma erkannt, waren selbst diese Eisenmänner auf ihren Hirschen machtlos. Aber schon ein paar Tage später hatte sich das Blatt derart gewendet, daß Cortés geradezu großmäulig an Karl V. schreiben konnte, er werde »diesen großen Herrn Moctezuma gefangen oder tot oder als Untertan der königlichen Krone herbeischaffen«.

Was war geschehen? Moctezumas Feinde hatten sich gemeldet. Die Bewohner der Küstenregion, die Totonaken, hatten eine Abordnung zu Cortés gesandt und sich bitter beklagt. Sie würden auf das grausamste von den Azteken unterjocht, müßten hohe Tribute zahlen, Lebensmittel, Stoffe, Papier, und vor allem würden ihre Söhne und Töchter verschleppt – als Sklaven oder um sie auf den Tempelaltären zu opfern.

Die totonakischen Führer trugen ihre Klage unter Tränen und Seufzen vor, und man darf annehmen, daß sie einiges in ihrem Sinne ausgeschmückt haben. Aber unbestritten ist, daß die Azteken, die im Laufe von zwei Jahrhunderten in unzähligen Kriegszügen ihre Nachbarstämme unterworfen hatten, mit aller Härte auf den Tributabgaben bestanden. Nur so waren aller Prunk und Reichtum am Hofe und in der Stadt aufrechtzuhalten.

Dies entsprach auch durchaus dem Selbstverständnis der »Mexica«. Sie fühlten sich als Herrenmenschen, dazu berufen, über andere zu herrschen: »Ihr sollt die Völker des Universums beherrschen. Eure Könige sollen unzählige Vasallen haben, die euch Tribut zahlen!« Diese imperialistische Losung hatten sie sich einst selbst gegeben und verfuhren danach.

Es war nur zu verständlich, wenn sich die Totonaken einiges von den Fremden, ob Götter oder nicht, versprachen. Sie bewirteten die Spanier und schlossen ein Bündnis mit ihnen, das sie – zum Zeichen, wie ernst sie es meinten – sogar durch Familienbande besiegelten: mit ihren Töchtern als Geschenk. Aber sie versuchten auch gleich, die neugewonnenen eisernen Freunde für sich einzuspannen: Die Spanier sollten einen Überfall auf die verfeindete Nachbarschaft unternehmen.

Cortés ließ sich nicht darauf ein. Im Gegenteil, er führte seinerseits die Totonaken hinters Licht, indem er sie kräftig anstachelte, die Steuereintreiber Moctezumas gefangenzunehmen – nur um diese dann in der nächsten Nacht heimlich zu befreien. Damit wollte

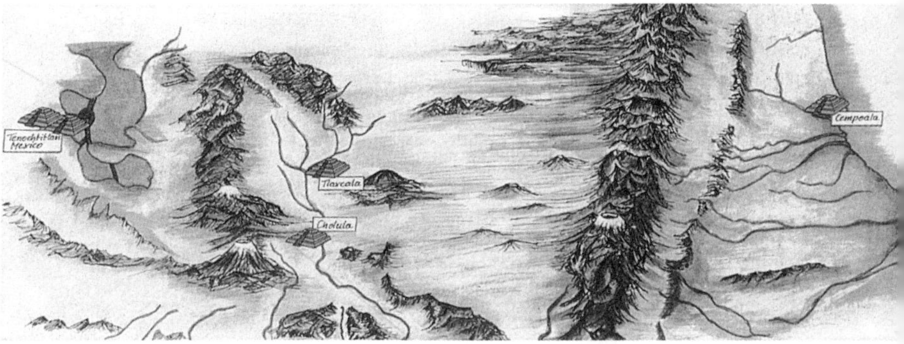

Auf seinem Weg von der Küste ins Landesinnere passierte Cortés die Städte Tlaxcala und Cholula und zog zwischen dem Popocatépetl und dem Nachbarvulkan in die Hochebene von Mexico hinunter.

er Moctezuma glauben machen, die Spanier seien »seine besten Freunde und ergebenen Diener«. So jedenfalls ließ er es ihm ausrichten.

Instinktiv hatte Cortés seine Chance erkannt, aus Rivalität und Feindschaft in diesem Vielvölkerstaat seinen Nutzen zu ziehen. Darauf verstand er sich nicht weniger als auf blutige Gewalt, wenn sie ihm angebracht schien.

Am 16. August 1519 machte sich Cortés auf den Weg nach der Residenzstadt Mexico, mit dreihundert Mann, fünfzehn Reitern und seinen totonakischen Alliierten.

Cortés auf dem Marsch nach Mexico

Welcher Weg es tatsächlich war – über dieser Frage sitzen wir einige Tage und Nächte, vergleichen die Angaben von Bernal Díaz mit denen in Cortés' Briefen, studieren Reiseberichte in »National Geographic« oder »Mexico desconocido«. Die Angaben unterscheiden sich gründlich. Jeder Autor hat offenbar seine Lieblingsroute. Und dann die Ortsbezeichnungen: Wie soll man sich so zungenbrecherische – eben aztekische – Ortsnamen wie Ixtacamaxtitlán einprägen, sie auf der Karte identifizieren oder sich gar danach erkundigen? Wir folgen schließlich den Hinweisen des mexikanischen Kolonialhistorikers Jorge Gurria Lacroix, der in den fünfziger Jahren über die Route von Cortés geforscht und geschrieben hat und diesen Weg selbst zu Fuß zurücklegte. Nicht anders als Cortés müssen wir das heiße Küstentiefland verlassen und einen unbefestigten, wolkenverhangenen Paßweg einschlagen – »so steil und hoch, daß es in Spanien keinen von gleicher Schwierigkeit gibt«. Dahinter – über zweitausend Meter hoch – liegt eine ausgedehnte, wilde und fremdartige Hochfläche, die mit Sumpfgras bewachsen ist. Vulkankegel stoßen übergangslos aus dem Untergrund. Nach den letzten Regengüssen ist der Boden von braunen Wasserfluten bedeckt. Ein kräftiger, kalter Wind treibt sie vor sich her. Am Horizont hängen die schwarzen Wolkenschläuche niedergehender Gewitter.

In der Trockenzeit ist die Hochfläche versalzt und wasserlos. Cortés marschierte hier »drei Tage durch eine öde Wüste, unbewohnbar wegen Unfruchtbarkeit, Wassermangel und großer Kälte. Gott allein weiß, welches Ungemach hier meine Leute erdulden, durch Durst und Hunger, besonders aber durch einen Wirbelsturm mit Steinen und Gewitterschauern, der uns in dieser Einöde überraschte, so daß ich befürchtete, es würden viele Leute vor Kälte umkommen. Wirklich starben auch einige Indianer von der Insel Cuba, weil sie zu leicht bekleidet waren.«

Ixtacamaxtitlán ist ein fast gespenstisch leeres Dorf. Die meisten Bewohner sind in die Städte gezogen, nur zweimal im Jahr kämen sie zum Fest des Dorfheiligen zurück, sagt die junge Frau, die uns Eier und Bohnen auf der Straße serviert. Ja, ja, dieser Cortés. Manchmal kommen Amerikaner und fragen nach ihm, weil er doch hier durchgezogen sei. Wir könnten die ganze »Historia« dort am Rathaus studieren.

Erwartungsvoll gehen wir zum frischgetünchten Rathaus: Ein offensichtlich kürzlich gemaltes Mauerbildnis zeigt Cortés, seine hübsche Dolmetscherin Malinche und die Kaziken von Ixtacamaxtitlán. Mehr nicht. Aber hier muß es gewesen sein, wo Bernal Díaz fassungslos vor einem Schädelgerüst stand, wie er später noch viele

Empfang der Spanier in Tlaxcala.

sehen sollte: »Ich erinnere mich, daß es auf einem Platz in der Nähe der Opfertempel so viele Reihen von Totenschädeln gab, daß es nach überschlägiger Zählung mehr als 100 000 gewesen sein müssen.« Und dann setzt er vorsichtshalber hinzu, weil er um die Neigung seiner Zeit zu Übertreibungen wußte: »Die Zahl stimmt!«

Hier in Ixtacamaxtitlán war es auch, wo die Spanier zum erstenmal eine ausführliche Beschreibung erhielten »von der sehr ausgedehnten und befestigten Stadt Mexico, die mitten im Wasser liege, so daß man nur über Brücken oder in Kähnen von Haus zu Haus könne. Jedes Haus sei wie eine Wasserburg von Gräben umgeben; sie seien durch den Aufbau von Brustwehren leicht in uneinnehmbare Burgen zu verwandeln. Zudem habe die Stadt nur drei Zugänge über Straßendämme, von denen jeder durch vier bis fünf hölzerne Brücken zu unterbrechen sei. Der Zugang zur Stadt sei dann gesperrt.«

Die Schilderung des Kaziken muß Cortés und seine Soldaten sehr

Der Zug der Spanier. Cortés zu Pferd, gefolgt von indianischen Lastenträgern (Codex Duran).

beeindruckt haben. »Aber«, sinniert der sonst eher soldatisch schlicht und geradlinig berichtende Bernal Díaz, als suche er selbst nach einer Erklärung, »es liegt wohl in der Natur der Spanier, daß uns diese Erzählung nicht abschreckte. Je mehr der Kazike von den uneinnehmbaren Befestigungen und den Brücken berichtete, um so mehr reizte uns gerade dieses starke Mexico, unser Glück zu versuchen.«

Blut und Blumenkriege

Schon wenige Tage später sollte die Zeit so großtönender Worte vorüber sein; die überhebliche Aufbruchstimmung würde sich in blanke Angst und Verzweiflung verkehren. Aber zunächst einmal konnten die Spanier guten Muts weiterziehen, denn vor ihnen lag der Staat Tlaxcala, und die Tlaxcalteken verstanden sich als Erbfeinde Moctezumas, denn sie waren rundum eingeschlossen und bedroht von den Azteken oder deren Verbündeten. Sie hatten unter dem Embargo Moctezumas zu leiden, der ihnen Salz und Baumwolle verwehrte und ihnen zudem eine Art Dauerkrieg aufzwang: das merkwürdige, für uns schwerverständliche Ritual der Blumenkriege. Wie es zu diesem Namen kam, ist bis heute nicht geklärt.

Zu einem festen Zeitpunkt und an einem vereinbarten Ort wurde vor Zuschauern Krieg geführt – in prächtigen bunten Uniformen. Die Adlerkrieger der Azteken trugen Federgewänder. Unterhalb des Knies hatten sie scharfe Krallen angebracht, und ihre Köpfe steckten in furchterregenden Raubvogelmasken. Angehörige der Jaguar-Kriegerkaste wiesen sich entsprechend durch Jaguarmasken und Fellkleidung aus. Auf der anderen Seite waren die Krieger aus Tlaxcala an ihren großen weißen Reiher-Standarten zu erkennen, die sie auf dem Rücken trugen.

Nimmt man hinzu, daß es bei diesen Blumenkriegen nicht darum ging, den Gegner umzubringen, sondern ihn lediglich gefangenzunehmen, dann könnte man daran denken, das Ganze für eine Art präkolumbischer Sportveranstaltung zu halten. Wäre da nicht das grausige Ende. Für alle Beteiligten ging es um Leben oder Tod. Denn die Gefangenen wurden geopfert. Auf den Stufen der großen Tempelpyramiden schnitten die Priester ihnen den Brustkorb auf und trennten das noch schlagende Herz heraus. Der Kriegs- und Sonnengott Huitzilopochtli benötigte Blut, ernährte sich von Blut, um die Welt nach jeder Nacht wieder zu erhellen.

Rituelle Menschenopfer waren in allen Kulturen Mittelamerikas bekannt, selbst bei den Maya. Die Azteken freilich scheinen damit exzessiv umgegangen zu sein. Allein bei der Einweihung des Großen Tempels in Mexico im Jahre 1487 sollen, wie aztekische Annalen vermerken, 80400 Menschen geopfert worden sein. Keines der zahlreichen Feste im Jahr war ohne religiös begründete, grausige Tötungen denkbar. Beim Frühlingsfest etwa wurde den Opfern die Haut abgezogen, damit die Priester sie sich – als Symbol für das neue Gewand der Natur – überziehen konnten.

Der Bedarf der Azteken an »Opfermaterial« war so groß, daß einiges für die Vermutung spricht, sie hätten das kleine Tlaxcala

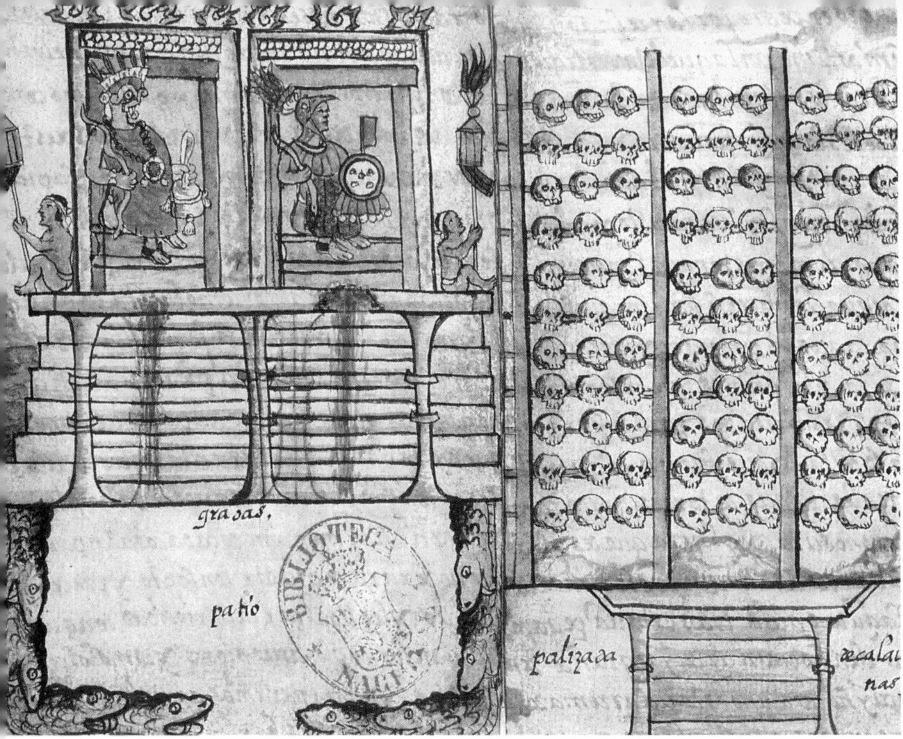

Blutverschmierte Tempelstufen und Schädelgerüst. Über 80000 Menschen sollen bei der Einweihung des Großen Tempels geopfert worden sein (Codex Duran).

absichtlich nicht erobert, um statt dessen über die vertraglich vereinbarten Blumenkriege ihren Nachschub an Menschenopfern zu sichern.

Wie auch immer, es schien klar, daß die Tlaxcalteken sich auf die Seite von Cortés stellen und in ihm einen Verbündeten gegen Moctezuma sehen würden. Aber es kam anders. Schon bei der ersten Begegnung gingen die Einheimischen so ungestüm und furchtlos auf die Reiter los, daß gleich zwei Pferde getötet und drei verwundet wurden. Sie setzten vor allem ihre gefürchteten »macquahuitl« ein, »ihre breiten Schwerter, die nur beidhändig geführt werden können und die eine Schneide aus Obsidian haben, die schärfer ist als jede Metallklinge«.

Die Übermacht des tlaxcaltekischen Heeres war groß. Bernal Díaz nennt vierzigtausend, Cortés übertreibt auf hunderttausend Krieger. Jedenfalls zogen sich die Spanier schleunigst zurück und verschanzten sich auf einem Tempelberg. Aber die einheimischen Truppen ließen ihnen keine Atempause. Jeden Tag griffen sie in disziplinierter Schlachtordnung unter ihrem Oberkommandierenden Xicotencatl an, »mit einem wahren Hagel von Schleudersteinen und Pfeilen. Der ganze Boden war mit Spießen bedeckt, die zweischneidige Spitzen hatten und derart scharf waren, daß sie überall durchdrangen. Besonders gefährdet war der Unterleib, der ja ohnehin am wenigsten geschützt ist.« Bis heute findet man im Kampfgebiet von damals Spuren dieser erbitterten Gefechte. Immer wieder, während wir Cortés' »Festungshügel« besteigen (wo heute ein Wasserreservoir aus Beton und Asbest errichtet ist), sehen wir dunkle Splitter zwischen Gras und Steinen aufblitzen: Reste von Kriegsgerät, Bruchstücke von Pfeilspitzen und Schwertklingen aus schwarzem, vulkanischem Glas – Obsidiansplitter, deren Kanten bis heute scharf geblieben sind.

Es sah nicht gut aus für Cortés und seine Leute. »Jeder war bis jetzt ein- oder zweimal verwundet worden, und alle waren durch die Strapazen und Krankheiten stark mitgenommen. Xicotencatl wich nicht von unseren Fersen. Wir hatten 55 Mann auf dem Schlachtfeld, durch Frost oder Krankheit verloren. Zwölf Leute waren marode; Cortés selbst und der Pater Bartolomé litten sehr unter dem Fieber ... Wir hatten kein Öl für die Wunden und kein Salz für das Essen. Wir hatten nichts gegen den eiskalten Wind.« Zumindest für das fehlende Wundöl fanden sie einen makabren Ersatz: »Wir verwendeten das Fett eines toten, feisten Indianers.«

Das schlimmste aber, so bekennt Bernal Díaz weiter, war die demoralisierende Aussichtslosigkeit der Lage: »Es schien uns zu diesem Zeitpunkt ein lächerliches Unterfangen, das mächtige Mexico erobern zu wollen ... Selbst wenn es uns noch gelingen sollte, die Tlaxcalteken als Bundesgenossen zu gewinnen – was sollte aus uns werden, wenn wir einmal gegen die großen Armeen des Moctezuma kämpfen mußten.«

Wiederum versuchten einige Offiziere, Cortés zur Aufgabe und

Rückkehr zu überreden: Die Mannschaft sei zu erschöpft und am Ende. Cortés nahm Zuflucht zu einer seiner berühmten »honigsüßen Reden« (wie Díaz sie nennt). Noch nie hätten Spanier tapferer gekämpft . . . Noch nie hätten größere Reichtümer gewinkt . . . Noch nie wäre es so sehr um die Sache Gottes, der Christenheit und der spanischen Krone gegangen usw. Und schließlich: Es sei besser, als tapferer Soldat zu sterben, denn als Mann ohne Ehre weiterzuleben.

Cortés' Fähigkeit, seine Truppen immer wieder hinter sich zu versammeln und aufs neue zu motivieren, war zweifellos außergewöhnlich. Aber im Rückblick ist es irritierend zu sehen, wie sehr ihm

Aztekischer Adlerkrieger mit Vogelmaske und Federuniform (lebensgroße Tonfigur aus dem Großen Tempel in Mexiko-Stadt).

gleichzeitig der Zufall in die Hände spielte. Just als die Spanier am Ende waren, traf das Friedensangebot aus Tlaxcala ein, um das Cortés bislang vergebens nachgesucht hatte. Es war nicht unumstritten. Der Heerführer Xicotencatl hatte sich mit Nachdruck dagegen gewehrt, weil er seine militärische Chance wahrnehmen wollte. Heute kennt ihn dafür jedes Kind in Tlaxcala als Helden. Aber die Stadtväter waren anderer Meinung, boten Cortés Freundschaft und Unterstützung an und luden ihn samt seinen Truppen zu sich in die Stadt ein. Hätten sie geahnt, welch weitreichende Folgen diese Entscheidung haben würde!

Moctezuma war verständlicherweise bestürzt über die neue Allianz, die sich nur wenige Tagesmärsche entfernt gebildet hatte. Wiederum versuchte er es mit Geschenken, versprach sogar regelmäßige Tributzahlungen an den Kaiser in Spanien, um Cortés zum Umkehren zu bewegen. Vergeblich. Cortés bekräftigte seinen Entschluß, nach Mexico zu kommen – in freundschaftlicher und friedlicher Absicht, versteht sich.

Auch daß ihn Moctezumas Gesandte vor der Verlogenheit der Tlaxcalteken warnten – mindestens so sehr, wie ihn diese vor Moctezuma warnten –, das war so recht nach Cortés' Geschmack. In einem seiner Briefe bekennt er unverblümt: »Als ich aber die Zwietracht und Uneinigkeit der beiden Parteien sah, empfand ich nicht geringes Vergnügen darüber, weil mir das für meine Zwecke recht förderlich erschien. So manövrierte ich denn mit der einen und der andern Partei, dankte insgeheim jeder für ihre Ratschläge und ließ es so aussehen, als würde ich sie bezüglich meines Vertrauens und meiner Freundschaft bevorzugen.«

Malinche – schön, klug, aztekisch

Derart geschickt mit zwei Zungen zu reden war Cortés nur möglich, weil er eine Frau von ungewöhnlicher Intelligenz, Menschenkenntnis und Sprachgewandtheit bei sich hatte: seine Dolmetscherin Malinche. Malinches Geschichte hört sich an wie aus dem Märchen, einem bösen Märchen: Sie war aztekische Prinzessin, der geliebte Vater starb früh. Vom Stiefvater wurde sie an einen Maya-Fürsten an der Küste verschenkt oder verkauft, dann weitergereicht an einen umherziehenden, gottähnlichen Seefahrer.

So kam Cortés schon zu Beginn seiner Reise zu Doña Marina, wie er die schöne Eingeborene taufte. Sie sprach Aztekisch und Maya – ein ausgesprochener Glücksfall, denn die weitere Übersetzung ins Spanische konnte ein Mönch besorgen, der lange bei den Maya gefangen war und den Cortés an der Küste von Yucatan gerettet hatte. Mit beiden zusammen war Cortés also bestens imstande, sein verbales Ränkespiel durchzuführen – wobei Malinche, wie sie von den Azteken bald genannt wurde, mit der Mentalität und den Reaktionen ihrer Landsleute genügend vertraut war, um selbständig Drohungen oder Schmeicheleien einzuflechten. Geschickt glich sie Cortés' Fehler aus, etwa wenn er vergaß, neben seinen Soldaten auch die indianischen Bundesgenossen zu loben. Und sie nahm auch die Waffe zur Hand, wenn Not am Mann war.

So sehr gehörte sie zu Cortés, daß auf indianischen Bilderhandschriften stets beide zusammen abgebildet sind, und selbst ihren Namen übertrugen die Einheimischen auf Cortés und sprachen ihn meist mit »Herr Malinche« an. Neben dem Allmächtigen, meinte Cortés einmal, habe niemand so viel Anteil an der Eroberung Mexicos wie Doña Marina.

Eben dies ist der Grund, warum man im überaus standbild- und denkmalfreudigen Mexiko vergebens nach einer Statue von Malinche sucht. Was die Mexikaner von dieser Frau halten, haben sie auf andere Weise zum Ausdruck gebracht – in einer eigenen Wortschöpfung: »Malinchismo« bedeutet soviel wie »Verrat an der Nation«.

Als vor einigen Jahren in Coyoacán, einem Stadtteil von Mexiko, eine Bronzegruppe enthüllt wurde – Cortés, Malinche und ein Mischlingskind (es blieb offen, ob ihr gemeinsamer Sohn Martin damit gemeint war) –, brach ein Sturm der Entrüstung los. Niemand wollte dies als Symbol für die Verschmelzung zweier Kulturen ansehen. Man sah nur Verrat. Nach zwei Tagen war das Denkmal wieder verschwunden. Heute stehen dort hübsche Bronze-Kojoten.

Eine besondere – und bis heute umstrittene – Rolle hat Malinche in der Stadt Cholula gespielt, der nächsten Station von Cortés. Trotz heftigster Warnungen seiner Verbündeten, es handle sich um einen Hinterhalt, war er der Empfehlung Moctezumas gefolgt und dorthin gezogen. Die reiche, lebendige Stadt schien es ihm angetan zu haben, denn er schreibt: »In ihrem Aussehen ist sie schöner als irgendeine Stadt in Spanien und so reich an Türmen, daß ich von einem Turm aus 430 andere gezählt habe, alle zu Tempeln gehörig. Von allen Städten, die ich bisher sah, ist diese für Spanier am besten geeignet, darin zu leben . . ., und man sieht viel armes Volk auf den Straßen, Märkten und bei den Reichen um Almosen betteln, gerade so wie es die Armen in Spanien und in anderen von vernünftigen Völkern bewohnten Ländern machen.«

Malinche erhält Hinweise auf einen Hinterhalt Moctezumas. Die Spanier und ihre Verbündeten richten ein fürchterliches Blutbad an (Lienzo Tlaxcala).

Diesen vermeintlichen Beweis für »Vernünftigkeit« trifft man auch heute noch in Cholula – die Bettler auf den Straßen oder die Indiofamilien, die auf den Märkten ihre geflochtenen Matten anbieten. Und auch heute noch ist Cholula eine Stadt mit unzähligen Gotteshäusern – jeden Tempelturm mußten die Spanier bei der späteren Christianisierung schließlich in eine Kirche verwandeln. Auch von der riesigen, teilweise freigelegten Pyramide leuchten die goldenen Kirchenkuppeln der »Virgen de los remedios«.

Vor mir ist eine alte Indiofrau ins Gebet versunken, ab und zu schluchzt sie auf. Sie achtet nicht auf ihre Enkelkinder, die gelangweilt durch die Bankreihen stolpern, oder auf das Kommen und Gehen der Touristen. In ihrem Kummer hat sie keinen Blick für die Reihen weißer, frisch geschnittener Nardosblüten an den Wänden, aber vielleicht nimmt sie wahr, was diesen Raum auf eigenartige Weise entrückt: Er ist erfüllt von leiser, aber wahrhaft himmlischer Musik. Es ist der zwitschernde Gesang von Vögeln, die unsichtbar in der Kuppel nisten. Bei dieser Musik an diesem seit Jahrtausenden den Göttern geweihten Ort fällt es schwer, sich die grausigen Geschehnisse von damals vor Augen zu halten: das Blutbad der Spanier in Cholula. Bis heute sind die Hintergründe nicht geklärt. War es skrupellose Brutalität, oder war es Notwehr, um der eigenen Vernichtung zuvorzukommen? Wenn Moctezuma die Spanier, von deren Gottähnlichkeit er längst nicht mehr überzeugt war, dafür um so mehr von ihrer militärischen Schlagkraft, vernichten wollte, so war Cholula dafür der ideale Ort. Die Stadt war mit ihm verbündet. Die engen Straßen schienen ungeeignet für die spanische Reiterei zu sein. Die tlaxcaltekischen Streitkräfte lagen außerhalb der Stadt. Vieles spricht dafür, daß der kriegserfahrene Moctezuma diese strategische Chance zu nutzen gewillt war.

Glaubt man Bernal Díaz – und seine Schilderung klingt sehr überzeugend –, so hatte Moctezuma in aller Stille ein Heer in der Nähe der Stadt zusammengezogen. Rund um das Quartier der Spanier wurden verdächtige Fallgruben entdeckt – »mit Balken und Erde bedeckt und kaum zu sehen; darunter scharf zugespitzte Pfähle, an denen sich wohl die Pferde aufspießen sollten«. Den Ausschlag aber gab Malinche. Eine Frau aus Cholula hatte ihr den geplanten Überfall verraten, damit sie sich vorher in Sicherheit bringen könne – eine Information, die nicht ganz uneigennützig war, denn die Frau hatte ein Auge auf die junge, schöne und reiche Malinche als Schwiegertochter geworfen. Cortés spielte den Ahnungslosen, bat die Oberen der Stadt unter einem Vorwand zu sich, ließ sie fesseln und umbringen und zog anschließend, alles niedermetzelnd, durch die Stadt. »Wir führten eine solche Hand«, schreibt er kalt, »daß in zwei Stunden mehr als 3000 Menschen zu Tode kamen.«

Auch die Tlaxcalteken entluden ihren lang aufgestauten Haß gegen die reichen Nachbarn und zogen plündernd und tötend durch die Stadt – für sie schien sich die Freundschaft mit Cortés bereits auszuzahlen. Und der sah es wohl auch so – bis er den Auswüchsen und Mißhandlungen schließlich ein Ende setzte.

Im nahen Mexico rief das Massaker Entsetzen und Angst hervor. Als reiner Willkürakt wurde es dort gesehen und später auch so beschrieben: ». . . alle sollten kommen, die Prinzen, die Fürsten, die Führer, die Häuptlinge und die aus dem Volke; im Tempelhof versammelten sich alle. Und als alle versammelt waren, schloß man die Eingänge. Darauf wurden sie niedergeritten, getötet, erschlagen . . . in hinterlistiger Weise wurden sie getötet.«

Was immer der Auslöser für das Blutbad in Cholula war, Moctezuma schien sich jetzt mit dem Einzug der Spanier in seine Hauptstadt abzufinden – zumal er im freien Gelände gegen ihre Truppen und indianischen Hilfstruppen wohl wenig hätte ausrichten können. Nur ein letztes Mal noch schickte er Botschafter mit besonders kostbaren Reichsinsignien, um den drohenden Einmarsch vielleicht doch abzuwenden. »Sie schenkten ihm das Goldbanner, das Quetzalfederbanner und die goldene Perlhalskette. Und als sie es ihnen gegeben hatten, lachten die Spanier über das ganze Gesicht, freuten sich sehr; wie Affen griffen sie nach dem Golde . . ., denn danach dürsten sie sehr, sie verlangen danach, sie hungern danach, suchen das Gold wie Schweine . . .«

Mit ausgesuchter Freundlichkeit entgegnete Cortés, er müsse Moctezuma unter vier Augen sprechen.

Ein schlichtes Schild an der Avenida Pino Suárez in Mexiko markiert heute den Ort, wo diese Begegnung dann stattfand. Vorher waren die Spanier, viel bestaunt und durchaus auf Wirkung bedacht, fahnenschwingend auf einer der Dammstraßen einmarschiert. »Auf allen Türmen und Tempeln standen Zuschauer, der ganze See war dicht bedeckt mit überfüllten Booten. Aber was Wunder? Diese Leute hatten ja noch nie Menschen unserer Art und Pferde gesehen. Wie im Traum marschierten wir durch diese Herrlichkeiten.« Bernal Díaz konnte sich gar nicht satt sehen an den blühenden Obstgärten, den Türmen und Tempeln im Wasser, den Kanälen und verzierten Palästen. »Es war alles so wunderbar, daß ich nicht weiß, wie ich diese Dinge, die ich noch nie gesehen, von denen ich noch nie gehört, nicht einmal geträumt habe, beschreiben soll . . . Ich stand da und schaute und dachte, daß nie wieder ein solches Land entdeckt werden würde.« Und dann fügt er bitter hinzu: »Aber heute ist all dies zerstört und dem Erdboden gleichgemacht.«

Moctezuma zog den Spaniern in einer prunkvollen Prozession entgegen. Zunächst ließ er sich in einem kostbaren Thronsessel tragen, die letzten Schritte legte er unter einem Baldachin aus Quetzalfedern und kostbarem Schnitzwerk zurück, wobei man feingewebte Baumwolltücher vor ihm ausbreitete, damit seine Füße nicht den Boden berühren mußten. Niemand wagte es, ihm in die Augen zu sehen, und auch als Cortés ihn zur Begrüßung umarmen wollte, hinderten ihn die Fürsten an dieser respektlosen Geste.

Als die beiden sich dann gegenüberstanden, hielt Moctezuma eine offizielle Ansprache – die bis heute Gegenstand kontroverser historischer Forschung ist. Hat Moctezuma hier bereits eine Verzichterklärung abgegeben? Hat er seine Herrschaft abgetreten, als er davon sprach, »die Herren seien angelangt in ihrer Heimat«, als er auf die alte Prophezeiung des Quetzalcoatl anspielte: »Denn das haben uns die Könige gesagt, daß du kommen wirst, deine Stadt zu besuchen,

Ein letztes Mal versucht Moctezuma durch Geschenke die Spanier zur Umkehr zu bewegen. Ohne Erfolg: »Wie Affen griffen sie nach dem Golde« (Codex Florentino).

daß du dich auf deine Matte, deinen Stuhl setzen, daß du wiederkommen wirst. Und jetzt ist es wahr geworden.«? Vielleicht hat der zweifelnde, innerlich schwankende Moctezuma in diesem Augenblick wirklich nochmals an diese Version geglaubt, aber er dürfte zu jenem Zeitpunkt genügend Kenntnisse über die profane Natur der Spanier gehabt haben. Zumal Cortés bei aller Verschlagenheit nie diese Karte gespielt und sich als wiederkehrender Gott ausgegeben hatte. Sie seien Christen und ihrem einzig wahren Gott verpflichtet, das hatte er, wo immer sich eine missionarische Gelegenheit bot, verlauten lassen. Aber sicherlich kam ihm die unverhoffte Legitimation für seinen Eroberungszug nicht ungelegen.

Viel plausibler ist die Annahme, daß Moctezuma mit dieser religiös-historischen Erklärung sich vor den Fürsten und Großen seines Reiches für den umstrittenen und letztlich demütigenden Einmarsch in seine Stadt rechtfertigen wollte. Auch sein zukünftiges Verhalten deutet in diese Richtung.

Jedenfalls wurden den Spaniern prächtige Quartiere zugewiesen, die Residenz von Moctezumas Vater. Sie kamen aus dem Staunen nicht heraus über die Pracht und den Luxus an Moctezumas Hof, über die Tänzer, Gaukler und Spaßmacher, über die Gärten mit Wasserspielen, die Vogelhäuser und Zoos mit wilden, noch nie gesehenen Tieren. Und schließlich entdeckten sie sogar das, was der Inhalt ihrer Träume und Triebfeder ihres draufgängerischen Unternehmens war: Gold. Zufällig stießen sie auf eine verborgene Schatzkammer mit Gold und Schmuck. Der gesamte Kronschatz von Moctezumas Vater!

Zugleich aber entdeckten sie auch, wie sehr sie in der Falle saßen: umgeben von Zehntausenden aztekischer Krieger, abhängig von Nahrungslieferungen, eingeschlossen auf einer Insel, deren Verbindungen zum Festland jederzeit unterbrochen werden konnten. Und in dieser riesigen, wohlorganisierten Stadt, mit Polizei, Gerichtsbarkeit, Künstlern und Märkten, in dieser phantastischen Metropole hatte »Der Herr der Menschen«, hatte Moctezuma das Sagen. Und Moctezuma scheute sich nicht, Cortés eine Abfuhr zu erteilen, als dieser ihm auf der blutverschmierten Tempelpyramide, wo es »wie in einem schlechtgelüfteten Schlachthaus« gerochen haben soll, die vielen Menschenopfer vorhielt.

Menschenopfer und Christentum

Kein Zweifel, die blutigen Menschenopfer, das Spießen und Häuten selbst von Kindern passen so gar nicht in das Bild einer hochentwikkelten und feinsinnigen Kultur, die uns zarte Liebesgedichte überliefert hat oder philosophische Abhandlungen; eine Kultur, in der Künstler, Architekten und Astronomen Herausragendes leisteten. Und dann zuckende Herzen, Blut in Strömen. Wie paßt das zusammen?

Fast immer, wenn man dieses Thema in Mexiko anspricht, löst es engagierte Reaktionen der Verteidigung und Rechtfertigung aus – als hätte man eine wunde Stelle berührt. Die radikalste Form besteht in der völligen Verleugnung: »Nie gab es Menschenopfer! . . . daß es Menschenopfer gegeben haben soll, ist nicht nur eine Lüge, es ist eine gemeine Verleumdung!« Das schreibt Xokonoschtletl Gomora in seinem Buch *Die wahre Geschichte der Azteken.* Er hält es für viel wahrscheinlicher, daß es sich dabei um chirurgische Eingriffe gehandelt habe.

Die historischen, auch die aztekischen Quellen sind allerdings zu eindeutig, um diese Position glaubwürdig vertreten zu können. Meistens hört man denn auch eine andere Reaktion, eine Art Gegenangriff: Die römisch-katholische Kirche habe schließlich auch Tausende von Menschen verbrannt, gefoltert, umgebracht. Der Tatbestand ist sicher richtig und der Vorwurf berechtigt, aber er kann nicht zur Entlastung der eigenen Taten dienen. Sowenig wie das eine ist das andere zu entschuldigen. Der Unterschied besteht nur darin, daß die Menschenopfer im einen Fall zum Inhalt der Religion gehörten, im anderen Fall zu den Zwangsmaßnahmen, die Religion durchzusetzen.

Am nachdenklichsten macht mich die Antwort einer historisch interessierten und gebildeten Mexikanerin. Sie wirft uns eurozentrische, christlich-ideologische Sichtweise vor: Jede Kultur opfere ihren Göttern; die Azteken eben auf diese Weise. Das sei nicht schrecklich oder abstoßend, nur anders. Nur anders!

Vielleicht wäre es am elegantesten, sicher am bequemsten, diese Position als Wahlmöglichkeit einfach so stehen zu lassen. Ich will trotzdem versuchen, Farbe zu bekennen, und meinen persönlichen Standpunkt wenigstens andeuten: In allen Kulturen haben Menschen als Ausdruck ihrer Angst und Abhängigkeit Opfer dargebracht – dem, »der das Leben gibt und nimmt«. Wobei ein größeres Opfer als das von Leib und Leben schlecht vorstellbar ist. Nicht von ungefähr hat Jahwe – wie im Alten Testament nachzulesen – die Opferung des kleinen Isaak verlangt, um den totalen Gehorsam, die totale Unterwerfung von Vater Abraham auf die Probe zu stellen.

Aber auch das Verhältnis der Menschen zu Gott und Göttern ist einer kulturellen Evolution unterworfen. Auch Religionen entwikkeln sich. Und wenn es hierfür überhaupt Maßstäbe gibt, dann ist es für mich der Grad, in dem eine Religion davon abkommt, ihre archaischen Antriebe direkt auszuleben, und statt dessen zu symbolischen Handlungen findet.

Der weitere Verlauf der alttestamentlichen Geschichte hält einen solchen Schritt explizit fest: An die Stelle von Isaaks Menschenblut tritt das Blut eines Schafes. Und in einem weiteren – neutestamentlichen – Abstraktionsschritt wird das Opferblut ganz aufgegeben und durch roten Wein ersetzt. Das Symbol tritt an die Stelle blutiger Realität. Wirkliches Töten und Schlachten ist nicht mehr erforderlich.

Eben diesen Schritt hat die aztekische Religion nicht vollzogen. Und dies ist, in meinen Augen, ein schwerwiegendes Defizit der sonst so bewundernswerten aztekischen Kultur – ein Mangel, der nicht dadurch aus der Welt zu schaffen ist, daß man ihn schlicht als »anders« deklariert.

Überflüssig zu betonen, daß dieser Sachverhalt in keiner Weise zur Rechtfertigung der spanischen Eroberung dienen kann, und schon gar nicht zur Rechtfertigung der anschließenden grausamen und brutalen Christianisierung.

Moctezuma jedenfalls verteidigte seine blutdürstenden Götter und verbat sich Cortés' laienhafte Einmischung: »In unseren Augen sind es gute Götter. Sie schenken uns Leben und Gedeihen, Wasser und gute Ernten, gesundes und fruchtbares Wetter, und wenn wir sie darum bitten, auch Siege. Deshalb beten wir zu ihnen, und deshalb opfern wir ihnen. Ich muß dich bitten, kein unehrerbietiges Wort mehr gegen sie zu sagen!«

Langsam bekamen es die Spanier mit der Angst zu tun, auch Bernal Díaz: »Wir schlugen Cortés vor, zur Sicherheit unseres eigenen Lebens, Moctezuma unverzüglich gefangenzusetzen.« Schon am nächsten Morgen, nachdem der Pater Bartolomé die Nacht genutzt hatte, »um den Beistand des Allmächtigen für diese heilige Tat« zu erbitten, wurde der Plan ausgeführt – ein Vorwand war schnell gefunden: Moctezuma sollte einen Angriff auf die spanische Garnison befohlen haben, die Cortés an der Küste zurückgelassen hatte. Das müsse geklärt werden.

Moctezuma widersprach entschieden und widersetzte sich seiner Festnahme, er könne diese Schmach vor seinem Volk und seinen Oberen nicht ertragen. Erst als die Spanier drohten, ihn zu töten, ließ er sich in ihre Residenz abführen.

Aber auch mit diesem frechen Coup hatten die Spanier noch keineswegs das Heft in der Hand. Würde jetzt ein Aufstand losbrechen? Den Spaniern die Versorgung gesperrt? Würde Moctezuma jetzt abgesetzt? Von seinem Stellvertreter entmachtet? In dieser Situation spielte Cortés seine ganze schamlose, aber zugleich virtuose Fähigkeit aus, Menschen für sich zu gewinnen, um sie dann für seine Ziele zu benutzen.

Er beteuerte Moctezuma nicht nur seine tiefe persönliche Freundschaft, er sorgte auch dafür, daß dem Gefangenen weiterhin möglichst viele der gewohnten Freizügigkeiten und Ehrerbietungen zuteil wurden – mit dem (beabsichtigten) Erfolg, daß dieser sein Gesicht wahren konnte, wenn ihn die Oberen des Hofes besuchten, mit ihm Rat hielten und seine Befehle entgegennahmen.

So gelang es Cortés, die Stimmung am Hofe und im Volk stets knapp unter der Schwelle der Auflehnung zu halten und gleichzeitig Moctezumas Position so zu schwächen, daß er ohne die »Schutzhaft« der Spanier fürchten mußte, von seinen eigenen Leuten entführt und abgesetzt zu werden. Das ging so weit, daß Moctezuma freiwillig auf das Verlassen der Residenz verzichtete. Erst ein halbes Jahr später sollte dieses hochsensible Gleichgewicht auf dramatische Weise zusammenbrechen – und nicht von ungefähr zu einem Zeitpunkt, als Cortés die Stadt in dringenden militärischen Angelegenheiten verlassen hatte.

Zuvor aber ließen die Spanier ihrer »Krankheit des Herzens« freien Lauf. Damit hatte Cortés einmal seine schwerlich zu übersehende Gier nach Gold auf zynisch-witzige Weise begründet: »Ich und meine Gefährten leiden an einer Krankheit des Herzens, die nur mit Gold geheilt werden kann.« Auch nachdem ihnen Moctezuma den Kronschatz seines Vaters geschenkt hatte, bestanden die Spanier auf weiteren Gold- und Schmucklieferungen. Was nicht aus Gold war, wurde verbrannt, der Rest bis auf wenige Teile eingeschmolzen. Ein Fünftel davon hatte sich Cortés persönlich ausbedungen, ein weiteres Fünftel war an Kaiser Karl V. nach Spanien zu schicken, das übrige wurde – nach Abzug der Expeditionskosten und unter großen Streitereien – auf die Mannschaft verteilt.

Einige Schmuckstücke aber haben auf seltsame Weise überlebt. Im

Alte Festung in Veracruz. Dort kann das streng bewachte »Gold des Fischers« besichtigt werden.

Im 2. Jahrtausend v. Chr. meißelten die Olmeken Portraits ihrer Herrscher in Basalt.

Oben: Die Geduld der Azteken ist zu Ende. Wütend und verbittert greifen sie die Residenz der Spanier an (Codex Duran).
Linke Seite oben: Die sogenannte Nischenpyramide von El Tajin, dem einstigen Zentrum der Totonaken.
Linke Seite unten: Die Pyramide in Cholula ist dem Volumen nach die größte der Welt. Für die Azteken war sie ein Heiligtum des Federschlangengottes Quetzalcoatl.
Unten: Schlachtordnung der Tlaxcalteken mit Obsidianschwertern und Reiherstandarten (Wandgemälde im Gouverneurspalast von Tlaxcala).

Oben: Fingerring aus Gold.
Unten: Der Goldbarren mit dem eingeprägten C war für die kaiserliche Krone (»Corona«) bestimmt.

Golf von Mexiko waren sie offensichtlich über Bord gegangen. Bis Raúl Hurtado, ein einfacher Fischer aus Veracruz . . .

Mit dem letzten Licht fahren wir aus der Stadt hinaus, vorbei am Schlachthof, auf dessen Gemäuer die Geier hocken, in eine ärmliche Gegend. Calle del Sol Poniente. Hier, hat man uns gesagt, soll er wohnen. Aber niemand in der »Straße des Sonnenuntergangs« will etwas von einem Fischer gehört haben, die Leute kommen uns seltsam abweisend vor, das in Frage kommende Haus ist verschlossen.

Am anderen Morgen ein zweiter Versuch. Und jetzt läuft alles anders. Die Tür öffnet sich. Ein vertrauenerweckendes, freundlich lachendes Gesicht erscheint. Nein, hier gebe es tatsächlich keinen Fischer. Er sei Malermeister, aber er könne uns zu Raúl führen, das sei nämlich sein Bruder. Eine halbe Stunde später stehen wir in einem kleinen Hof, inmitten eines Chaos' aus Möbelresten, Fahrradteilen, trocknender Wäsche, einem ausgedienten Küchenherd, auf dem jetzt Grillkohlen rauchen, dazu ein junger jaulender Hund und die sieben Kinder von Lucia und Raúl Hurtado, die, nach anfänglichem Zögern, jetzt langsam ins Erzählen kommen.

»Eigentlich war ich schon fertig mit Fischen, wollte nur noch einen für die Suppe haben, für unser Abendessen. Und da sah ich es auf dem Boden aufblitzen – drei Meter Tiefe etwa, mehr nicht. Ein Stück Metall, zwanzig Zentimeter etwa, ungewöhnlich schwer. Es lag dann ziemlich lang hier auf dem Hof rum, die Kinder haben damit gespielt. Irgendwann brachte ich es mit meinem ›Compadre‹ zu einem befreundeten Juwelier. Er untersuchte es, und seine Hände begannen zu zittern. Er wolle es uns abkaufen, es sei Kupfer zum Schweißen. Aber das kam uns irgendwie komisch vor, und mein ›Compadre‹ meinte, er würde ja selber schweißen, und wir haben es wieder mitgenommen.«

Die Kinder schleppen ein paar völlig vergammelte Stühle an, die sie in der Nachbarschaft für uns aufgetrieben haben, und Lucia ruft fröhlich: Wir müßten schon entschuldigen, die kämen gerade frisch aus der Fabrik. Alle lachen – auch Raúl, aber man merkt, daß ihm das Erzählen seiner Geschichte zu schaffen macht.

Beim nächsten Juwelier entpuppte sich das Metall als echter Goldbarren. Raúl bekam Geld – wieviel, wollte er nicht sagen, aber er hätte damit sein Häuschen hergerichtet. Jeden Tag fischte er jetzt an derselben Stelle, ein ganzes Jahr lang, ohne Erfolg. Aber dann fand er eines Tages »den Schatz«: Goldbarren, Bruchstücke und auch wohlerhaltenen Schmuck, über fünfzig Stücke.

Heute wird der Schatz von dicken Mauern, Wachsoldaten und alten Kanonen im Museum in der Festung Baluarte in Veracruz bewacht. Es ist alter, wunderschön gearbeiteter aztekischer und mixtekischer Goldschmuck: Ohrhänger, Fingerringe, ein herrliches Brustmedaillon, wie es identisch in den indianischen Bilderhandschriften dargestellt ist, dazu Goldbarren – für den Kaiser in Spanien bestimmt. Der eingeprägte Stempel mit dem C für »Corona« belegt es.

Der Name Raúls wird nicht erwähnt, aber ein bitterer Text neben

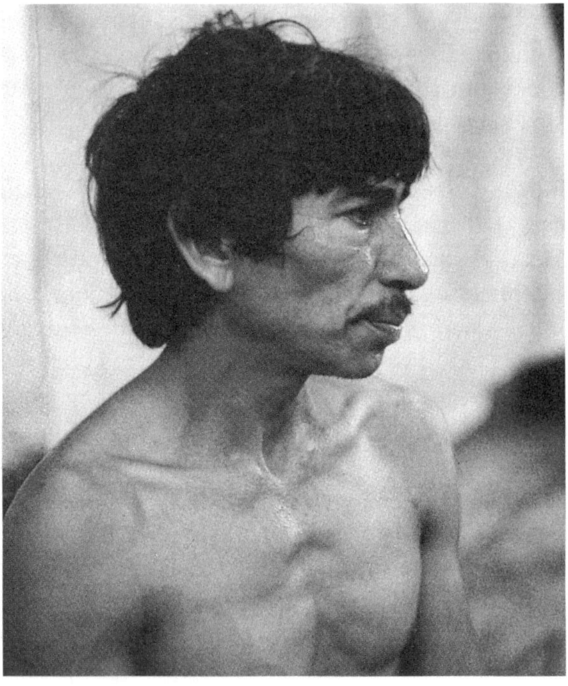

Raúl Hurtado. Er fand den Goldschatz auf dem Meeresgrund.

einer Vitrine beklagt sich über die skrupellose Verantwortungslosigkeit, mit der wesentliche Teile des Schmucks eingeschmolzen worden seien.

Raúl versichert, er habe nur Fragmente von Barren einschmelzen lassen – der Schmuck sei vom Juwelier lediglich in Kommission genommen worden, keinen einzigen Peso habe er dafür bekommen. Nachbarn haben Raúl dann des Einbruchs in ein Juweliergeschäft verdächtigt und ihn angezeigt. Zu zwei Monaten Gefängnis wurde er verurteilt. Ein Jahr später sei der Fall nochmals aufgerollt worden: neun Monate »wegen Diebstahls an der Nation«. Aber erst als sie ihn prügelten und auch seine Frau ins Gefängnis steckten, hat er den Fundort im Meer verraten. Großangelegte Suchaktionen mit Metalldetektoren und Tauchgerät blieben ohne Ergebnis. Es war nichts mehr da. Heißt es.

Wir fragen, ob er uns für unsere Filmaufnahmen an die Fundstelle fahren könne. Fünfzehn Jahre sind seit dem Prozeß vergangen, aber sein Gesicht erstarrt, seine Stimme verliert den Ton: »Nein, nein, die würden mich sofort wieder einsperren.« – Das Gold hat ihm kein Glück gebracht.

Auch die Spanier sollten an dem Gold noch schwer zu tragen haben. Denn schneller als gedacht neigte sich ihr luxuriöser Aufenthalt dem Ende zu. Es begann damit, daß Moctezuma selbst ihnen erklärte, sie müßten das Land sofort verlassen, wenn sie ihr Leben retten wollten: »Die Götter selbst haben meinen Papas, mir und meinen Hauptleuten einen neuen Befehl erteilt, der mir außerordentlich Kummer bereitet. Sie verlangen von uns, daß wir Krieg mit euch anfangen, euch umbringen oder auf irgendeine andere Weise aus dem Land schaffen . . . Das ist es, was ich dir eröffnen muß, Malinche.«

Jetzt war eingetreten, was sie immer befürchtet hatten. Die blanke Angst fuhr den Spaniern in die Glieder. Cortés bat um Aufschub. Er brauche einige Zeit, um Schiffe zu bauen. Es war ein glaubwürdiges Argument, denn er hatte kurz nach der Landung alle Schiffe vernichten lassen, um einen vorzeitigen Rückzug nach Kuba zu verhindern.

Moctezuma akzeptierte. Gleichzeitig aber erhielt er eine für ihn erfreuliche Nachricht. An der Küste war ein neues, wesentlich stärkeres Heer gelandet – ebenfalls Spanier, die Cortés und seine Truppen gefangennehmen sollten. Cortés hatte Widersacher. Auch die Spanier waren uneins. Nun sah Moctezuma eine Chance für mehr Handlungsspielraum. Er befahl, die Neuankömmlinge reich zu beschenken.

Cortés blieb nichts anderes übrig, als die Stadt zu verlassen und mit einem Teil der Mannschaft seinen Feinden entgegenzuziehen. Es waren recht unerfahrene Truppen aus Kuba – Bernal Díaz macht sich sogar lustig über sie, weil sie Glühwürmchen mit Mündungsfeuer verwechselt hätten. Cortés gewann nicht nur die Schlacht, sondern, unter Einsatz von reichlich Gold und Überredungskunst, auch erhebliche Verstärkung an Reitern und Schützen, dazu die Flotte. Cortés wähnte sich stärker denn je – bis er die neuesten Nachrichten aus Mexico hörte.

Während seiner Abwesenheit hatte sich dort mit einem Schlag die lang aufgestaute Spannung entladen. Das Gleichgewicht war zusammengebrochen. Man berichtete ihm von wütenden Angriffen der Azteken, von einem Sturm auf die Residenz, von Brandsätzen an verschiedenen Stellen. Sechs Spanier waren getötet worden.

Die Spanier selbst hatten das Faß zum Überlaufen gebracht, als Pedro de Alvarado, ein für seine Grausamkeit berüchtigter Hitzkopf, ein sinnloses Gemetzel befahl. Ausgerechnet während eines aztekischen Festes, für das die Teilnehmer sogar offiziell Erlaubnis eingeholt hatten, ließ er einen brutalen Überfall auf die tanzenden Fürsten und Kaziken ausführen. Jetzt waren die Azteken nicht mehr zu halten. Sie ließen Cortés mit seinen alten und neuen Truppen zwar in die Stadt zurückkehren, aber nur, um auch ihn in der Falle zu wissen und die Angriffe dann um so heftiger fortzusetzen, »mit unbeugsamer Hartnäckigkeit«, wie Bernal Díaz fast bewundernd vermerkt. »Wir rückten ihnen mit grobem Geschütz und mit leichten Gewehren auf den Leib, wir stießen bei jedem Anlauf dreißig bis vierzig Mann nieder, ihre Reihen blieben dicht geschlossen, und ihre Tapferkeit wuchs mit jedem Angriff.«

Cortés verlor die Nerven, schimpfte Moctezuma einen »Hurenhund«, der sich hinter seinem Rücken mit seinen Feinden eingelassen

93 Tage tobte der blutige Belagerungskrieg. »Die Stadt sah aus wie ein frischgepflügter Acker« (Codex Florentino).

habe. Die neuen Soldaten gerieten in Panik. Die Azteken wurden von Stunde zu Stunde stärker. Trotz aller Ausfallversuche, trotz des Einsatzes aller Streitrosse und Kanonen und sogar von hölzernen Kampftürmen – das Ende der Spanier schien unausweichlich. Selbst als sie den tiefgekränkten Moctezuma auf das Dach der Residenz zwangen, wo er ein letztes Mal vermitteln und den sofortigen Abzug aus der Stadt anbieten sollte, war die Empörung der Azteken nicht mehr zu bremsen: Ein Steinwurf traf Moctezuma tödlich.

Dann folgte die heimliche Flucht um Mitternacht. Sie mißlang fast völlig. Sie wurde zur »Noche triste«, zur traurigen Nacht – aus der Sicht der Spanier. Sie hatten eine mobile Brücke gebaut, um die mehrfach unterbrochene Dammstraße zu passieren, hatten alles Gold am Körper und auf Pferden verstaut und bereits den ersten Kanal überquert, als eine Frau die Flucht bemerkte und Alarm schlug. Der Angriff der Azteken kam mit erbitterter Wucht. Bernal Díaz hat ihn beschrieben: »Im Nu war der See so dicht mit Kähnen bedeckt, daß wir nicht mehr weiterkamen . . . Der Kanal füllte sich mit toten Pferden und Reitern, die von den Nachdrängenden ins Wasser gestoßen wurden. Wer nicht schwimmen konnte, war verloren.« Und wer kann schon schwimmen, wenn er sich mit Gold bepackt hat!

In der »Noche triste« am 30. Juni 1520 verlor Cortés achthundert spanische Soldaten, Tausende indianischer Hilfstruppen, das gesamte Gold. Dazu büßte er zwei Finger ein – und vor allem, was ihn weit mehr schmerzte, den Nimbus der Unbesiegbarkeit. Es war die totale Niederlage.

»Das Wasser ist bitter geworden«

Cortés schlug sich mit der verbliebenen, jämmerlich zugerichteten Mannschaft nach Tlaxcala durch. Zum zweitenmal hing sein Schicksal vom Verhalten der dortigen Oberhäupter ab. Würden sie den Angeschlagenen, dem letztlich auch der Tod Tausender tlaxcaltekischer Krieger anzulasten war, immer noch als Freund und Verbündeten ansehen, oder würden sie sich gegen ihn wenden? Tlaxcala entschied sich für Cortés. Es sollte eine Entscheidung von unabsehbarer Tragweite werden.

Zwanzig Tage gönnte Cortés seinen Leuten in Tlaxcala – einige starben an ihren Verletzungen, andere blieben verkrüppelt –, dann trieb ihn, obwohl seine Wunden noch nicht verheilt waren, sein verletzter Stolz zu Rachefeldzügen gegen aztekische Provinzen. Grausam und unerbittlich ging er jetzt vor. Er unterwarf, wirkungsvoll unterstützt von seinen Verbündeten aus Tlaxcala, planmäßig die Städte rund um den großen See und bereitete systematisch die militärische Eroberung Mexicos vor.

Die Insellage der Stadt, die ihm zum Verhängnis geworden war, wollte er nun umgekehrt gegen ihre Bewohner ausspielen. Er ließ in Tlaxcala kleine Kriegsschiffe, Brigantinen, zimmern und in Einzelteilen zum See transportieren. Er zerstörte die Wasserleitung in die mexikanische Hauptstadt und versuchte, alle Nahrungslieferungen abzufangen. Der eigentliche Angriff sollte kombiniert über die Dämme und vom Wasser aus erfolgen. Aber die Azteken waren vorbereitet. Was die Spanier tags eroberten, holten sie sich nachts zurück. Sie rammten scharfe Pfähle in den See und ließen die Brigantinen auffahren. Sie hoben Gruben aus und zogen sich zurück, nur um die Verfolger in die Falle zu locken. »Sie bliesen das große Horn, dessen Ton ihnen den Befehl gibt, zu siegen oder zu sterben. Dazu erscholl unaufhörlich der dumpfe, schwermütige Klang der Riesentrommel vom großen Opfertempel. Ihre Kampfeswut wurde dadurch so gesteigert, daß sie sich blindlings in unsere Schwerter stürzten. Fürwahr, es war eine grauenhafte Szene, die ich nicht beschreiben mag, obgleich sie mir heute noch sehr lebendig vor Augen steht.« Und dann gesteht Bernal Díaz mit seinen achtzig Jahren: »Ich habe niemals wieder solche Angst gehabt.«

Mehrmals standen die Spanier am Rande ihrer Vernichtung. An einem einzigen Tag verloren sie über sechzig Mann. Wer in Gefangenschaft geriet, wurde auf dem großen Tempel geopfert – in Sichtweite seiner spanischen Kameraden. Dreiundneunzig Tage tobte der blutige Krieg. Die Pocken wüteten in der Stadt, es gab nichts mehr zu trinken und zu essen. »Die Stadt sah aus wie ein frischgepflügter

Acker; denn die Einwohner hatten jede Wurzel gesucht, herausgerissen und verzehrt. Die Bäume hatten keine Rinde mehr. Es gab kein süßes Wasser, nur Salzwasser . . . Es hat wohl kaum ein Volk gegeben, das so viel Hunger, Durst und Kriegsnot ausstehen mußte.«

Dann stand Cuauhtemoc vor Cortés und bat um seinen Tod. Es war der 13. August 1521. An diesem Tag erlosch das aztekische Reich und mit ihm die über dreitausendjährige Kultur Mittelamerikas.

»Weint, meine Freunde, seht ein,
Das mexikanische Reich ist verloren,
Das Wasser ist bitter geworden,
Die Nahrung ist bitter geworden.

Das sind die Taten des großen Gottes:
Er gibt das Leben
und nimmt es.«

ANHANG

Textautoren

Der Herausgeber

Dr. Ingo Hermann, geboren 1932, Rundfunkautor, Redakteur und Moderator, hat von 1969 bis 1989 verschiedene Programmabteilungen des ZDF geleitet, betreut zur Zeit u.a. die Sendereihe »Zeugen des Jahrhunderts« und hat diesen Programmschwerpunkt des ZDF zum Kolumbus-Jahr konzipiert, zu dem Wissenschaftler verschiedener Fachrichtungen sowie erfahrene Terra-X-Filmemacher die Beiträge lieferten.

Die Autoren

Volker Arzt, 1941 in Wangen im Allgäu geboren, lebt heute als freier Publizist in Hamburg; Studium der Mathematik und Theoretischen Physik in München und Stuttgart; 1969 Redakteur bei »Bild der Wissenschaft«; seit 1970 Zusammenarbeit mit Hoimar v. Ditfurth in der ZDF-Reihe »Querschnitt«, die er später selbst fortsetzte. Für seine Fernseharbeit erhielt Volker Arzt eine Reihe nationaler und internationaler Auszeichnungen, darunter den Eduard-Rhein-Preis und den Europäischen Umweltpreis.

Jens-Peter Behrend, geboren 1945, Studium der Soziologie, Amerikanistik und Theaterwissenschaft. Von 1974 bis 1980 Redakteur beim Sender Freies Berlin, danach freiberuflich tätig als Autor und Regisseur zahlreicher Fernsehdokumentationen und Fernsehspiele.

Volker Arzt

Jens-Peter Behrend

Prof. Dr. Hermann Glaser

Dr. Ingo Hermann

Hans-Christian Huf

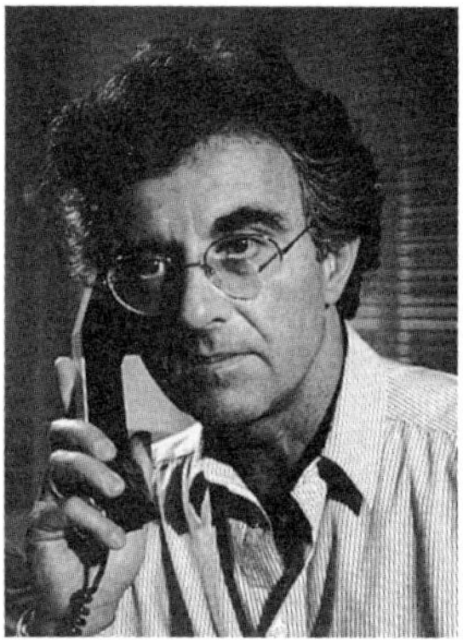

Harald Jung

Dr. Rolf Pflücke

Eike Schmitz

Prof. Dr. Hermann Glaser, geboren am 1928 in Nürnberg. Studium der Germanistik, Anglistik, Geschichte und Philosophie in Erlangen und Bristol 1947 bis 1952; Promotion 1952; Lehramtsexamen und Eintritt in den Schuldienst.
Von 1964 bis 1990 Schul- und Kulturdezernent der Stadt Nürnberg. Mitglied des PEN. Vorsitzender des Deutschen Werkbundes e.V. Honorarprofessor an der Technischen Universität Berlin. Gastprofessuren im In- und Ausland. Vorsitzender des Kuratoriums der Stiftung für kulturelle Weiterbildung und Kulturberatung, Berlin. Mitglied des Kuratoriums der Kulturstiftung der Länder. Waldemar-von-Knoeringen-Preis, 1985. Schubart-Literaturpreis, 1991. Mitarbeit bei Zeitungen, Zeitschriften, Rundfunk, Fernsehen, Sammelbänden, Lehrbüchern. Autor zahlreicher Bücher.

Hans-Christian Huf, 1956 in Starnberg geboren. Studium der Geschichte, Germanistik, Politologie und Soziologie in München und Bordeaux. Seit 1986 arbeitet er als Kulturredakteur beim ZDF in Mainz.

Harald Jung, Jahrgang 1938, seit 1970 Mitarbeiter des ZDF, Redakteur und Moderator des Magazins »Kennzeichen D«; 1981 Leiter des Studios Caracas als Korrespondent für Mittelamerika; 1989 Korrespondent in Spanien und Portugal. Verschiedene Fernsehpreise.

Dr. Rolf Pflücke, 48, aus Heidelberg. 1973 Lateinamerika-Korrespondent der ARD, 1985 Studioleiter des ZDF in Rio de Janeiro. Seit 1991 Redaktionsleiter in der Redaktion »Dokumentationen und Reportagen« in der Hauptredaktion »Außenpolitik«.

Eike Schmitz, geboren 1944, Studium der Klassischen Philologie und der Anglistik. Lehrtätigkeit an der Cornell University, USA, und an der Technischen Universität Berlin bis 1981. Seither freiberuflich tätig als Autor und Regisseur von Fernsehdokumentationen.

Literatur

Europa – Umbruch und Aufbruch

Augustijn, Cornelis: Erasmus von Rotterdam. Leben, Werk, Wirkung. München 1986.

Camporesi, Piero: Das Brot der Träume. Hunger und Halluzinationen im vorindustriellen Europa. Darin: Tommaso Campanella. Frankfurt am Main/New York 1990. S. 12

Camusso, Lorenzo: Reisebuch Europa 1492. Wege durch die Alte Welt. München 1991.

Corbin, Alain: Meereslust. Das Abendland und die Entdeckung der Küste. Berlin 1990.

Dürer, Albrecht: Auswahl aus Schriften Dürers und aus Schriften über Dürer. Hrsg. von Matthias Mende. Königstein im Taunus 1971. S. 4.

Erasmus von Rotterdam: Das Lob der Torheit. Stuttgart 1987. S. 88 f.

Friedell, Egon: Kulturgeschichte der Neuzeit. Erster Band. München 1930. S. 229, 230.

Gail, Anton J.: Erasmus von Rotterdam mit Selbstzeugnissen und Bilddokumenten. Reinbeck bei Hamburg 1979. S. 54 f.

Garin, Eugenio: Die Kultur der Renaissance. In: Golo Mann/August Nitschke (Hrsg.): Propyläen Weltgeschichte. Band 6. Berlin/Frankfurt am Main 1986. S. 431.

Goertz, Hans-Jürgen: Thomas Müntzer. Mystiker, Apokalyptiker, Revolutionär. München 1989.

le Goff, Jacques (Hrsg.): Der Mensch des Mittelalters. 2. Aufl. Frankfurt am Main 1990.

Hale, John R. (Hrsg.): Die Renaissance. Darin: Philippe de Commines und Gianozzo Minetti. O.O. 1969. S. 20, 34 f.

Hoffmann, Waldemar (Hrsg.): Geschichtliche Quellenhefte, Nr. 4: Das Zeitalter der Renaissance. Darin: Ulrich von Hutten (Brief). Frankfurt/Berlin/Bonn 1959.

Kaiser, Ernst: Paracelsus mit Selbstzeugnissen und Bilddokumenten. Reinbek bei Hamburg 1969.

Killy, Walther (Hrsg.): Die deutsche Literatur. Texte und Zeugnisse. Band 2. Spätmittelalter, Humanismus, Reformation (hrsg. von Hedwig Heger). Teilband. Darin: della Mirandola, Giovanni Pico: Über die Würde des Menschen, Hans Sachs und Wolfgang Schmeltzl. S. 378, 514, 800 f.

Kirchhoff, Jochen: Nikolaus Kopernikus mit Selbstzeugnissen und Bilddokumenten. Reinbek bei Hamburg 1985. S. 74 f., 90.

Koch, Heinrich: Michelangelo mit Selbstzeugnissen und Bilddokumenten. Reinbek bei Hamburg 1966. S. 13 f.

Kruft, Hanno-Walter: Städte in Utopia. Die Idealstadt vom 15. bis zum 18. Jahrhundert. Darin: Albrecht Dürer (Befestigungslehre). München 1989. S. 20 ff., 69.

Kunst der Reformationszeit. Darin: Eugen Blume über Dürers »Apokalypse«. Berlin 1983. S. 30 f.

de Las Casas, Bartolomé: Kurzgefaßter Bericht von der Verwüstung der Westindischen Länder. Hrsg. von Hans Magnus Enzensberger. Frankfurt am Main 1981. S. 15, 139, 144.

Life – Spektrum der Weltgeschichte. Der Aufbruch Europas. O.O. 1990, S. 9 ff.

Marx, Karl: Zur Kritik der Hegelschen Rechtsphilosophie. Einleitung. In: Karl Marx/Friedrich Engels: Werke. Band 1. Berlin-Ost 1970. S. 385 f.

Morus, Thomas: Utopia. Frankfurt am Main/Olten/Wien 1986. S. 76, 78.

Nebenzahl, Kenneth: Der Kolumbusatlas. Karten aus der Frühzeit der Entdeckungsreisen. Braunschweig 1990. S. 4.

Nette, Herbert: Karl V. mit Selbstzeugnissen und Bilddokumenten. Reinbek bei Hamburg 1979. S. 125 ff.

Petrarca, Francesco: Canzoniere. Zweisprachige Auswahl. Mainz 1987. S. 159.

Poliakov, Léon: Geschichte des Antisemitismus. Band IV: Die Marranen im Schatten der Inquisition. Worms 1981. S. 57.

Radbruch, Gustav/Gwinner, Heinrich: Geschichte des Verbrechens. Versuch einer historischen Kriminologie. Frankfurt am Main 1990.

Sale, Kirkpatrick: Das verlorene Paradies. Christoph Kolumbus und die Folgen. Darin auch: Lucio Marineo Siculo. München/Leipzig 1990. S. 39.

Salentiny, Fernand: Die Gewürzroute. Die Entdeckung des Seewegs nach Asien. Portugals Aufstieg zur ersten europäischen See- und Handelsmacht. Köln 1991.

Sammet, Gerald: Der vermessene Planet. Bilderatlas zur Geschichte der Kartographie. Hamburg 1990. S. 74 f.

Seibt, Ferdinand: Karl V. Der Kaiser und die Reformation. Berlin 1990.

Sprenger, Jakob/Institoris, Heinrich: Der Hexenhammer. München 1982. S. 50.

Strosetzky, Christoph (Hrsg.): Der Griff nach der Neuen Welt. Der Untergang der indianischen Kulturen im Spiegel zeitgenössischer Texte. Darin: Juan Ginés de Sépulveda. Frankfurt am Main 1991. S. 228.
de Tolnay, Charles: Hieronymus Bosch. Das Gesamtwerk. Eltville am Rhein 1989. S. 22.
Vasold, Manfred: Pest, Not und schwere Plagen. Seuchen und Epidemien vom Mittelalter bis heute. Darin: Ulrich von Hutten (Syphilis). München 1991. S. 113.
Venzke, Andreas: Der »Entdecker Amerikas«. Aufstieg und Fall des Christoph Kolumbus. Zürich 1991. S. 14.
Vilar, Pierre: Gold und Geld in der Geschichte. Vom Ausgang des Mittelalters bis zur Gegenwart. München 1984. S. 142 f.
da Vinci, Leonardo: Prophezeiungen. Hrsg. von Klaus A. Weirich. Weissach im Tal 1988. S. 9.
da Vinci, Leonardo: Sämtliche Gemälde und die Schriften zur Malerei. Hrsg., kommentiert und eingeleitet von André Chastel. München 1990. S. 165, 299, 323 f.
Weber, Heinz-Dieter (Hrsg.): Vom Wandel des neuzeitlichen Naturbegriffs. Darin: Stierle, Karlheinz: Die Entdeckung der Landschaft in Literatur und Malerei der italienischen Renaissance. Konstanz 1989. S. 42 ff.
Wozniakowski, Jacek: Die Wildnis. Zur Deutungsgeschichte des Berges in der europäischen Neuzeit. Frankfurt am Main 1987. S. 76 ff.

Der Osten, der im Westen lag

Columbus, Christoph: Bordbuch. Frankfurt am Main 1981.
Columbus, Christoph: Dokumente seines Lebens und seiner Reisen. 2 Bde., Leipzig 1991.
Dyson, John/Christopher, Peter: Columbus. Die Entdeckung seiner geheimen Route in die Neue Welt. München 1991.
Fischer-Fabian, Siegfried: Um Gott und Gold. Columbus entdeckt eine neue Welt. Bergisch-Gladbach 1991.
de Las Casas, Bartolomé: Kurzgefaßter Bericht von der Verwüstung der Westindischen Länder. Herausgegeben von Hans Magnus Enzensberger. Frankfurt am Main 1981.
de Madariaga, Salvador: Kolumbus. Leben, Taten und Zeit des Mannes, der mit seiner Entdeckung die Welt veränderte. Überarbeitete Neuausgabe Bern/München/Wien 1989.
Sale, Kirkpatrick: Das verlorene Paradies. Christoph Kolumbus und die Folgen. München/Leipzig 1991.

Todorov, Tzvetan: Die Eroberung Amerikas. Das Problem des Anderen. Frankfurt am Main 1985.
Wiesenthal, Simon: Segel der Hoffnung. Christoph Columbus auf der Suche nach dem gelobten Land. Frankfurt am Main 1991.

Estremadura – Wiege der Eroberer

America de Bry, 1590-1634. Amerika oder die Neue Welt. Die Entdeckung eines Kontinents in 346 Kupferstichen. Hrsg. v. Gerion Sievernich. Casablanca, Berlin 1990.
Aus der Welt der Azteken. Die Chronik des Fray Bernardino de Sahagún. Hrsg. v. Claus Litterscheid. Frankfurt am Main 1989.
Braudel, Fernand: Das Mittelmeer und die mediterrane Welt in der Epoche Philipps II. 3 Bde. Frankfurt am Main 1990.
Carpentier, Alejo: Die Harfe und der Schatten. Frankfurt am Main 1979.
Carpentier, Alejo: Krieg der Zeit. Frankfurt am Main 1979.
de Las Casas, Bartolomé: Kurzgefaßter Bericht von der Verwüstung der Westindischen Länder. Hrsg. v. Hans Magnus Enzensberger. Frankfurt am Main 1981.
de Cervantes, Miguel: Novellen. Frankfurt am Main 1987.
del Castillo, Bernal Díaz: Geschichte der Eroberung von Mexiko. Hrsg. v. G.A. Narziß. Frankfurt am Main 1988.
Columbus, Christoph: Bordbuch. Frankfurt am Main 1981.
Die Eroberung Mexicos: Drei Berichte von Hernán Cortés an Kaiser Karl V. Hrsg. v. Claus Litterscheid. Frankfurt am Main 1980.
Die Eroberung Perus in Augenzeugenberichten. Hrsg. v. L. und Theodor Engl. München 1975.
Márquez, Gabriel García: Die Einsamkeit Lateinamerikas. In: Lateinamerikaner über Europa. Hrsg. v. Curt Meyer-Clason. Frankfurt am Main 1987.
Die Neue Welt. Chroniken Lateinamerikas von Kolumbus bis zu den Unabhängigkeitskriegen. Hrsg. v. Emir Rodriguez Monegal. Frankfurt am Main 1982.
Todorov, Tzvetan: Die Eroberung Amerikas. Das Problem des Anderen. Frankfurt am Main 1985.

Die geheimen Entdecker

Bitterli, Urs: Die Entdeckung Amerikas. München 1991.
Henning, Richard: Terrae Incognitae – Eine Zusammenstellung und kritische Bewertung der wichtigsten vorcolumbischen Entdeckungsreisen an Hand der darüber vorliegenden Originalberichte. 4 Bde. Leiden 1944 – 1956.

Herrmann, Paul: Sieben Vorbei und Acht Verweht – Das Abenteuer der frühen Entdeckungen. Hamburg 1952.
Heyerdahl, Thor: Wege übers Meer. Völkerwanderungen in der Frühzeit. München 1990.
Ingstad, Helge: Die erste Entdeckung Amerikas. Berlin 1966.
Irwin, Constance: Kolumbus kam 2000 Jahre zu spät. München 1963.
Mahieu, Jacques de: Wer entdeckte Amerika? Geheimdiplomatie vor Kolumbus. Tübingen 1977.
Schmitt, Eberhard und Verlinden, Charles (Hrsg.): Dokumente zur Geschichte der europäischen Expansion. Bd. 1: Die mittelalterlichen Ursprünge der europäischen Expansion. München 1986. Bd. 2: Die großen Entdeckungen, Entdeckerfahrten, Konquistadorenzüge und Forschungsexpeditionen. München 1984.
Severin, Tim: Tausend Jahre vor Kolumbus. Hamburg 1979.
St. Brendans wundersame Seefahrt. Frankfurt 1987.
Stingl, Miloslav: Indianer vor Kolumbus. München 1966.

Irrfahrt vor Galagpagos

Eibl-Eibesfeld, Irenäus: Galapagos. Die Arche Noah im Pazifik. München 1977.
Heyerdahl, Thor: Expedition RA. Mit dem Sonnenboot in die Vergangenheit. Gütersloh 1970.
Heyerdahl, Thor: Wege übers Meer. Völkerwanderungen in der Frühzeit. München 1990.
Huber, Siegfried: Pizarro. Gold, Blut und Visionen. Freiburg 1978.
Pflücke, Rolf: Das verlorene Jahrhundert. Südamerika zwischen Krise und Reform. Stuttgart 1990.

Protokoll einer Katastrophe

Aus der Welt der Azteken. Die Chronik des Fray Bernardino de Sahagún. Hrsg. v. Claus Litterscheid. Frankfurt am Main 1989.
del Castillo, Bernal Díaz: Die Geschichte der Eroberung von Mexiko. Hrsg. v. G.A. Narziß, Frankfurt am Main 1988.
Cortés, Hernán: Die Eroberung Mexikos. Eigenhändige Berichte an Kaiser Karl V. 1520 – 1524. Stuttgart 1984.
Eggebrecht, Arne: Glanz und Untergang des Alten Mexiko. Die Azteken und ihre Vorläufer. Mainz 1986.

von Hagen, Victor W.: Sonnenkönigreiche. München o.J.
Léon-Portilla, Miguel/Heuer, Renate (Hrsg): Die Rückkehr der Götter. Aufzeichnungen der Azteken über den Untergang ihres Reiches. Frankfurt am Main 1986.
Todorov, Tzvetan: Die Eroberung Amerikas. Das Problem des Anderen. Frankfurt am Main 1985.
Xokonoschtletl, Gomora: Die wahre Geschichte der Azteken. Hrsg. v. Rosa Rau. Heidenheim 1987.

Register

Kursiv gesetzte Zahlen beziehen sich auf Bildunterschriften; kursiv gesetzte Texte bezeichnen Literatur- und Bildtitel.

Bildnachweis

Alte Pinakothek, München S. 53
Art Gallery and Museum, Wolverhampton S. 64
Atlantis-Film, Berlin S., 120, 125, 126, 129, 134, 139, 142, 156, 158, 159; alle Abb. zwischen S. 160/161, außer: Tim Severins »curragh« vor der Küste Labradors und Nachbau eines Drachenseglers, vor der Küste Grönlands; 163, 169, 178, 180, 187 links und kleines Bild, 191, 192, 195, 197, 198 oben und unten, 201, 203 oben und unten, 204, 206, alle Abb. zwischen S. 208/209 oben und unten, 211, 213, 215; Vorsatz (Wir danken Wolfgang Thomas für die freundliche Unterstützung.)
Gunther Becher, S. 187 oben
Biblioteca Colombina, Sevilla, zwischen S. 64/65: Christoph Kolumbus. Gemälde von Émile Lassalle
Bildarchiv Preußischer Kulturbesitz S. 25
British Museum, London S. 19, 20
Civico Museo Navale, Genua S. 75
Codex Duran (Biblioteca Nacional, Madrid) S. 265 oben, 272; zwischen S. 272/273: Die Geduld der Azteken ist zu Ende; 274
Codex Florentino (Akademische Druck- und Verlagsanstalt, Graz), S. 261, 265 links, 266 rechts, 283, 293
Cotton Coulson S. 141; zwischen S. 160/161: Tim Severins »curragh« vor der Küste Labradors
Gerhardt Engelhart S. 87, 91, 111; alle Abb. zwischen S. 112/113; 104
Fürstlich Thurn und Taxissches Zentralarchiv, Regensburg, zwischen S. 48/49: Portrait des Franz von Taxis
Fuggerkapelle in St. Anna, Augsburg, zwischen S. 48/49: »Pythagoras entdeckt das Gesetz vom Gewicht« (Breu d. Ä.)
Galleria d'Arte Moderna, Genua, zwischen S. 64/65: »Der Tod des Kolumbus«
U. von Goldacker 271; zwischen S. 272/273: Skulptur der Olmeken, Nischenpyramide, Schlachtordnung der Tlaxcalteken, Pyramide in Cholula; 276; 288, 290 (Abb. S. 271 und Abb. Schlachtordnung der Tlaxcalteken: Wandgemälde von Desiderio Xochitiozin)
Ilse Gradwohl S. 266 oben
Christian Hahn S. 92, 94
Hans-Christian Huf S. 58; zwischen

S. 64/65: Kathedrale von S. Domingo mit dem Kolumbusdenkmal

Kloster in La Rábida, Palos, zwischen S. 64/65: Kolumbus und sein Sohn Diego werden von den Mönchen des Klosters La Rábida aufgenommen (Cabral-Bejarano)

Kunsthistorisches Museum Wien S. 16 oben

Library of Congress, American Heritage, New York S. 56

Lienzo Tlaxcala (Editorial Innovacion, Mexico) S. 279

Louvre, Paris, zwischen S. 48/49: »Madonna des Kanzlers Nicholas Rolin« (van Eyck)

Her Majesty Queen Elizabeth II., Royal Library, Windsor S. 33

Metropolitan Museum of Art, New York, zwischen S. 64/65: Zeitgenössische Darstellung des Christoph Kolumbus

Museo del Prado, Madrid S. 28; zwischen S. 48/49. »Der Heuwagen« (Bosch)

Museo di San Marco, Florenz S. 41

Museu Nacional de Arte Antiga, Lissabon S. 12

Museo Nacional de Arte, Mexiko-Stadt S. 63

Museum Boymans van Beuningen, Rotterdam S. 50

National Gallery of Art, Washington S. 16 Mitte, S. 31

The Orcadian Trust S. 183

Palazzo Orsini, Genua, zwischen S. 64/65: Kolumbus erläutert seine Pläne vor der Kommission von Salamanca (Barabino)

Rolf Pflücke S. 219, 220, 221, 222, 227, 229, 231, 232, 234, 241, 243, 244, 247, 250, 253, alle Abb. zwischen S. 256/257

Pinacotea Ambrosiana, Mailand, zwischen S. 48/49: »Portrait eines jungen Musikers« (da Vinci)

Ernst Rahe S. 269

John and Mable Ringling Museum of Art, Sarasota S. 47

Antonio Mercado Rojan, zwischen S. 272/273: Fingerring aus Gold und Goldbarren »C«

Roberto Rotchin S. 263

Ryksmuseum, Amsterdam, zwischen S. 48/49: »Profilbildnis eines Mädchens« (Foppa)

Peter Specht, S. 97, 117

Staatliche Museen zu Berlin S. 14

Ragnar Thorseth, zwischen S. 160/161: Nachbau eines Drachenseglers, vor der Küste Grönlands

Uffizien, Florenz, zwischen S. 48/49: Portrait des Bankiers Cosimo il Vecchio Medici (Carrussi)